• 学术经典导读丛书

一本书读懂30部经济学经典

郭泽德　宋义平　关佳佳　编

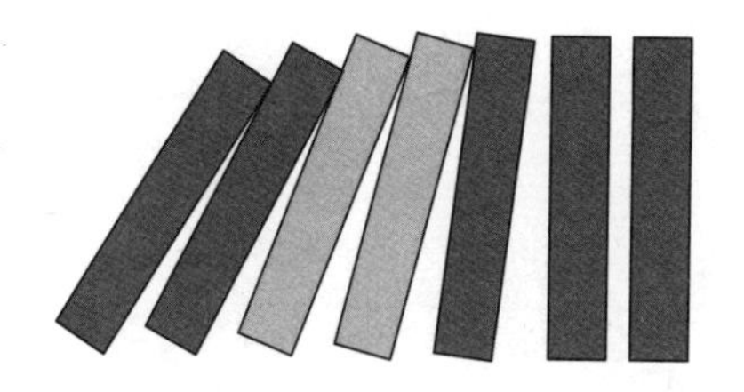

清華大學出版社
北　京

图书在版编目（CIP）数据

一本书读懂30部经济学经典 / 郭泽德，宋义平，关佳佳编．—北京：清华大学出版社，2023.2（2024.1重印）

（学术经典导读丛书）

ISBN 978-7-302-61832-4

Ⅰ．①一…　Ⅱ．①郭…　②宋…　③关…　Ⅲ．①经济学－通俗读物　Ⅳ．①F0-49

中国版本图书馆CIP数据核字（2022）第169140号

责任编辑：顾　强
装帧设计：方加青
责任校对：王凤芝
责任印制：杨　艳

出版发行：清华大学出版社

网　　址：https://www.tup.com.cn，https://www.wqxuetang.com

地　　址：北京清华大学学研大厦A座　　邮　　编：100084

社 总 机：010-83470000　　邮　　购：010-62786544

投稿与读者服务：010-62776969，c-service@tup.tsinghua.edu.cn

质 量 反 馈：010-62772015，zhiliang@tup.tsinghua.edu.cn

印 装 者：三河市人民印务有限公司
经　　销：全国新华书店
开　　本：148mm×210mm　　印　　张：10.875　　字　　数：251千字
版　　次：2023年2月第1版　　印　　次：2024年1月第6次印刷
定　　价：68.00元

产品编号：097997-01

前　言

经世济民

一花一世界，一叶一菩提。

在浩瀚的书海中选择阅读经典，是建立深度思维的必经之路。

学术志团队倾力打造的《一本书读懂30部经济学经典》，邀请知名教授与博导遴选书单，从上百种经济学经典中遴选了30种，希望为经济学研究者与爱好者带来经典学习的全新体验。

200多年来，经济学理论不断传承与发展，显示了日新月异的发展风貌与学科理念。品读经济学经典，能够帮助我们建立学科的思维框架与独特视角，获得经济学的洞察力与解释力。

经典虽好，读之不易，尤其在快节奏的当下，如何做到既不失精髓，又能够应对“吾生也有涯，而知也无涯”的时间荒，编写团队认真讨论了编写思路，邀请名校博士，将每一本经典缩编为8000～10000字的精华，使读者能够在短时间内了解经典著作的撰写背景、主要内容、理论观点与知识体系，进而引发进一步阅读全书的兴趣。

读者可以将本书视为阅读经典之前的前传和开胃小菜，既可以止步于此，作为对经典的一般化了解；也可探步向前，进一步阅读全书获得深度给养。当前中国正处于百年未有之大变局，如何通过纷繁复杂的经济现象去洞悉经济运行的本质，去探讨生产、消费、交易、产权、成本、效率、组织、网络、个体行为之间的关系，去探索未来经济理论与实践的发展趋势，读经典是最为重要的一步。

理论素养的提升、学识水平的提高非一日之功，站在巨人的肩膀上思考问题、看待事物，能够帮我们建立洞察世界本质的学术思维，本书是在此方向上的一种尝试。

鉴于解读人学科背景与学识水平的差异，解读经典需要极大的勇气与自信，也难免出现一定程度的偏颇与不足，编写团队对此负责，也欢迎广大学友一起讨论交流。

经世济民，践行未来！

宋义平

2022 年 10 月 25 日

目 录

颠覆传统的经济学理论

改变世界的经济学思想

市场经济的诞生与发展

金钱、财富从哪里来

人类行为的背后是什么

人的美好生活如何实现

农业现代化的实现路径

最优化选择及决策

后记

颠覆传统的经济学理论

01

《经济学原理》：经济学的“边际革命”

英国正统经济学界领袖人物——阿尔弗雷德·马歇尔

阿尔弗雷德·马歇尔（1842—1924），19世纪末20世纪初英国乃至世界著名的经济学家，英国正统经济学界无可争辩的领袖人物。

阿尔弗雷德·马歇尔

马歇尔在剑桥大学任教期间，和他的学生庇古、罗伯逊、凯恩斯等人一同创建了在西方经济学中占有重要地位的“剑桥学派”，由于马歇尔提出的“均衡价格理论”不仅继承了古典的“斯密—李嘉图—穆勒”庸俗经济学传统，认为生产费用决定价值，也融合了边际学派“效用决定价值”的数理形式，将供给（生产费用）决定论与需求（效用）决定论有机结合，形成了自己的一套价值论。因此，剑桥学派也被称为“新古典学派”，这一从“古典”到“新古典”的转变，成为西方经济学的重要转折点，马歇尔的观点在长达40年的时间里在西方经济学中一直占据着支配地位。他的著作包括《经济学原理》《分配与交换》《战后国家的税收》《工业与贸易》等。

一、为什么要写这本书

从理论意义上来讲，西方经济学的理论是构成许多经济学理论的基础，也是分析宏观和微观经济行为的主要理论工具之一，它在一定的假设基础上告诉我们，人们如何决定是否生产或者购买某种商品、为什么商品的价格会发生变化、为什么有的国家发展较快而有的国家发展较慢、为什么经济会出现周期性的波动、为什么国家会做出这样那样的经济决策等。

简单说来，学习西方经济学有利于我们以更加睿智的眼光认识世界。从实践意义上来讲，西方经济学是引领西方国家经济发展方向和政策制定的主要依据，我们可以从西方国家的发展历程中积累经验，从它们的利弊中明辨是非，并结合我国的国情进行考察，谨慎地决定它的应用程度和范围。

除此之外，随着全球化进程加速，我们和西方国家的交流更加密切，为了更好地了解我们的伙伴，与西方国家更好地交往，也需要我们学习西方经济学的理论和术语。尤其是随着社会主义市场经济体制改革的深入，随着中国经济学队伍的发展和壮大，我们需要更加深入准确地了解西方经济学。

马歇尔的《经济学原理》就是现代西方经济学的奠基之作。在西方经济学发展的历史进程中，《经济学原理》与《国富论》《就业、利息和货币通论》并称为三部划时代的巨著，足以见其地位。

《经济学原理》最为突出的贡献是它完成了由古典经济学

向新古典经济学的转变，扩展了经济学的定义并将“边际”这一数学理论引入经济学的研究之中，并且其数理的分析让经济学的分析更加严谨和生动，这一创造性变革也被称为经济学的“边际革命”。

马歇尔将《经济学原理》写得通俗易懂，基于数学又隐于数学，并创造了经济学中一种重要的分析范式——“静态分析范式”，也就是我们今天所说的局部均衡分析法，这让经济学的分析更加直观，被很多名校用作教科书。

二、分析范式：静态分析及其他方法论

马歇尔的《经济学原理》创造了一种新的经济学分析范式——静态分析，“静态”也是《经济学原理》的中心思想。这种静态类似于一种力学的“平衡”，是两种或几种力量共同作用达到的一种静止状态，也就是我们今天所讲的“均衡”。

除此之外，马歇尔研究单个市场的行为而不考虑市场与市场之间的相互影响，正如他在《经济学原理》序言中所写的：“由于我们研究的力量数量极多，因此我们最好一次同时研究几种力量，然后做出部分解答，以辅助我们的主要研究。这样，我们首先单独研究某一特殊商品的供求和价格的初步关系。我们用‘其他情况不变’这句话，把其他力量当作是不起作用的，不是真的无用，而是暂时不理会它们而已。”

其实，上述这种思想方法被我们广泛地运用于很多学科的研究中，比如化学实验中保持温度不变。马歇尔用这一方法来分析相反的经济力量之间的关系，简化复杂的经济行为分析，从而建立起均衡价格论，并用均衡价格方法论述了工资、利息、利润、

地租等经济要素的形成，为现代微观经济学分析法奠定了基础。

除了“局部均衡”的分析范式，马歇尔在《经济学原理》中还运用了以下方法论：

- 引入边际增量分析法，用来分析价值、国民收入的分配、生产函数中生产要素的替代、资源配置的原则等。
- 既主张采用奥地利学派推导理论模型的抽象法，又赞成历史学派的描述法。在《经济学原理》的正文中，模型推导相比其他经济学教科书来说较少，但注释和附录中增加了许多图形和数理推导，比如供给表和需求表、供给曲线和需求曲线、弹性公式、用导数计算最大 / 最小值问题等。
- 马歇尔认为“只有渐进，没有突变”，主张用连续的原理来分析各种商品现象，而不是把各种商品看作是单位的、离散的。

三、理论基础：7 个基本概念

马歇尔阐述了经济学中常常用到的一些基本概念，包括财富、价值、生产、消费、劳动、收入、资本，并告诉我们如何站在经济学的角度去认识和使用这些概念。

第一个基本概念：财富。

我们通常认为财富就是金钱，或者说金钱是财富的一般表现形式。在经济学中，财富被看作是满足需要的东西和努力的结果。鉴于需求和努力的多样性，我们就需要考虑在满足需求的很多事物中，哪些属于财富，哪些不属于财富。

马歇尔认为，一个人的财富是由他外在财物中的那些能用货币衡量的东西构成的，主要包括两类：一类是拥有私有财产权的物质财富，可以转让和交换，比如房屋、机器、股票、抵押品等；另一类是具有所有权，并且可以为他获取物质财物的非物质财物，比如商誉、企业组织等，但不包括一切个人品性和才能。不过马歇尔认为，有时包含一切个人财富在内的“财富”更加妥当。

第二个基本概念：价值。

马歇尔不认同亚当·斯密关于价值表示物品效用的观点，他认为一个东西的价值是通过交换价值表现出来的，即一物购买他物的能力。况且每种东西的价格都会发生变化，购买力也会随之发生变化。

第三个基本概念：生产与消费。

马歇尔认为，人类所能生产和消费的只是效用，而不是物质本身，这和我们的通常认知——生产和消费的客体是物质本身——有偏差。马歇尔认为，人们的生产和消费活动只是改变了物质的形态或排列组合，让物质更能满足人们的需求。比如，鱼贩不是生产鱼的，他们只是把鱼从需求不大的地方运送到需求较大的地方。马歇尔还认为，“生产”这个词容易引起误解，应该避免使用或加以解释。

第四个基本概念：劳动。

马歇尔定义的劳动是一切头脑或身体付出的努力，这些努力部分或全部以获得某种好处为目的，而不是以直接从这种努力中获得好处为目的。比如，体育竞赛这种努力是以娱乐为目的，它不是一种生产活动。

第五个基本概念：收入与资本。

从私人的角度来看，收入是指那些货币形态的报酬，加上一些“实物工资”，比如单位福利；资本则是指一个人用于营业的，或者说利用它们生产可以出售并换取货币的东西，即一个人所有的东西加上属于他的权利，比如贷款收款权，再减去他所欠的债务，剩下的就是资本。

从社会角度来看，收入被看作是人类在任何时候尽可能地利用好自然资源，从而获得的一切利益，更一般地讲，可以将社会中每个人的收入加起来计算社会总收入；社会资本一般指的是土地、劳动、资本这三个重要的生产要素，它们如何有助于国民收入的提高，以及如何将国民收入分配到这三个要素上，是我们关心的问题。

四、重要理论：需求理论与供给理论

马歇尔分析人的需求，并用效用来衡量人的需求。他提出了需求的重要性质——边际效用递减规律和需求律，并用弹性来量化需求随价格的变动，用消费者剩余来度量消费带给消费者的福利。

（一）需求理论

对需求的研究，从某种意义上来说，就是对需求与消费的研究。马歇尔批判李嘉图明知道需求的条件和供给的条件对价值决定同等重要，却过于注重生产费用方面的研究，忽视了对需求的研究。但实际上，随着社会进步和人们财富的增加，需求的内容和形式都在不断地发生变化，变得更加多元化，而这些变化又在推动着生产发展和社会进步。所以，研究需求是极其重要的。

1. 效用与边际效用

那么，如何来衡量人们的欲望或者需求呢？我们不能直接衡量欲望，只能通过欲望引起的外部现象进行间接衡量。前面讲到，用一个人为了实现或满足他的愿望而愿意付出的价格，也就是购买东西时的满足感来衡量“人的动机”，这就是“效用”。马歇尔用效用来划分消费者需求的等级。比如，一个人迫切地需要某一件商品，并愿意花很多钱去购买它，说明这件商品能为这个人带来很大的效用。

同时，马歇尔认为，每种需求都是有限度的，即当一个人对一件物品有了一定的拥有量，再增加此物的拥有带来的新增利益，也就是边际效用，会随着他已拥有的数量递减，这就是需求饱和规律或边际效用递减规律。举个通俗的例子：当你在沙漠中感到极度口渴时，给你一杯水，你觉得它极度珍贵，带来极大的满足感，但当你喝下第十杯或更多杯时，只觉得肚子好撑，没有那么大的满足感了。

边际效用递减是马歇尔最重要的经济理论之一，也是现代经济学最重要的理论之一。为了衡量需求，我们用金钱来衡量边际效用递减规律，也就是需求价格。

需求价格是指一个人对任何一单位商品刚好愿意付出的价格。根据边际效用递减规律，边际需求价格也是递减的，即一个人拥有的某物数量越多，他愿意为稍多一单位此物付出的价格是递减的。当然，这个规律有两个重要的前提假设：一是货币购买力不变；二是一个人所能支配的货币数量不变。马歇尔用需求表来反映不同数量下的需求价格。

当然，以上分析是针对单个消费者而言的。对于经常性需求的商品，如大米、茶叶等，个人需求就能代表整个市场的总需求。但是，对于不经常性需求的商品，如结婚蛋糕或外科专家的服务等，就不能用单个代表性消费者的需求来描述。

对于整个市场来说，需求的量随价格的下降而增加，这就是需求律。但价格下跌和需求增加之间没有什么一致性的关系，可能价格下降一半，需求增加两倍或者其他数量，这和商品的性质、市场环境、个人偏好等因素有关，但总体方向是不变的。

2. 弹性理论

马歇尔《经济学原理》的一个重要贡献是创造了弹性理论，其中需求弹性刻画了价格和需求量之间变化的不一致关系。通俗来说，弹性即感应性。当某个商品价格发生变化时，如果需求量变化较大，那么我们认为它具有较大的需求弹性，反之弹性较小。

影响弹性的因素有很多，马歇尔主要列举了以下几个：

- 第一，商品的性质和用途。生活必需品弹性较小，比如粮食、水、盐；高档耐用品弹性较大，比如小汽车、电视机、高档手表。
- 第二，收入水平。一般来说，收入水平较高的人具有更小的需求弹性，价格变化对他们的影响小于低收入人群。
- 第三，风尚的变化。当社会风尚，人们的偏好、习惯发生变化，或者替代品产生时，也会使某种商品的弹性发生变化。

3. 消费者剩余

马歇尔用“消费者剩余”这一概念来刻画消费者购买并占有某物带来的利益。众所周知，一个人对一物愿意支付的价格不会超过他从此物中得到的满足，因此他得到的满足超过他付出代价的部分，就叫做消费者剩余，是消费者从购买中获得的净收益。举个例子，一个人对一束玫瑰花的评价是200元，但他只花了150元就买到了，这50元就是消费者剩余，类似于“买到就是赚到”。

消费者剩余被清晰地反映在需求表中，我们可以通过需求表简单计算得到单个消费者剩余的大小。对于市场需求来说，我们将总消费者剩余看作是所有个人消费者剩余的加总，这里我们把每个人看作是同质的，或者是经过平均后的，当市场中穷人和富人的比例接近时，这一假设是合理的。

（二）供给理论

如果说需求是基于获得商品的欲望，那么供给则主要取决于克服不愿遭受“负商品”的心理。负商品通常包括劳动或延迟消费所带来的负效用，比如身体或精神疲惫、有碍健康的工作环境、占用了娱乐或社交的实践等，也叫作劳动的边际负效用，它随着劳动量的增加而增加。

在供给理论中，马歇尔主要对生产要素进行研究，而生产要素是满足需求的手段，包括土地、劳动、资本、组织等。

1. 土地

土地是大自然赐予的，而土地的产物则是人类劳动的结果。说到土地作为生产要素的利用，我们首先想到的就是农业生产。除了土壤肥力的先天条件差别以外，人类的活动也具有改变土壤性质的力量，例如通过施肥提高土壤肥力，或者通过增加人力来增加产出。但是，在任何情况下，土地因资本和劳动增加而带来的报酬增量，最终都会递减，人们通常选择继续耕作，直到资本和劳动的增加所产生的报酬率达到最大并变为递减才停止增加投入。

上述情况被马歇尔称为土地的边际报酬递减倾向，当然，发生农业技术改良时可能不会发生递减。所以，马歇尔认为，如果将土地租出去，其租金除了自然赋予它本身的价值以外，还应当包括人们对土地做出的改良以及人口的增长、便利的交通设施等因素的考量。

2. 劳动

劳动在生产活动中的作用不言而喻，而人作为劳动的主要创造者，对生产发挥着至关重要的作用。马歇尔认为，劳动者健康强壮的体魄是工业效率的基础，物质财富的生产又取决于工业效率。也就是说，劳动者对物质生产的需求推动了生产的发展，同时物质条件的改善又促进了劳动力素质的提高。马歇尔还提出，工业训练对于劳动者是至关重要的，尤其是专业化教育，国家应该将教育作为一项投资，更加重视教育在生产发展中的作用。

3. 资本

资本是指为了生产物质产品及利益而储备的一切资源，它是财富的主要组成部分，也是创造财富的直接源泉。无论是对于个人、家庭还是国家，大部分资本来源于储蓄，而储蓄主要受到储蓄能力和储蓄意愿的影响。其中，储蓄能力取决于超过必要开支的那部分收入，储蓄意愿是一种在现在的满足与延缓的满足之间做出的选择，这种等待或延期的报酬就是利息。用于计算利息的利率可以看作是储蓄的需求价格，当这一价格上升时，势必会增加储蓄额。

4. 组织

马歇尔认为，组织是资本的组成部分，且有多种形式，例如商业组织、工业组织、国家组织等，它们又分为公有和私有，这一划分在现实中是至关重要的。

在《经济学原理》中，马歇尔主要研究工业组织的相关问题。他认为，柏拉图时代以来的社会学家们提出的“组织提高劳动效率”已经过时了，但亚当·斯密所坚持的观点——精细分工和精密的工业组织将会带来更大的利益——赋予其新的生命，但是斯密的追随者不承认这一制度的缺陷，这些缺陷主要表现有：在那些只需要手工技能的低级工作中，极端专业化的分工确实能够大大提高效率，但在高级工作中却不尽然，且千篇一律的操作迟早会被机械替代。

那么，在什么条件下能够最充分地发挥分工产生的效率呢？生产上有效率的经济不仅需要每个人在狭小的工作范围内不断地操作，而且需要每人在承担不同的工作时，都尽可能地发挥他的技能和能力。在这一条件下由生产规模扩大而产生的经济称为内部经济，它有赖于从事此工业的个别企业的资源、组织和经营效率。

不同于内部经济，外部经济是有赖于此工业总体发展的经济。随着专业化分工的发展和专业机械化的使用，开始出现地方性工业，专业化的工业开始集中于特定的地方，加上交通工具改良和人口增长、迁徙也对工业的地理分布产生很大的影响，大量种类相似的企业集中在了同一地区，这一结果产生的产业集聚效应又反过来促进了进一步的专业化和集中化，带来资本和劳动使用效率的提高，从而由内部经济引发外部经济。这些由专业化产生的工业组织逐渐演化成今天的企业。

马歇尔提出，为了研究供给价格及其影响因素，就必须分析与一定总量有关的某种商品的正常生产费用，因此我们要选择一个代表性生产者。他不能是一个新的经营者，也不能是一个非常成熟且有持久能力的经营者，这两者都不具有代表性。我们需要找到一个“普通”企业，它已具有相当长的历史，由能力正常的人来经营，能够正常地获得一定总量的外部经济和内部经济。根据代表性企业的生产费用，我们就可以基本准确地得到某一商品的市场生产费用，从而得到供给价格。

五、核心理论：价值理论与分配理论

马歇尔运用供给表、需求表以及向上倾斜的供给曲线、向下倾斜的需求曲线得出均衡价格是由供给和需求两种力量共同决定的，且均衡是稳定的。马歇尔还从暂时、短期、长期来研究影响均衡价格和生产成本的因素，他的均衡价格理论是静态局部均衡分析的典型。

（一）价值理论——均衡价格论

价值理论是马歇尔经济学理论的核心部分，也是最能体现其静态局部均衡分析范式的部分。

1. 供给价格和需求价格

马歇尔既以英国古典经济学中的生产费用论为基础，吸收边际分析和心理概念，论述供给价格，又以边际效用学派中的边际效用递减规律为基础，对其进行修改，论述需求价格，认为商品的市场价格取决于供需双方的力量均衡，从而建立起了均衡价格论。

试想，如果产量使得需求价格高于供给价格，即供不应求，那么卖主除了能够以自认为值得的价格出售现有的商品以外，还有动力多生产一些从而赚取更多；反之，如果产量使得供给价格小于需求价格，即供大于求，他们就会减少生产。

当需求价格正好等于供给价格时，产量就没有增加或减少的趋势，处于均衡状态之中。我们把均衡时的产量和价格分别叫作均衡产量、均衡价格。这种均衡状态是稳定的，一旦价格稍有偏离，产量就会发生变化，价格出现恢复的趋势。我们可以通过供给表和需求表计算出均衡价格和均衡产量，但在实际中，由于供给和需求不是长期不变的，所以均衡点不是一成不变的。

为了更加准确地解释供给和需求对商品价值的作用，马歇尔分析了均衡价格的三种形式：暂时的、短期的和长期的均衡价格。

他认为，在短期内，需求对价值起着主要的影响作用，而在长期内，生产成本即供给对价值起着主要的影响作用。这是因为与需求变动的影响相比，生产成本的变动对于价值的影响一般需要更长的时间才能表现出来。任何时候的市场价值受到一些事件或间歇性、短期性因素的影响，往往比那些持久性因素的影响大些，长期中这些暂时性因素会在很大程度上相互抵消。因此，持久性因素完全支配着价值。

马歇尔还将供给和需求的均衡分析与价格弹性联系起来，发现短时期内需求的上升会带动价格、产量的小幅度增加，但更多会导致价格的上升。在长时期内，产量较容易扩张或收缩，企业可以进入或退出，这使得长期的供给曲线显得比较平坦。这一分析也再一次印证了这个结论：在短期内，需求是影响价格的决定因素，而在长期内，供给是影响价格的决定因素。

2. 连带需求和连带供给

除了研究某种商品本身的供求关系，马歇尔还研究相关商品均衡价格的影响因素，《经济学原理》主要讨论了连带需求和连带供给。

从消费者的角度来看，连带需求是指并不是对两种商品中的任何一种都有直接的需求，而是对它们共同制成的产品有直接需求，对二者的需求都是派生需求。比如，必须在某个行业中共同发生作用的专门的物质资本和个人专门技术。在其他情况不变时，对共同产品的需求随着连带生产要素供给价格的降低而增加。

同样，有连带供给关系的商品，如新能源汽车和天然气、乒乓球拍和乒乓球等，各自只能有一种派生供给价格，这种价格一方面是由整个生产过程的费用决定的，另一方面是由对其余共同产品的需求来决定的。实际上，如果你留心观察和思考，就会发现这些理论在我们的现实生活中随处可见。

那么，如果同一个商品在竞争的市场中有一个共同的市场均衡价格，为什么有的企业生产这种商品而不生产另一种？为什么有的企业盈利更多呢？这是因为不同生产者对于生产不同的产品有不同的优势，其价格必须足以补偿那些没有额外优势的生产者的生产费用，否则他们就会停止生产或者缩减生产规模。而对于那些具有额外优势的生产者，除去生产费用之后还有净收益，这部分净收益就是生产者剩余。对照我们前面在需求理论中介绍的消费者剩余，这个概念就很好理解了。

在竞争的市场结构中，当生产某种商品存在利润，一些人就会觉得有利可图从而转向生产这种商品，以赚取超出生产成本的收益，生产扩大导致供给增加，均衡价格下降，该商品的市场又达到了一个新的均衡点。此时，该商品的价格等于生产该商品的边际成本，所有生产该商品的生产者利润为零，生产者剩余自然也为零。

马歇尔不止用均衡价格论分析商品的均衡价格，他还用这一分析方法论述了工资、利息、利润、地租的形成，认为它们分别是劳动、资本、企业家能力和土地的均衡价格。总之，马歇尔的均衡价格论是静态局部均衡分析的典型。

（四）分配理论——均衡价格决定理论

马歇尔认为，国民收入分配的对象是生产要素，包括对劳动、资本、土地、组织的分配。他运用均衡价格分析方法对上述4种生产要素进行分析，因此他的分配理论也是4个生产要素的均衡价格决定理论。马歇尔认为，劳动、资本、土地和组织的均衡价格主要是由工资、利息、地租和利润决定的。

首先，对劳动的分配主要表现在劳动工资上。

总体来说，劳动工资与工人效率有成比例的趋势，劳动工资的形式可以是物质的，也可以是非物质的。马歇尔认为，劳动供给和需求中的许多特点大多都取决于积累性后果，如果习惯让一部分人的进步受到抑制，那么他们后代的出发点必然低于不受抑制的人的后代，而第二代人的任何停滞都源自于前一代人的停滞之上，一代复一代。由此，引申出劳动市场的5个特点：

- 第一，工人出卖的是劳动，但工人本身并没有价格，对工人的投资局限于他父母的资产、见识和无私，在这里马歇尔强调出身的重要性；
- 第二，工人和他的工作是分不开的，一个人在劳动时必须亲自到工作场所去，所以劳动的流动性即劳动者的流动性；
- 第三，劳动具有可毁坏性，工人在失业时所损失的时间是无法挽回的，在劳动中耗损的精力有一部分是无法恢复的；
- 第四，劳动力的卖主即劳动者在议价中常常处于不利地位，这是由于劳动本身具有损耗性，且出卖劳动力的人一般都很穷，手头没有积存，他们离开劳动力市场就无法保存劳动；

- 第五，提供专业能力所需要的训练时间很长，这种训练产生的报酬也很慢，因此父母在为子女选择职业时必须展望整个一代人之后的前景，考虑到未来的困难。

马歇尔基于以上 5 个特点，认为非技术性劳动的供给是由马尔萨斯的人口法则决定的，即工资水平上升时，人口增长加快，从而劳动供给也随之增加，但机械化生产对非技术性劳动的需求持续减少。

供大于求的劳动力市场状况让非技术性劳动力的工资维持在相当低的水平，马歇尔认为这是导致劳动者贫困的原因。而劳动者要学习专业能力，需要训练很长时间，他们就会处于长期的贫困之中，技能和健康状况难以得到改善，从而他们的后代也会有同样的遭遇。

因此，马歇尔把解决贫困的希望寄托于教育，他主张国家和家庭应该把教育当作一种投资。为了改善贫困劳动者的现状，他还主张限制非技术工人的家庭规模和建立累进税制度，但不主张设立最低工资保障和工会。

其次，对资本的分配主要体现在利息上。

当我们说利息是资本的报酬，或者是等待的报酬时，所指的利息是纯息。而一般指的“利息”一词，除了纯息之外，还包括风险保险费和管理报酬，这是借款人支付的总利息。总利息在放款人的眼里是利润，因为其中包含了风险管理费和管理报酬。资本通过组织得十分完善的货币市场，从资本过剩的地方流向不足的地方，或者从正在收缩的某个行业部门流向正在扩大的另一个部门。这反映了资本的一个重要性质：从报酬率低的地方流向报酬率高的地方。

再次，对土地的分配主要体现在地租上。

马歇尔认为，地租是由土地的原始价值、私有价值和公有价值3部分组成。

- 原始价值是土地自然肥力带来的价值，是大自然赋予的收益；
- 私有价值是土地所有者个人为改良土地和建设地上建筑物而投入的资本、劳动及带来的收入；
- 公有价值是国家为了社会大发展而进行的一般性的改良措施，由此带来的对土地价值的影响，如修建水库、铁路等。

在上述3个组成部分中，只有原始价值才是真正的地租，即土地的纯收入部分。这部分剩余首先取决于土地的丰度，其次取决于他必须买进和卖出的那些东西的相对价值。

马歇尔还创造性地提出了“稀有地租”的概念，他认为如果没有稀缺性，土地就不会产生地租，且所有的地租都是级差地租。马歇尔还首次提出了城市地租理论，论述了城市工商业的土地价值问题，认为它等于农业地租加上位置价值。马歇尔在分析地租时，将供求均衡分析方法和边际报酬递减规律运用其中，使得对土地这一生产要素的分析更加理性。

但是，马歇尔的地租理论是存在缺陷的，比如他没有考虑到绝对地租的存在。

最后，对组织的分配主要体现在利润上。

对组织的分配即是对企业家才能的分配，马歇尔在《经济学原理》中没有做详细的论述。

02

《就业、利息和货币通论》：现代宏观经济学理论的创立

战后繁荣之父——约翰·梅纳德·凯恩斯

约翰·梅纳德·凯恩斯（1883—1946），英国经济学家，师从英国著名经济学家、新古典学派的创始人阿尔弗雷德·马歇尔。据说，凯恩斯在出任英国互助人寿保险公司董事长时，同瑞典经济学家俄林就德国赔款问题论战中，一度坚持国际收支差额会通过国内外物价水平的变动，自动恢复平衡。可以说，凯恩斯曾是一位自由贸易论者。

约翰·梅纳德·凯恩斯

但是，《就业、利息和货币通论》作为凯恩斯的代表作，摒弃了当时的古典学派自由放任理论，标新立异地倡导国家干预经济，创立了现代宏观经济学理论体系，实现了西方经济学演变的第三次理论革命，被认为是20世纪最重要、最有影响力的一部经济学著作，与《国富论》《资本论》并称经济学三大巨著。

一、为什么要写这本书

1929年，从新型资本主义市场的美国刮来了大萧条的飓风，它席卷了几乎当时所有的资本主义国家，这次经济大萧条被认为是持续时间最长的经济萧条，它不仅导致了长期的大规模失业，也改变了社会关系，摧毁了原本的执政政府，在德国更是推动了纳粹党的上台，最终导致第二次世界大战爆发。这次大萧条被很多研究者看作是社会专业化分工不断发展之后，集合生产资料的需求与生产资料被个人大量占有之间相互矛盾的结果。

大萧条的愈演愈烈，被认为是严重的国际经济不平衡造成的。在第一次世界大战之后，美国成为大规模债权人。其实，在美国之前，凯恩斯所生活的英国已经是一大债权国。同时，英国国内的制造业也从“世界工厂”的峰顶一步步衰退了下来。也就是说，英国既无贸易带来的资金支持，也无国内产业发展带来的就业环境。在萧条中，英国有500万～700万人失业，这个数字狠狠打击了当时主流的自由放任经济学说。

此时的凯恩斯与伦敦的布卢姆茨伯里派关系密切，布卢姆茨伯里派是一个提供剑桥大学毕业生聚会的非正式团体，团体成员时常讨论改变当下人们思想的话题。正是这一经历和众多排着长队等待工作的英国人，让凯恩斯一反之前的立场，于1936年发表了《就业、利息和货币通论》。

在《就业、利息和货币通论》中，凯恩斯重新审视了重商理论中的政府干预手段，继承了英国经济学家马尔萨斯的有效需求不足理论、英国经济学家蒙德维尔的高消费促进繁荣的学说和霍布森的经济萧条理论。他开始批评只注重分工的收益和完全放任的自动调节方式，相信保护政策能带来贸易顺差，主张扩大政府开支、实行赤字财政，以此来刺激经济，进而维持繁荣，最终以此来解决就业问题，这为“二战”后世界各国的经济复苏提供了有力的理论依据和政策脉络。也因此，凯恩斯一度被誉为“战后繁荣之父”，后世评论他的宏观经济学可与弗洛伊德所创的精神分析法，以及爱因斯坦发现的相对论，并称为二十世纪人类知识界的三大革命。

二、研究对象：资本主义非充分就业均衡

在大萧条背景下，政府的经济政策最应追求的是充分就业，所以凯恩斯强调，《就业、利息和货币通论》的研究对象是资本主义非充分就业均衡，即主张政府要致力于提高就业水平，来挽救即将崩溃的资本主义经济体系。

在凯恩斯看来，充分就业指在某一工资水平之下，所有愿意接受工作的人都获得了就业机会。充分就业需要在两个限制因素下进行定义：

- 第一，充分就业必须是当有效需求进一步增加，却不会引起就业量增加时的就业水平；
- 第二，充分就业必须是各生产要素的边际产出等于为维持固定产量只提供了最低工资时，所达到的就业水平。

对于失业，此时的传统西方经济理论并不承认社会存在普遍的失业现象。他们认为，经济供求均衡时，便不存在失业的情况。而

现实出现的失业则被他们分为“摩擦性失业”和“自愿性失业”两种。

- “摩擦性失业”是由于求职的劳动者与需方提供的岗位之间存在着时间滞差而形成的暂时失业；
- “自愿性失业”则是因为法规滞后、职工集体谈判、人类惰性等原因，不接受现行工作条件而产生的失业。

凯恩斯提出了“非自愿失业”的概念，就是指工人愿意接受现行工资水平与工作条件，但仍找不到工作而形成的失业，其根本原因在于有效需求不足。而这个观点的提出，是因为凯恩斯看到了1932年美国出现了失业的问题，劳动者显然不是因为信息的不对称或者固执地不愿被消减工资而造成失业。因为在大萧条的环境下，商品没有销路，哪怕工人愿意按低工资被雇佣，厂商也不会增雇工人。

所以，在当时的市场经济运行中，一旦“非自愿失业”比例过大，就表明国家出现有效需求不足和市场疲软的情况，这也意味着经济运行质量有待改进和提升。当然，凯恩斯表示，充分就业也不等于全部就业，它并不排除自愿失业和摩擦失业的情况。也就是说，充分就业会伴随着一定的自然失业率存在。

在不同国家和不同时期，会有不同的自然失业率界限，这也是各国政府制定政策的依据。以美国为例：20世纪50—60年代的自然失业率为3.5%～4.5%，即95.5%～96.5%的劳动力人口就业率就是充分就业状态；20世纪70年代的自然失业率为4.5%～5.5%，即94.5%～95.5%的劳动力人口就业率就是充分就业状态；20世纪80年代的自然失业率为5.5%～6.5%，即93.5%～94.5%的劳动力人口就业率就是充分就业状态。理论上，不存在劳动力人口就业率等于100%的情况。

为了达到充分就业，凯恩斯提出，政府需要主动出台政策去调节有效需求，比如，刺激私人投资，为扩大个人消费创造条件；促进国家投资，通过公共工程、救济金、教育费用、军事费用等公共投资，抵补私人投资的不足；政府通过实行累进税来提高社会消费倾向。

三、理论核心：有效需求原理

在《就业、利息和货币通论》中，凯恩斯创建了属于他的宏观经济学理论——凯恩斯理论，该理论由三部分组成：简单国民收入决定理论、有效需求原理和乘数原理。其中，有效需求原理是凯恩斯理论的核心。

实际上，有效需求原理是英国经济学家马尔萨斯1820年提出的，以预测资本主义发展产生危机的可能性，凯恩斯以就业理论为出发点，进行了重新构建。有效需求是指整个市场范围内，总供给等于总需求。从就业角度来看，一个企业的有效需求就是它收回成本叠加它取得最低利润时需要的就业量。这个时候，如果市场对企业产品需求不足，产品就会产生滞销，生产规模也会缩减，随之而来的就是用工量缩减，此时工人出现失业。

所以，从生产的角度来看，当市场的总需求价格大于企业生产的总产品价格时，企业才有利可图，才可以进一步雇佣工人、扩大生产，一旦总需求价格等于总产品价格，企业就可以获得最大利润。

那如何增加社会的总需求呢？这就必须从消费结构来分析。比如，一个人的收入增加了，他的消费显然也会增加。但实际上，他完成所有消费之后，还是会有一部分收入剩余下来变成存款。这个时候，我们需要将这部分存款用于社会投资，这就相当于扩大了除消费以外的需求。也就是说，社会需求是投资和消费的总和。如果我们让每个人的存款都变成投资，那么整个社会的需求就增加了，同时整个社会的就业也增加了，这就是通过人为地增加社会需求、提高就业的方法。

凯恩斯最伟大之处在于，为研究提高总需求的方法，他构建了资本主义经济中的三大基本心理规律分析：边际消费倾向规律、资本边际效率规律和流动性偏好规律。

- 所谓的边际消费倾向，就是指收入与消费之间存在一定的函数关系，这个函数关系就是消费倾向，说的是一个人会使用多少收入用于消费。在此基础上，他又构建了收入变化量与消费变化量的函数关系，即边际消费倾向。这可以说明收入与消费变化后，这个人最多会使用多少收入用于消费。

这个时候，凯恩斯发现了边际消费倾向递减规律，即当一个人的收入逐渐增加到一定程度时，他用于消费的部分就开始减少，这是基于这个人"谨慎、远虑、筹划、改善、独立"的情绪。这也就是为什么，我们常看到富人的边际消费倾向低于穷人，而不是富人因为钱多就尽可能多地购买消费品。

- 资本边际效率是一个人投资的预期利润率，可以用资本的预期收益和供给价格比率表示。在资本边际效率的分析中，也出现了递减规律。就是说一个人，他会觉得自己投资到一定量时，投资越多，收益却会越低。这是因为，在技术水平不变的情况下，10 个人挖一条水渠需要 50 天，增加到 50 个人时，挖一条水渠需要 10 天，那么增加 500 个人时，挖一条水渠需要 1 天，但是此时将工人增加到 5000 个人时，显然也不能实现两个多小时就挖完的情况，会有很多人被闲置，他们即使从事生产活动，也不会再产生效益，实际上资本也面临着这个问题。

- 所谓的流动性偏好，就是指人们对于手握货币的需要。因为人们总是觉得，相比于不好变现的房子、古董等投资品来说，货币显然可以在更多时期、更多情景下产生作用，比如日常交易、预防意外开支等。出于这些目的，有些人还会选择在市场上出现货币短缺时，将货币存起来，之后用更高价格出售给需要的人，这也叫投机动机。

人们的交易和预防需求的决定因素是国民收入水平，这也是人们的正常需求。而货币投机需求的决定因素则是市场利息率，利率太高显然会促使人们存钱，而不会消费和投资，同时还能造成投机，但是利率太低，又会出现“流动性”陷阱。2008年之后，各国纷纷降低利率，以提高货币流通性，刺激经济，但是利率过低时，人们会无限制地持有货币，利率也无法继续下降，经济就出现“流动性陷阱”。所以，2016年，美国经济出现持续性的温和扩张，失业率开始下降，于是美联储决定加息，以解决“流动性陷阱”问题，且为未来所需的宏观调控预留空间。

所以说，了解边际消费倾向规律、资本边际效率规律和流动性偏好规律，才能有效地提高人们的投资和消费的愿望，以实现社会总需求的提高，从而刺激经济和提供就业。

四、理论基础：国民收入决定理论与乘数理论

经济学学者认为，简单国民收入决定理论是宏观经济学的中心理论，它为分析各种宏观经济问题提供了一种重要的分析工具。

同时，为使国民收入增加，国家可以采取减税和降低利率的方式来促进投资，也可以采取国家直接投资的财政手段，利用“乘数理论”来增大投资的效益和提高就业。

（一）简单国民收入决定理论

凯恩斯构建了简单国民收入模型，该模型在价格水平、利息率、投资水平固定的情况下，分析了社会总需求与国民收入水平之间的关系。该模型表明：当社会总需求与总供给相等时，总需求就可以决定国民收入水平——总需求增加，国民收入也会增加；总需求减少，国民收入也会减少。

在凯恩斯构建的另一个均衡国民收入决定点的模型中，当价格水平、利息率、投资水平固定以及投资与储蓄相等时，便会出现均衡国民收入决定点。该模型表明：当投资增加、储蓄减少或者投资增加、消费减少时，均衡国民收入也将增加；当投资减少、储蓄增加或者投资减少、消费增加时，均衡国民收入也将减少。

为了使国民收入增加，增加投资显然是最重要的因素。而政府财政政策的选取正是以此为依据。当国家决定增税，就会增加企业和个人的税赋负担，那么企业和个人的投资能力必然减弱；当国家采取减税措施，就会减少企业和个人的税赋负担，企业和个人的投资意愿必然会增加。同样，当国家出现一笔购买性支出，就增加了社会总需求，也意味着增加了社会投资需求。

所以，在凯恩斯理论中，国家增加支出和减少税负，都可以达到增加社会总需求，同时有利于增加国民收入，也就是我们常说的扩张性财政政策。而人们是否愿意再加大投资，则需要考虑利率和资本边际效率，即资本的固定利息收益和投资项目的预期收益。这里说的利率，是指剥离通货膨胀率的真实利率。因为凯恩斯认为，只有当银行利息的收益大于人们投资项目可以获得的预期收益时，人们才会选择把钱存在银行。一旦银行利息收益小于投资项目的预期收益时，人们则会将钱投入项目，以获取更高的预期收益，这也是国家选择货币政策的依据。因为从社会角度看，如果项目投资收益固定，那么利率上升，投资需求量就一定会减少；如果利率下降，投资需求量也一定会增加。

（二）乘数理论

除了国家需要调整税收政策和货币政策，为扩大总需求、提高国民收入，国家类似购买性支出的这种直接投资行为也必不可少，这里又引出了著名的“乘数理论”。乘数理论是指，当一个人大量投资一个项目，或者国家资金投入一个项目，除了该项目获得增益，与该项目相关的其他项目也会获得收益，最终会带来成倍的社会收益效果，就像是杠杆原理。所以，凯恩斯认为，如果社会上存在大量闲置资源，那么在一定的边际消费倾向条件下，投资的增加会带来国民收入和就业量的成倍增长。比如，国家投资修建一条公路，国家将受益的不仅是过路费，还包括修建和维护公路、公路运输、运输所产生的交易、交易所催生的生产、生产所需原材料的制造等环节中的新增就业和税收收入。

另外，凯恩斯也表示，虽然投资可以在项目或者行业之间产生连锁反应，但是如果相互影响的项目或者行业中存在技术制约，那么乘数作用也很难发挥作用。

五、理论启示：经济周期理论可以揭示国家干预的最好时机

凯恩斯认为，投资行为的变动是产生经济周期的原因。在历史上，经济总是处于一种向上发展，继而向下回落，又复向上的周期性运动中。

（一）经济的繁荣与恐慌

凯恩斯将经济的周期性运动过程分为繁荣、恐慌、萧条、复苏四个阶段，并且他认为，其中的繁荣和恐慌阶段是宏观经济学尤其需要重视的阶段。

繁荣时期，人们会对资本未来收益保持乐观态度，于是人们致力于加大投资，利率出现下降。因为投资加大，生产扩张，必然催生劳动力和原材料价格上涨，也就是说，产品成本在大幅提高。而产品成本的提高一定会带动资本边际效益下降，即资本的收益开始下降。但如果市场上的投资者或者投机者没能看到这一系列变化，他们还会对投资保持乐观并进行追加投资，那么很可能出现总供给过大、市场均衡崩溃的状态。

于是，市场正式进入恐慌期，投资者开始大量撤回投资，并对未来预期下降，投资量萎缩，人们对流动性的偏好增大，进而出现经济危机。

危机过后，投资者对未来经济信心仍旧不足，所以会依旧保持投资不振、生产萎缩、就业不足等状态。在这段时期中，如果不加以干涉，任由经济萧条持续下去，将造成社会动荡。经济萧条让市场出现很多空白，如形成投资机遇、资本边际效率逐渐恢复、利率降低、投资逐渐增加等，于是经济发展就进入复苏阶段。

所以，凯恩斯认为，要解决繁荣期经济过热、缓解经济危机的破坏性，就需要政府及时运用宏观调控手段，对经济运行进行干预。比如，调节消费倾向，刺激消费；调节投资诱导，即通过提振投资者信心、刺激投资的形式，来增加全社会的有效需求。

（二）财政政策与货币政策对经济的影响

凯恩斯认为，国家很多诸如个人所得税、企业所得税、资本利得税、遗产税等直接税种都可以调控消费、储蓄、投资三者的比例，让经济向扩张或者紧缩的方向发展。而在长期调控中，也可以采取提高或者降低利率的货币政策，来影响消费倾向。

如果国家达到充分就业，就预示着劳动供给与需求处于均衡状态，这个时候就不应再增加货币数量，否则会引起通货膨胀。而当非自愿失业广泛存在的时候，就需要增大货币供应量、降低利息率、刺激有效需求、提高物价，从而减缓就业压力。

如果政府在不能直接控制国内利率和其他投资引诱的情况下，增加国际交易顺差可以成为加大国内投资直接且有效的方法。但是，凯恩斯也提示，虽然贸易顺差对于提高国内的就业和收入水平有好处，但政府还是应该将扩大国内需求定为宏观政策的方向。因为一国的顺差就是别国的逆差，如果各国一味追逐出口顺差，势必会使贸易保护主义抬头，结果可能使各国都遭受损失。

03

《人力资本》：突破经济学研究边界，引领“人力资本革命”

芝加哥学派代表人物——加里·贝克尔

加里·贝克尔

加里·贝克尔（1930—2014），美国著名经济学家，芝加哥学派代表人物，曾执教于哥伦比亚大学和芝加哥大学。贝克尔1992年成为诺贝尔经济学奖得主，被誉为20世纪最杰出的经济学家和社会学家，他的研究领域十分广泛，是以经济理论来分析人类行为的经济学家之一。

贝克尔与同时代的其他几位芝加哥学派代表人物弗里德曼、刘易斯等人一样，信奉自由主义经济思想，而且贝克尔极具创造力，将经济理论扩展到对人类行为的广泛研究中，开拓了经济分析的新视野。贝克尔一生中发表过许多著作，比如《人类行为的经济分析》《家庭论》《人力资本》等。其中，《人力资本》是西方人力资本理论的经典，这部书是贝克尔对人力资本理论进行系统研究的成果。

一、为什么要写这本书

很久以前的经济学研究是不考虑“人”这一自身因素的，那么经济学的研究是如何演变为如今这样，尤其是贝克尔这一代的经济学家为什么如此重视“人的行为”呢？这便要从学术研究中“人的地位”说起。

通过总结历史上经济研究的规律，可以发现：经济理论的变革常常被“人在社会中的价值轻重”这一观念左右，“人的因素”是否重要，很大程度上决定了研究方向与研究结果。“人的价值”大致经历了从“神本主义”向“物本主义”、再到“人本主义”的转变，这样的转变使得贝克尔开始从事“人”的研究。

在人本主义思想的指导下，许多经济活动中与人有关的因素与现象被不断发现。20 世纪 50 年代，许多发展中国家正在寻求经济起飞，世界各国纷纷步入现代化进程中。大量的关于经济增长的理论研究和实证研究如雨后春笋，“人力资本之父”、经济学家舒尔茨通过大量的经验材料得出一个命题：各国经济现代化的一个组成部分——农田和其他资本的经济重要性在下降，技能和知识的重要性在上升。随后，舒尔茨本人以及另一位诺贝尔经济学奖得主库兹列茨的研究证明了该论断的正确性。

逐渐地，人力资源的状况愈发影响着经济发展，同时传统的资源禀赋理论并不能很好地解释日本、德国等国家在战后的迅速崛起。于是，人的技能与知识的作用被广泛研究。20 世纪 50 年代的一些计量经济学研究结果说明：教育作为提升技能与知识的手段，是解释一个国家经济增长成就的重要因素，于是，大量的注意力被吸引到以教育为主要形式的人力资本的研究上。

早在1906年，数理经济学家欧文·费雪在他的论文《资本的性质与收入》中首次提出人力资本的概念，并将其纳入经济分析框架之中，但是很长一段时期，人力资源的研究领域是空白的。直到20世纪50年代，舒尔茨对人力资本的形成方式与途径进行深入研究，使其成为经济学的一个新分支，被人们称为“人力资本之父”。而贝克尔最初只是对当时较为热门的世界各国“教育投资回报率”的研究与预测感兴趣，他想把人口普查中关于不同教育程度的人的收入资料拿来，与教育部发布的关于教育成本的资料进行汇总考察。

在之后的研究中，贝克尔开始对人力投资的一般理论及其对各种经济现象的解释充满兴趣。贝克尔就是在这种背景下研究人力资本的，他进行了系统的微观分析，通过数理公式的推导进行理论研究，将大量微观数据用以实证研究，将表面上与经济无关的现象与经济学联系起来，从而引领学界掀起了一场“人力资本革命”。

二、分析对象：教育、家庭与经济发展

《人力资本》是贝克尔对教育与回报问题的研究成果，其结构主要分为理论研究部分和实证研究两部分，以及相关经济领域的分析讨论。理论分析部分涉及大量数学公式推导，以构建出理论模型从而得出结论。而实证部分则援引了大量有关教育、收入等数据进行实证研究作为观点支撑。

在20世纪的经济社会调查研究中，出现了不少令人疑惑的

经验现象，比如：

- 收入随着年龄增加而增长，但是增长速度是下降的，这种增长速度和下降速度都和技术水平显著正相关；
- 失业率和技术水平具有反向变动的关系；
- 年轻人比老年人换工作更频繁，而且得到了更多的学校教育和在职培训；
- 能力更强的人比其他人拥有更多的教育和其他培训机会。

这一系列的现象引发了经济学家的思考，于是贝克尔教授以人类的教育培训、家庭行为等社会活动以及经济发展规律作为分析对象，再以经济分析工具对它们进行深入研究，最终创立了系统的人力资本理论。

（一）教育

关于教育的讨论由来已久，教育常常被认为是用以改变一个人内在修养的手段，不过在现代化进程中，教育的功能被极大扩展，它不仅具有文化功能，还被赋予了经济功能。

贝克尔等经济学家，在对 100 多个有着不同文化和经济体系的国家进行研究后发现，教育和个人收入之间有着较强的相关性，通常受教育程度更高的人的收入远高于平均水平。收入的增加主要是由于个人生产力的提高，所以，可以说教育具备了提升个人生产力以实现收入增加的功能。但是也有观点表达了另外一种因果性，比如大学毕业生的收入超过高中毕业生，可能并不是因为大学教育提高了个人生产力，而是因为更有生产力的学生进入了大学，这种观点认为教育没有起到提高收入的作用，学历只是反映了一个人自身的能力、素质、禀赋。

在考量教育所带来的个人能力提升与收益关系时，《人力资本》提到一个班级排名和收入相关性的调查案例：

> 贝克尔对“美国贝尔电话公司”所雇佣的大学毕业生进行调查，发现大学的排名对这些刚毕业的大学生们的起始工资影响并不大，但是15年后，那些在班级中排名前2/5的雇员所获得的工资要比排最后2/5的雇员所获得的工资高20%左右，并且在之后的年份中，工资差异还会扩大。

这也从侧面反映了通过教育所获得的学习能力代表了一定的个人能力，而这种个人能力对个人的收入是有长期影响的。

（二）家庭

贝克尔对家庭中的个人行为与集体活动也进行了许多思考，他在《人力资本》中说道：“关于人力资本的讨论，怎么都不能忽视家庭对知识、技能和儿童习惯的影响。”小孩子之间的差距会随着年龄的增长和不断求学而拉大，父母会对孩子一生的教育、婚姻稳定和许多其他生活因素产生巨大影响。

贝克尔在《人力资本》中提到：如果父母的收入低于他们同辈人平均水平的20%，孩子的收入可能最多低于同辈人平均水平的6%。家长们会根据家庭中孩子的数量，以及每个孩子的单独花费来衡量如何将家庭资源分配到每一个孩子身上。于是，家庭中孩子的数量和每个孩子的花费往往是负相关的。也就是说，孩子越多，分摊到每一个孩子身上的花费越少。这种家庭微观层面上的孩子数量和孩子人均成本的负相关性表明了一种社会宏观层面上的人口增长和人力资本投资之间的关系，即社会宏观层面上人力资本投资水平的提高会促使家庭中每个孩子的人均抚养成本增加，从而表现为：在微观上，家庭孩子数量减少；在宏观上，人口增长速度减缓。这种关系在一定程度上也解释了如今社会生育率越来越低的问题。

（三）经济发展

20 世纪中叶，“二战”结束后的世界格局发生了深刻改变，国与国之间的不平等问题突出而复杂，贝克尔教授也把宏观上的各国经济发展规律作为研究对象进行讨论。

当时令人迷惑不解的现象不是普遍的增长，而是有这么一个事实：美国、日本和许多欧洲国家在过去的 100 年乃至更长时间内的人均收入持续增长。贝克尔给出的答案是：这是因为“科学技术知识的扩张”。他解释说：“这一扩张提高了劳动力的生产率和其他投入的产出。随着知识增长，好处在人们身上得以体现——比如科学家、学者、技术员、管理者和其他对产出有贡献的人，把科学知识系统地应用到产品生产上，这极大地提高了教育和在职培训的价值”。日本在“二战”后的发展就是一个例子：日本本身不具备资源优势，但是因为长期致力于人才素质和能力的提高，在许多领域都超过了其同盟国美国。日本和其他一些亚洲国家的经济起飞，也较为明显地说明了人力资本对经济增长的重要性。

三、核心思想：人力资本概念及其投资均衡模型

在贝克尔看来，人力资本是具有“人格化”“私有化”的资本，除了教育行为，医疗保健、劳动力迁移都是人力资本投资的方式。

并且，人力资本的投资回报率遵循经济学成本收益均衡的规律，贝克尔由此推导得出了5个判断人力资本投资行为的依据，这对于人力资本投资的研究及应用都极具现实意义。

（一）人力资本的概念

现代经济学之父亚当·斯密对人力资本的概念进行过讨论，并提出了一个较为完善的解释。他认为，一个国家全体居民的所有后天获得的有用能力，应当作为资本的重要组成部分。他提出，“在社会的固定资本中，可提供收入或利润的项目，除了物质资本外，还包括社会上一切个人学得的有用才能。这种优越的才能，可以和缩减劳动的机器工具，作同样的看法，就是社会上的固定资本”。

德国历史学派先驱李斯特在斯密的基础上继续深入分析，提出了“物质资本”和“精神资本”的概念，将物质财富积累形成的资本与由人类智力成果积累而形成的资本作了区分。

贝克尔将人力资本的内涵进行了延伸，他在《人力资本》中指出：人的才干、知识、技能只是人力资本的一部分，人力资本还应当包括人的健康程度、时间价值、寿命长短等。除了内涵的丰富以外，贝克尔还对人力资本的特性进行了补充：

第一，人力资本是一种“人格化”的资本，表现为人的素质与能力，它不能脱离人本身而存在。

第二，这种人格化的人力资本也具有“私有性质”，因为不同性质、种类的工作需要使用不同的人力资本，而怎么使用则取决于个人。

第三，人力资本的拥有和使用要区别开来，一个人的人力资本使用效率取决于他的努力程度，人力资本和物质资本最大的不同之处也就在于此。也就是说，人力资本使用的效率可以通过影响一个人的努力程度来改变，比如增加一些激励手段。

第四，人力资本的价值由人力资本的各项开支构成，但是人力资本投资的成本核算还必须考虑“机会成本”。“机会成本”就是为了做某一件事，而放弃掉做另外一件事的收益，这种“放弃掉的收入”是人力资本投资的主要成本。打一个最简单的比方：小明高中毕业了，他选择了继续读四年大学，而放弃了一份工作，于是他放弃掉的工作四年所带来的工资收入就是一部分机会成本。

贝克尔对人力资本的理解，极大地突破了囿于物质资本的传统经济学局限，使经济学研究朝着主体化的方向发展。

（二）人力资本的投资

那么，人力资本又具有怎样的投资方式呢？一般我们将投资方式分为两种类型：一种是影响未来福利的投资，另一种是影响现在福利的投资。

贝克尔认为，人力资本可以通过后天投资获得，并影响以后时期的生产率和收益。其实，用于教育、在职训练、卫生保健、劳动力迁移以及收集市场信息等实际活动的支出都是一种投资，而不是消费，因为它们不仅在短期内提高劳动生产率，而且可以长期起作用。

贝克尔还将人力资本的投资行为进行归纳与分类，清晰地界定了人力资本投资的成本与收益核算方式。所以，用于物质资本的投资收益分析方法，也同样适用于人力资本研究。

值得一提的是，贝克尔重点考察了职业方面的培训活动，将在职培训分为“一般培训”和“特殊培训”，这两者的直接区别就在于员工通过在某企业接受某种培训而学习到的知识技能，能不能对该企业以外的企业产生用处。所以，“一般培训”指的是那种具有通用性知识技能的培训活动，比如对员工进行礼仪、普通话、办公软件等培训，这种培训对别的企业也会具有适用性；相反，“特殊培训”的结果就不会作用于开展培训之外的企业，比如军队中坦克驾驶员的培训，就是“特殊培训”。

除了对人力资本的认识上升到一个新的高度以外，《人力资本》对人力资本投资的多少及其回报率也进行了深刻分析。《人力资本》的研究，贯穿了效用最大化、市场均衡和稳定偏好的经济学基础方法，并且首次采用传统的微观均衡分析方法构建了人力资本投资均衡模型。

贝克尔在假设每个家庭都追求效用最大化的基础上，得出了“人力资本边际成本的当前价值等于未来收益的当前价值”这一著名论断，这正是人力资本投资的均衡条件。贝克尔规范地分析了“年龄－收入”结构、“年龄－财富”结构，通过“成本－收益”分析方法来考察人力资本的投资行为，构建了人力资本投资收益模型；对美国高等教育收益率的实际数据进行了研究，给出了某项人力资本收益的计算公式，并通过一系列的公式推导，得出了给定时期内“人力资本最佳投资量”的均衡条件。这种投资均衡条件意味着“如何对人力资本进行投资”有了客观科学的判断依据：

（1）在一个生命周期内，最佳投资量随着年龄的增加而下降。所以，从经济角度来看，年轻的时候加强人力资本投资是最划算的。

（2）人力资本投资随着年龄的增长而变化。一般人在年轻时，人力资本投资增长快，收入增长也快；年老时，继续工作的年限不多了，投资可能不足以抵销人力资本折旧，收入可能下降。

（3）人力资本投资的折旧率越大，投资的动力就越小。也就是说，人力资本越容易贬值，投资的兴趣也就越小。

（4）处在劳动力队伍中的那些工作年限短的或者一年中较少工作的人，他们对人力资本的投资动力较小。

（5）通过对工资收益率公式的分析，可以得出一个结论：个人努力程度越小的人，人力资本投资收益就会越小。所以，对个人进行一定的有效激励可以促进个人对人力资本的投资。

改变世界的经济学思想

04

《民族国家与经济政策》：马克斯·韦伯的经济学思想

组织理论之父——马克斯·韦伯

马克斯·韦伯（1864—1920），德国社会学家、历史学家、政治学家、经济学家、哲学家，是现代西方一位极具影响力的思想家，与德国思想家卡尔·马克思和法国社会学家埃米尔·杜尔凯姆并称为“社会学的三大奠基人”。

马克斯·韦伯

与发扬历史唯物主义的马克思以及奉行实证主义的杜尔凯姆相比，韦伯更强调主观因素对社会研究的重要性，以主观选定的理想类型为研究框架，并以人们对社会现象的主观理解为诠释对象。因此，韦伯对宗教信仰与社会之间的关系研究颇深，认为注重禁欲的基督教新教对现代西方资本主义的发展起到了推动作用。

韦伯和美国管理学家弗雷德里克·温斯洛·泰勒、法国管理学家亨利·法约尔处于同一时期，对西方古典管理理论的确立做出了杰出贡献，是公共行政学的创始人之一，被后世称为“组织理论之父”。

一、为什么要写这本书

韦伯在最初转向经济学研究时的中心问题，是由当时的社会背景所引发，即德国从农业文明转向工业资本主义发展时所面临的经济、政治、文化等诸多方面问题。《民族国家与经济政策》共收录4篇文章，包含了韦伯在这些方面的见解。

- 第一篇文章，《古典西方文明衰落的社会原因》，是韦伯1896年在弗莱堡学术协会所做的讲座内容，脱胎于1891年出版的讲师资格论文《罗马农业制度的历史对罗马公法与私法的重要性》，与韦伯的博士论文《中世纪贸易公司的历史》有一定关联。
- 第二篇文章，《易北河东部地区农业工人的处境：经济发展趋势与政治后果》发表于1892年，是韦伯在1888年加入社会政治协会这一学术团体后，参与该协会针对德国东部移民与农工问题的调查，并据此调查和史料撰写的研究报告，以此奠定了他出色的农业经济专家的地位。
- 第三篇文章，《民族国家与经济政策》是韦伯1895年5月就任德国弗莱堡大学国民经济学教授时的演讲。这篇演讲稿表达了韦伯的政见，表述了他关于民族国家与经济政策的关系、政治的担纲者及国家的政治教育等话题的观点。
- 第四篇文章，《资本主义与农业社会：欧洲与美国的比较》是韦伯1904年访问美国期间所做的学术报告，主题是农业社会，讨论“农村社区或社会，既然已经不复存在，能否复兴，如何复兴以保持健康和持久的发展”的问题。

从经济学家的观点来看，马克斯·韦伯代表的是德国的经济历史学派“最年轻的一代”。韦伯的研究领域也与他的同僚维尔纳·桑巴特相同，桑巴特则将资本主义的崛起归功于犹太教的影响。在方法学的研究上，他的主要贡献是：解释社会学的理论和反实证主义（又称为人文主义社会学）。

并且，韦伯还公式化了社会阶层的三大要件理论，主张社会阶层、社会地位和党派（或团体）在概念上是不同的要件，即社会阶层是以在经济上与市场的互动所决定的（物主、承租人、员工等），社会地位是以非经济的成分如荣誉、声望和宗教构成，党派则是指一个人与政治界的联系。而这三大要件都会影响到被韦伯称为“生涯机会”的结果。

二、核心的内容：马克斯·韦伯的经济分析思想

西方文明在演进过程中经历了从“城邦文明”向“农业文明”的演化。对于这种演化，韦伯使用经济基础决定上层建筑的分析框架，分析了西方社会的经济社会结构与社会变迁，主要分为以下三点。

（一）自然经济的发展对市民的影响

西欧文明演变为封建社会与农村化，必须被理解成一个极大的重修元气的过程，因为长期以来没有自由的底层民众，此时终

于拥有了家庭生活和私人财产，从“会说话的工具”变成了“人”。

韦伯指出，古典西方文明早在西罗马帝国灭亡之前就已经没落，本质是“城邦文明”，立足于以城邦市场为中心的交换经济，依赖乡村的奴隶制庄园来提供产品。下层阶级家庭纽带的重建是城邦文明覆灭的根本原因。罗马帝国的瓦解是基本经济结构发展的必然政治结果，这就是商业的逐渐消失和物物交换的自然经济的扩展。古代战争的一大目的是劫掠奴隶，而随着罗马帝国武力征伐的停止，奴隶的供应也陷入停滞。

随着奴隶供应量的减少，原本无权拥有家庭的奴隶终于被允许结婚生子，这样才能为庄园源源不断地补充人手。相应地，部分奴隶因而可以租赁或获取一定数量的土地，从奴隶变成拓殖农也就是自耕农，也就成了实质性的小农，经济身份的变化带来了社会身份和法律身份的变化，进而改变了社会结构。

对于这种变化，韦伯进一步指出，在国家与拓殖农之间存在地主充当中间性权力，地主们形成了一个自成一体的权贵阶级，他们不需听命于地方和省的行政权威，而只服从皇帝本人。

简言之，社会阶层划分从自由人与非自由人演变为身份等级制。这使大庄园变成了完全自给自足的庄园，庄园的主要经济职能慢慢变成以它内部的劳动分工来满足自己的一切需求。庄园依靠农民的劳役实现了自给自足，不再与城市发生交易，中小市镇因而失去了赖以存在的物质基础。贸易退化带来的城市衰落使得庄园占据了主要地位，庄园领主们成了政治领袖，最大的领主就是国王。建立在自然经济基础上的帝国，往往以实物作为税收的主要形式，这使维持付薪的官僚阶层和常备军变得更加困难。

而由于领主们努力保全庄园中有限的劳动力，国家也更难从农民当中征募兵源，不得已从“野蛮民族”中征兵，并且要求领主自行组织武装，在危急时刻履行勤王的责任。这就是西欧封建制度的创生和中世纪的开始。

在韦伯看来，西欧社会经历了城邦文明—城邦社会、农业文明—农业社会、城市文明—商品社会三个阶段，而第三个阶段的到来要以前两个阶段的充分发展为前提。他认为，向自然经济的漫长过渡终会使市民的自由发展成为可能。

（二）农业资本主义的产生对国家的影响

19世纪末期，德国处于国家统一后的经济快速发展与深度社会转型期，韦伯分析了这一时期的社会经济形势和对应的政治后果，核心议题是农业工人是如何出现的、农业无产阶级是如何形成的，以及在社会变革中国家该如何干预。

韦伯认为，“庄园”已变为“地产”，而地产不仅是经济单元，还是地方政治的统治中心。这些“地产”原本沿袭着封闭性的庄园经济，主人对农民有人身支配权，为农民配给土地、提供住房，并与农民从土地的总收益中进行分成。在封建社会形态下，农民与领主是家长制的人身依附关系，而随着资本要素在农业改进中所占比重的提高，这种关系逐渐让位于农业企业家与雇佣工人的契约关系，经济理性被引入生产与分配的全程，以往的分成实物报酬被定额实物报酬取代，后者又进一步被货币工资取代。分成权利的丧失、货币工资的出现，标志着农民与领主关系的彻底改变。庄园成为地产，领主成为农业企业家，而依附型农民则成为自由出卖劳动力的农业工人。

韦伯关注到德国东部地区农业工人内部构成的变化：在集约化的生产条件下，农场季节性工人所占比重超过了长期工人，跨地区流动的劳工出现了，在某些地方甚至成为劳动人口的核心组成部分。

- 企业规模越大，土地质量越好，土地经营的集约化程度越高，长工在雇工总数中所占份额越小，而长工的减少对于劳工的社会地位、工资率、生活水平的提高更为有利。相比分成报酬或实物报酬，货币工资的形式对劳动者的物质福祉和安全保障是明显不足的，百年来，农业工人的主要食品从谷物和奶类转变为营养价值更低的土豆就是明证。这也表明，农业工人在农业资本主义转型过程中，并未随着农业资本化程度与生产效率的提高而相应改善生活条件。
- 农业无产阶级的前途在封建的家长制社会结构下，农民受领主的人身支配和封建剥削，同时也受到领主的庇护。而当农民摆脱依附关系成为自由雇工时，农民获得个人解放的前提或代价是放弃了物质上更为有利、更为安全的地位，从此生活只能靠他们自己，再也没有领主的庇护。
- 封建剥削变为商业剥削，对于工人而言，雇主是可替换的，并且发展出普遍的反抗的阶级意识，工人自身也在趋向于同质化。农村劳动者在物质生活条件上日益接近一个统一的无产阶级形态，农业无产阶级已经形成，韦伯将这一切转变视为一场阶级斗争的准备阶段。他认为，在东部农业，阶级斗争是一场徒劳而且无望的战斗，在这种战斗中，财产和劳动者都会受害，正在发生的无产阶级化进程将工人们均等化，由于利益的不同，也绝无在共同群体利益基础上组成总工会的可能。

针对这一问题，韦伯纳入民族和文化的维度。他认为，文化作为有关工人前途的一个重要命题，“自由”在韦伯的文化谱系中有着重要的地位。“自由”意味着农业劳动者摆脱对土地和领主的依赖，告别麻木与温驯，在迁徙中寻求另一种生存和生活的方式，哪怕要牺牲物质福祉和安全保障。

对于国家如何干预，韦伯认为，易北河地区农业转型存在双重忧虑，就是阶级层面和民族矛盾层面，国家要改变地主和农业工人的特性，同时剥夺地主受托管理人的资格，通过国家的机构系统地、渐进地，而非仓促地收购这些财产，将这些财产转化为国有财产，出租给富裕农场主并提供国家改良的贷款。这一设想几乎与赎买政策无异。赎买政策在这里指的是无产阶级取得政权后，以一定代价把资产阶级的生产资料逐步转为国有的政策，用温和的方式达到“耕者有其田”的目标，促进社会稳定发展。

（三）政治经济学服务于整个民族长远的权力政治利益

一代学者的使命是为保存和提高民族的素质、为后代争取生存发展空间而斗争，而不是天真地相信经济发展能解决一切问题。韦伯作为当年的青年学者，满怀激情和使命，要为德国政治的理智成长、为德国的民族情操永葆其肃穆庄重而尽其所能。

韦伯认为，德国东部庄园区的雇农流失是一个大众心理学问题，德国雇农已经不再能够适应庄园生活的社会条件了，“自我意识”开始增长，开始渴望自由。这种迁移是自主性和现代性的，对自由的向往使日耳曼雇农们选择了背井离乡，自给自足的生计模式以及物质和精神生活的“低水平要求”使波兰小自耕农在环境最恶劣的地方扎下根来。结果，德国东部的土地上出现了经济不发达民族胜出的局面，他认为“出色的”日耳曼民族是出于社会组织或“种族优越”而无法适应低生活水平环境，才暂时失去了光芒。

韦伯指出，物竞天择的结果并不一定像我们当中的乐观者所想的那样，总是使更有经济头脑的民族胜出。就德国而言，农业耕作模式转变，以及农业面对深重危机的关系，使经济不发达的民族走向胜利。韦伯就此提出两点建议。

- 一是关闭东部边界，抑制外来劳工潮。
- 二是将东部土地大量收归国有，以取缔那些依靠外来劳工的大庄园，防止国土“被贫穷落后的斯拉夫民族逐渐蚕食”。

韦伯以德国历史经济学派的嫡系传人自居，他认为，一个能够领导民族的阶级，必须具有政治上的成熟性。也就是说，这一阶级，按照他们的理解力，能够把握本民族长远的经济政治利益，而且有能力在任何情况下把这一利益置于其他任何考虑之上。

民族国家的存在，不仅有经济基础还有心理基础，它不仅是经济统治阶级的组织，还能够团结那些经济上受压迫的阶级。领导阶级的存在，不仅有经济理由，还有政治理由，他们除了要掌握经济权力，还要成为“民族政治意识的担纲者”。他认为，政治经济学应当服务于政治，服务于整个民族长远的政治利益。

三、研究的发现：现代资本主义的发展面临的问题

土地占有是保存和传承财富的最佳手段，甚至是跻身统治阶级的通途，各行各业的精英们都会走上土地占有的道路。韦伯通过农业社会学研究，探索了从封建社会到资本主义的发展过程。

韦伯首先分析了美国与欧洲大陆农村社会结构的差异。传统的力量在欧洲大陆产生和维持了一种独一无二的人口类型，也使欧洲的资本主义始终带有集权色彩，不同于美国资本主义社会中自由平等的情况。地域比较反映出农业在不同的社会形态下具有不同特质。在以当时欧洲大陆为典型的传统社会，人们关心如何在有限的土地上养活最多数量的人，资产阶级面临的反对力量，不仅有传统的农村贵族，还有官僚、教会、知识分子和无产阶级等。现代资本主义式的竞争产生的强大动力，与农业一股保守的反对力量相互冲击。

韦伯指出，欧洲大陆各种社会力量的反资本主义情绪，源于土地贵族和市民阶层之间的冲突。在13—14世纪，德国东部和西部的农村社会结构是相对一致的，而16世纪以来，两个地域开始出现差别，并且差别持续扩大，主要体现在以下几点。

- 1848年席卷欧洲的革命虽然动摇了封建地主制度，解除了地主和农民之间的支配与依附关系，却未能改变“土地的命运”。东普鲁士的土地仍然握在地主手中，没有分给农民。德国西部的农业生产具有劳动密集的特点，那里出现了面向市场的城郊小农户，他们在生产效率上超过了雇工经营的大型农场，并成功地开展了合作社运动。可是在德国东部，资本密集型的农业生产占据主导地位，小农户完全丧失了竞争力，合作的热情也被经济个人主义淹灭。
- 相应地，西部的土地贵族发展成为“地主”，通过地租、高利贷和捐税来剥削农民；而东部的土地贵族发展成为“庄园主”，先圈占农民的土地，然后雇佣农民来为他们耕种，将产出的谷物出口到国外。
- 西部的“地主”能够悠然地“从土地中榨取收入”“把农

民当成生财工具”；而东部“庄园主”却不得不兢兢业业、惨淡经营，时刻被世界市场上的价格起伏牵动着神经。

韦伯认为，年轻的美国终有一天会遇到与古老的欧洲同样的问题，就是现代资本主义对于农业发展已达饱和状态的古老文明国家会产生的问题。农业资本家的最优选择是转变为食租的地主，而不再投资于农业；经营者的最优选择是租入土地，而不是在自有的土地上耕作；普通的小自耕农，要么选择放弃土地，要么倒退回最原始的自给自足状态，不再参与市场竞争。工业垄断和信托是无法持久的机制，生产条件不断改变，市场上的资产价值也日新月异；工业垄断资本也没有集权特征和贵族政治的印记。

然而，对土地的垄断总会创造出一个政治贵族阶层。就是说当投资进入边际报酬递减的阶段，各行各业的精英们都会走上土地占有的道路，因为这是保存和传承财富的最佳手段，甚至是跻身统治阶级的通途。

05

《论经济学和经济学家》：主张以事实为基础的经济学研究

芝加哥经济学派代表人物——罗纳德·哈里·科斯

罗纳德·哈里·科斯（1910—2013），出生于英国伦敦，毕业于伦敦政治经济学院，著名经济学家，美国芝加哥大学经济学教授、芝加哥经济学派代表人物，法律经济学的创始人之一。

罗纳德·哈里·科斯

科斯是交易成本理论、科斯定理与科斯猜想的提出者，对产权理论、法律经济学以及新制度经济学都做出了极大贡献。1991 年瑞典皇家科学院授予科斯诺贝尔经济学奖，并称赞道：科斯的杰出贡献是发现并阐明了交换成本和产权在经济组织和制度结构中的重要性及其在经济活动中的作用。

一、为什么要写这本书

科斯认为，经济学家要严格以理解真实世界为基础进行研究。在选择理论和工具时不要过分追求预测的准确性，而轻视了那些能够对体系运行有洞察力的理论，即使凯恩斯那样的大人物在有偏见的假设下也会得出与事实相去甚远的结论。基于此，《论经济学和经济学家》一共收录了科斯的7篇文章，主要分为四个部分。

- 第一部分，详细介绍了科斯的交易成本理论和以交易成本为基础构建的新制度经济学。
- 第二部分，是科斯对思想市场是否需要政府管制的解答。并且，这部分是科斯对阿尔弗雷德·马歇尔、阿瑟·塞西尔·庇古、阿诺德·普兰特、邓肯·布莱克、乔治·施蒂格勒5位著名经济学家的研究内容和生平的传记陈述。
- 第三部分，探讨了经济学理论和工具的选择与研究边界问题。
- 第四部分，是科斯对经济学中所谓的“斯密问题”的剖析和阐释。

二、核心的理论：科斯的交易成本理论

正如瑞典皇家科学院的诺奖公告所说的那样，罗纳德·哈里·科斯的主要学术贡献在于揭示了“交易成本”（Transaction Costs）在经济组织结构的产权和功能中的重要性。

（一）交易成本理论开启新制度经济学大门

科斯正是把现实中存在的“交易成本”引入经济学分析才得以荣获1991年诺贝尔经济学奖，论经济学部分的首篇《生产的制度结构》便是他在1991年的诺奖颁奖典礼上的演讲词。

科斯的交易成本理论让许多经济学者重新构建了制度经济学，并把它与以德国经济学家李斯特为代表的“历史学派”和以美国经济学家凡勃伦为代表的注重对制度作描述性分析的制度经济学研究区分开来，命名为“新制度经济学”（New Institutional Economics）。

1. 交易成本

所谓交易成本，就是“利用价格机制的费用”或“利用市场的交换手段进行交易的费用”，交易成本应包括：度量、界定和保障产权的费用；发现交易对象和交易价格的费用；讨价还价、订立合同的费用；督促契约条款严格履行的费用。

科斯认为，当市场交易成本高于企业内部的管理协调成本时，企业便产生了，企业的存在正是为了节约市场交易费用。

科斯曾发文批评了福利经济学家庇古关于“外部性”问题的补偿原则，并论证了在产权明确的前提下，市场交易即使在出现社会成本（即外部性）的场合也同样有效。科斯发现，一旦假定交易成本为零，而且对产权（指财产使用权，即运行和操作中的财产权利）界定是清晰的，那么法律规范并不影响合约行为的结果，即最优化结果保持不变。也就是说，只要交易成本为零，那么无论产权归谁，都可以通过市场自由交易达到资源的最佳配置。

简言之，科斯的总体立场是：经济学分析的基本任务是要理解生产制度是如何运行的，为此，经济学家需要把事实存在的交易成本纳入经济学分析，研究经济体系在不同制度结构中的运行状况，进而转变思考经济政策的方式。

2. 交易成本与新制度经济学

新制度经济学研究经济生活与制度之间的双向关系，同时，制度经济学家也普遍关注制度与公共政策之间的互动关系。公共政策是指通过政治和集体的手段，系统地追求某些目标。

根据交易成本理论，政策或制度的产生源于交易成本的降低，能够协调组织行为，走向公正、秩序和安全，这使我们从另一个角度去了解公共政策的特征及其必要性。科斯曾通过对经济学家，特别是理论经济学家在公共政策制定中所发挥的作用的考察，认为经济学家能提供的有采纳价值的建议，往往是由经济学理论体系的内涵提炼出来的一些简单真理。但是，经济学家们却倾向于在一些知之甚少或者很容易判断出错的问题上给出建议。

因此，科斯认为，经济学家若想让其建议更有效、更值得被采纳，就必须更多地熟悉关于人性和真实经济体系如何运行的知识，同时着手研究政府执行政策的能力和相关成本，并对替代性选择进行比较分析。科斯赞同著名经济学家施蒂格勒所主张的对政府活动效果进行实证研究，但是他对施蒂格勒把研究目标过多地寄托在数理分析技术上持保留态度。

（二）思想市场是否需要政府管制

在《商品市场和思想市场》一文中，科斯针对当时知识界围绕美国《第一修正法案》对商品市场和思想市场的政府管制所持有的矛盾态度进行了讨论。

学者们普遍倾向于认为，在商品市场上的政府管制会改善市场失灵的状况，而在思想市场上则认为政府管制得太多束缚了人们的思想自由。比如，商业广告通常只是一种对商品的观点陈述，因而本应该受到美国《第一修正案》的保护，但是它却被认为是商品市场的一部分，人们认为，政府对广告的观点表述进行管制甚至禁止是合理的。但是，如果广告中的观点出现在一本书或者一篇文章里，则被人们归为思想市场，完全不在政府的管制范围内。

为什么对待同一个对象会产生这样矛盾的看法和态度呢？科斯用“自利”和“自尊”来解释上述悖论。

- 自尊让知识分子夸大自己所在市场的重要性，尤其是当知识分子中很多人自己就是在从事管制工作时，他们认为别人应该受到管制的想法就很自然了。
- 但是，自利和自尊混合在一起之后，他们就会认为别人都应该受到管制而自己却不该受到管制。比如，在报纸工作的知识分子会赞成报纸应该自由化，但是从来不会关心广播媒体是否自由，说明其实他们所谓的自由也就是自利而已，而不是真正关心自由的价值。

在商品市场上，由于信息不对称的原因，知识分子通常会把消费者无知和防止欺骗作为政府干预的理由。但是，在思想市场上，各种出版物、新闻中存在大量的错误和误导性言论难道就不需要政府干预了吗？

科斯认为，商品市场和思想市场并没有根本差异，在思想市场上，同样存在大量的外部性问题。知识分子应该摒弃这种矛盾的态度，对政府在两个市场上的表现采取更为一致的观点，在决定有关的公共政策时，必须考虑到相同的因素，比如生产者的自利、消费者的不完全信息和管理者的不称职并受特殊利益集团的影响等多种因素。

（三）经济学理论和工具的选择与研究边界

美国著名经济学家弗里德曼认为，一个理论的价值取决于该理论能够预测的范围和精确度。在《经济学家该如何选择》一文中，科斯讨论了经济学家选择理论和工具的标准问题。他认为，弗里德曼强调预测准确的方法论观点不仅错误而且危险。

在科斯看来，一个理论不像航空时刻表，不能仅仅对其预测的精确度感兴趣。一个理论也应该作为进一步思考的基础，它使我们有能力组织自己的思想，从而对我们理解正在发生的事情有所帮助。面对一个很好预测但不能提高我们对体系运行洞察力的理论和一个能给我们这种洞察力但是预测很糟糕的理论，科斯和大多数经济学家一样，都倾向于选择后者。因为他们相信，这个理论最终能使得他们有能力预测真实世界将会发生的事情。

如果理论的目的是为了帮助我们理解体系为什么会以当前的形式运行，那么理论假设的真实性就是必要的。所以，科斯提倡经济学家要基于理解真实世界的标准来选择理论。选择这个标准的经济学家可以自由选择自己所偏好的理论和工具，不必选择相同的理论。

显然，对经济学家而言，除了理论标准和工具的选择外，还要考虑研究对象的选择。科斯在《经济学和相邻学科》中讨论了经济学研究对象的边界问题。这个问题和20世纪60—70年代兴起的经济学“帝国主义”现象密切相关。所谓经济学“帝国主义”现象是指经济学家们使用经济学工具不断向其他社会科学领域拓展。社会学、政治学，甚至法学、历史学等社会科学研究都可以看到用经济学工具进行分析的影子，甚至形成了一些新的经济学流派和学科。

科斯并没有简单评价经济学对相邻学科“入侵”行为的对错，而是通过回答什么决定了学科之间的差别来展开自己的论述。科斯认为，学科差别的根本决定因素是研究对象而不是研究工具。

因此，经济学家为了增进对经济学研究对象的认识而进入其他领域的活动会长期存在，而凭借工具优势试图在其他社会学科研究领域获得成功的“帝国主义”行为则只会在短期内获得胜利，长期必然遭到其他领域研究者的驱逐，因为工具的优势很容易被其他领域的学者通过竞争而赶超。

（四）是否存在所谓的斯密问题

人们通常认为，亚当·斯密将人视为抽象的只追求自身利益的“经济人”。但科斯认为，亚当·斯密真实的思想中的人类并非理性的效用最大化者。科斯曾在大学的两次公开演讲——“国富论”和“亚当·斯密论人性”中，分别讨论了亚当·斯密关于劳动分工、市场运行、政府职能以及人性学说等思想。

1. 斯密问题

亚当·斯密所描绘的人，受自爱主宰，但并非不顾及他人；人能够推理，但未必一定以自利的方式来达到目的。在亚当·斯密的《国富论》和《道德情操论》之间，并不存在所谓的“斯密问题”，也就是说人性在经济活动中自利与在道德情操上利他的不一致。

在《国富论》中，斯密对经济体系运行分析的出发点是劳动分工，劳动分工使人们之间的合作成为必然。尽管家庭甚至大家族的劳动分工可能由爱或者仁慈得以维系。但是，维持文明生活的标准，就要求广泛的劳动分工和大范围的合作。比如，现在生活的社会需要医生、老师、出租车司机、清洁工等各行各业的工作人员各行其职，我们的生活才能有序进行，这显然没有办法通过仁慈的运作来保证。因为对于大部分需要合作而彼此陌生的人来讲，很难产生相互的同情，也就根本谈不上仁慈或者爱。所以说，仁慈或爱不可能成为现代社会经济生活的基础。对于现代文明生活而言，我们只能依靠自利从而保证个人在产品和服务生产的广泛合作中得到极大满足。

而亚当·斯密在《道德情操论》中描述的充满着自爱的人类，不但与《国富论》中的人类经济行为没有实质性差别，反而大大强化了《国富论》关于经济体系运行要依靠市场力量的观点。

2. 科斯对斯密问题的精辟解说

科斯认为，在《道德情操论》中，亚当·斯密洞察到人类仁慈和利他行为的心理基础是同情，同情在很大程度上并不是出于对他人的爱，而是出于对尊严和自身优秀品格的爱，人们遵守社会行为准则，在很大程度上也是因为希望得到别人的敬佩。

但是，所有人都有自我欺骗的倾向，也就是天生地高估自己的品格。科斯认为，由于同情而产生的相应行动会受其行动代价的影响，并且人类对行为结果的感知容易被自我欺骗所扭曲。因此，同情反应会随着关系的疏远而变得不重要或者不可能。相应地，同情心理所产生的仁慈或爱就是个人化问题，随着关系的疏远，相互之间的爱或者仁慈就会减弱。

总的来说，仁慈或爱在现代经济劳动分工中发挥的作用是极其有限的，从家庭分工、人格化交易向社会分工、非人格化交易的转变正是传统经济向现代市场经济转变的根本动力和标志。

三、研究的线索人物：五位著名经济学家

阿尔弗雷德·马歇尔、阿瑟·塞西尔·庇古、阿诺德·普兰特、邓肯·布莱克、乔治·施蒂格勒是五位近代著名的经济学家，科斯对他们的研究内容和生平进行了记述。

（一）新古典学派创始人：阿尔弗雷德·马歇尔

阿尔弗雷德·马歇尔，是近代英国最著名的经济学家，新古典学派的创始人，19世纪末20世纪初英国经济学界最重要的人物，在当时享有极其崇高的国际地位。

在马歇尔的努力下，经济学从仅仅是人文科学和历史学科的一门必修课发展成为一门独立的学科，具有与物理学相似的科学性，剑桥大学在他的影响下建立了世界上第一个经济学系。由于马歇尔年轻时是一位相当有才华的数学家，所以很多人认为正统的剑桥—马歇尔学派强调数学的作用。但科斯在《马歇尔论方法》中认为，事实并非如此。

作为一名相当有实力的数学家，马歇尔非常擅长运用数学的逻辑和方法来处理问题，但同时，他比那些不精通数学的人更清楚过分依赖数学分析的局限性。马歇尔认为，过分依赖数学将导致我们偏离马歇尔所说的“建设性工作”，即对真实经济体系的研究。

马歇尔重视归纳和演绎的相互依赖性，相对更强调归纳，但是马歇尔并不认为单独的归纳分析能产生良好的理论，经济体系的复杂性让应用马歇尔所说的演绎推理链成为必需。然而，马歇尔相信长的演绎推理链会减弱理论和现实之间的联系。如果经济学家的推理快速而轻松，那么他们会倾向于在研究的每个节点处

进行错误联系。

总之，科斯认为，对马歇尔来说，经济理论不能局限于能进行数学处理的问题，数学分析只有在它对理解真实经济体系有所启发时才是有用的，同时经济学家要谨慎使用分析和演绎。

（二）具有启发性研究的经济学家：阿诺德·普兰特、邓肯·布莱克与乔治·施蒂格勒

科斯回忆了20世纪30年代伦敦政治经济学院的重要人物阿诺德·普兰特、现代公共选择理论之父邓肯·布莱克和1982年诺贝尔经济学奖获得者乔治·施蒂格勒的学术经历和人格魅力，中肯客观地评价了他们的学术思想及其贡献，同时也阐述了自己对有关经济学问题的深刻洞见。

1. 阿诺德·普兰特

作为科斯在伦敦政治经济学院的授业导师，阿诺德·普兰特的经济分析体系，对产业组织、产权主题和所有权自由的讨论，都深刻影响着科斯一生的学术思想。

科斯认为，普兰特关于政府能够做什么和愿意做什么的现实主义观点，能够传达给学生一种看待经济政策的方法，并使他们能够以此为基础设计出更加可靠的政策。

2. 邓肯·布莱克

"现代公共选择理论之父"邓肯·布莱克一生致力于运用严密的数学推理进行政治经济学的理论研究。布莱克于1948年发表的《论集体决策原理》一文为公共选择理论奠定了基础，他在1958年出版的《委员会和选举理论》被认为是公共选择理论的代表作。该著作第一次从决策角度对政府行为进行研究，提出了委

员会决策相关问题，对其投票、选举等行为及一系列问题进行了深入的探讨，通过系统的分析和研究最终构造出了投票选举的基本理论框架。

科斯敏锐地洞察到：布莱克的委员会理论可能会反过来促进经济学放弃有关理性效用最大化且个体选择是连续的假设，从而使经济学分析得以完善。

3. 乔治·施蒂格勒

芝加哥大学经济学派的领袖人物乔治·施蒂格勒，是科斯在到达芝加哥大学之后才熟悉的经济学家。科斯对施蒂格勒的经济学和经济学史研究十分敬佩。但是，科斯对施蒂格勒用理性效用最大化方法来分析政治行为的做法持保留态度。

科斯认为，在经济学中，产业组织课题意味着对市场过程和产业结构的研究。但是，当时关于产业结构的研究逐渐集中于“垄断问题”和美国特有的《反垄断法》实施所引起的问题，科斯认为经济学家通过专注于垄断问题研究，来探讨一个从广义上来讲充满竞争的经济体系，是把注意力用错了方向。

最后一篇文章《20世纪30年代伦敦政治经济学院的经济学》是科斯对20世纪30年代自己在伦敦政治经济学院求学和教书时期的个人评述。那时的伦敦政治经济学院在其核心人物、英国当代著名经济学家莱昂内尔·罗宾斯的领导下，学术焕发着勃勃生机，经济自由主义思想和社会民主思想促使伦敦政治经济学院开始在学术上取得世界级地位。

06

《逃不开的经济周期》：经济周期理论和现象的解密

基金经理人和投资银行家——**拉斯·特维德**

拉斯·特维德，出生于挪威，现居于瑞士，拥有工程硕士学位和国际商业学士学位。特维德曾担任衍生性金融商品交易员、基金经理人和投资银行家长达 11 年之久，20 世纪 90 年代转行到了电信与软件产业，创办了数家高科技公司，2005 年担任瑞士避险基金 ProValue 公司的总合伙人及基金经理人。

拉斯·特维德

特维德曾出版过数本有关经济学、营销学、电信和交易的书籍，主要有《逃不开的经济周期》《金融心理学》《创造力社会》等。

一、为什么要写这本书

在清华大学经济管理学院李稻葵教授看来，市场经济变化多端，唯一不变的就是其变化的周期性。经济学家们研究经济周期，政治家们试图熨平经济周期，而企业家们如果不能善于利用经济周期来做大自己的企业，那么就会被它所吞噬。

《逃不开的经济周期》从苏格兰赌徒兼金融天才约翰·劳所生活的时代开始，一直到今天的计算机时代，回溯了300年来财智精英对经济周期理论和现象的解密，包括“经济学之父”亚当·斯密、股票经纪人李嘉图、投资银行家桑顿等人，探索了各派经济理论与模型，帮我们揭开了经济循环的真相。

二、研究的对象：什么是经济周期

特维德认为，人们很难摆脱经济周期的束缚，那么究竟什么是经济周期呢？

（一）朱格拉周期

在19世纪，法国医生、经济学家克莱门特·朱格拉率先提出了经济周期理论。

朱格拉在研究人口、结婚、出生、死亡等统计数据时注意到，经济事物存在着有规则的波动现象。他认为，危机或恐慌并不是一种独立的现象，而是社会经济运动三个阶段中的一个，这三个阶段分别是繁荣、危机与萧条，并且这三个阶段的反复出现形成了经济周期。作为一名医生，朱格拉认为经济危机与疫病相似，是发达工商业中的一种社会现象，在某种程度上这种周期波动是可以被预见或采取某种措施予以缓和的，但并非可以完全抑制的。

在朱格拉看来，政治波动、战争爆发、农业歉收以及气候恶化等因素并非周期波动的主要根源，它们只能加重经济恶化的趋势。周期波动是经济自动发生的现象，与人们的行为、储蓄习惯以及他们对可利用的资本与信用的运用方式有直接联系。1862 年，朱格拉出版了《论德、英、美三国经济危机及其发展周期》，提出了 10 年为一个循环的经济周期理论，而这种中等长度的经济周期被后人称为“朱格拉周期”。

（二）基钦周期

自从朱格拉发现了“经济周期”这一“新大陆”之后，后来的经济学家们对经济周期又进行了深入的研究，提出了不同的见解和理论。

1923 年，美国经济学家约瑟夫·基钦在《经济因素中的周期与倾向》中提出了存货周期，又叫短波理论。基钦认为经济周期有大小两种，小周期的平均长度约为 40 个月，而大周期约包括 2 ～ 3 个小周期。基钦根据美国和英国在 1890—1922 年的利率、物价、生产和就业等统计资料，从“厂商生产过多时就会形成存货进而减少生产”的现象出发，把这种 2 ～ 4 年的短周期称为“存货周期”。

奥地利政治经济学家约瑟夫·熊彼特把这种短周期作为分析资本主义经济循环的一种方法，并认为“基钦周期”可以表明经济中存货投资的周期变动和创新的起伏，尤其能够代表可以被快速生产出来的设备的变化周期。

（三）库兹涅茨周期

在基钦提出短波理论七年后的1930年，美国经济学家西蒙·库兹涅茨在《生产和价格的长期运动》一书中提出，经济中存在长度为15～25年不等的长期波动理论。这种波动在美国的许多经济活动中，尤其在建筑业中表现得特别明显，所以库兹涅茨周期也称为“建筑业周期”。

库兹涅茨认为，现代经济体系是不断变化的，而这种变化存在着一种持续的、不可逆转的变动，即“长期运动”。他根据对美、英、法、德、比等国在19世纪初叶到20世纪初期的60种工农业主要产品的生产量和35种工农业主要产品价格变动的时间序列资料，并剔除了其间短周期和中周期的变动，着重分析了有关序列的长期消长过程，提出了在主要资本主义国家存在着平均长度为20年的“长波”或“长期消长”的论点。

（四）康德拉季耶夫周期

在现代经济周期的研究中，长波周期并不是库兹涅茨周期的代名词，因为长波之名源于苏联经济学家尼古拉·康德拉季耶夫，他提出的经济周期比库兹涅茨周期更长。

1925年，康德拉季耶夫在《经济生活中的长期波动》一文中，运用英、法、美、德等主要资本主义国家的价格、利率、进口额、出口额、煤炭和生铁产量等方面的统计资料，对经济发展的长波进行了实证研究。

通过研究，康德拉季耶夫认为资本主义的经济发展过程可能存在 3 个长波：从 1789 年到 1849 年，上升部分为 25 年，下降部分 35 年，共 60 年；从 1849 年到 1896 年，上升部分为 24 年，下降部分为 23 年，共 47 年；从 1896 年起，上升部分为 24 年，1920 年以后是下降趋势。全过程为 140 年，包括了两个半的长周期，显示出在经济发展中平均为 50 ～ 60 年为一个周期的长期波动。

此外，熊彼特认为，3 个基钦周期构成 1 个朱格拉周期，18 个基钦周期构成 1 个康德拉季耶夫周期。

三、研究的视角：纽科姆交易方程

特维德认为，纽科姆的交易方程式在研究经济周期问题时，可以作为一个分析框架，从稳定交易方程的构成要素的角度，提出解决经济周期问题的办法。

1886 年，美国数学家、天文学家西蒙·纽科姆在其出版的《政治经济学原理》一书中，将物价水平与货币流通量的关系表述为方程式：

$$VR = KP$$

其中，V 为货币流通量；R 为通货总量的流通速度；K 为通过货币交易的商品量与劳务量；P 为物价水平。

纽科姆将这个方程称为交易方程，但是这个方程在当时并没有被广泛接受。直到 1911 年，美国著名经济学家欧文·费雪在其专著《货币的购买力》中，将交易方程再次推到了经济周期分析的前沿。

《货币的购买力》主要论述了通货膨胀与货币供给波动所造成的不稳定效应。在这本书中，费雪沿用了纽科姆的货币思想，重新阐释了交易方程的含义，将交易方程改写为：

$$MV=PQ$$

其中，M代表货币供给；V代表货币流通速度；P代表商品与服务的价格；Q代表商品与服务的数量。

费雪认为货币体系是不稳定的，因此在他看来，如果想要稳定经济（方程式中用Q表示），首要的事情就是集中精力稳定价格（方程式中用P表示）。

许多经济学家关于经济周期的研究都体现了纽科姆交易方程的思想，如被誉为“中央银行之父”的英国银行家亨利·桑顿，最早提出运用中央银行的干预工具MV来稳定产出。桑顿长期研究发现，增加货币供给会使得利率下降，而低利率则会导致借贷数额大幅上升，商业活动的水平也会大幅提高。每一次货币供给的增加，似乎都是合理的——只要随后的经济活动能够随之增长，直至达到充分就业的水平。但是桑顿提醒我们，经济繁荣时期，就业充分的情况会导致中央银行在对通货膨胀毫无察觉之时过多地增加货币供给，而当它察觉的时候，已经太迟了。

与桑顿不同，英国古典经济学家大卫·李嘉图认为，稳定交易方程的右边（P与Q）更为方便，所以李嘉图提倡采取金本位制，以此来保证价格（P）稳定。而“现代宏观经济学之父”凯恩斯则致力于运用财政政策来增加或者减少产出（Q）以稳定经济。

四、核心的内容：货币周期与房地产周期

特维德将全球经济比作一台运转的经济机器，而这台机器就像是19世纪中期装有活塞的巨型蒸汽机。特维德将这些活塞分别命名为“货币”“资产”“房地产建造”“资本性支出”和“存货”。同时，特维德把第一个活塞称为“货币因素”，而把其余四个统称为“经济因素”。并且，在经济因素中，特维德强调房地产为“周期之母”。

（一）货币周期

特维德认为，在经济周期中，货币方面的周期驱动力由货币供给与利息支付两个驱动因素构成。

1. 货币供给

特维德在梳理货币周期理论发展的过程中发现，直到19世纪末，大部分经济学家都依然倾向于把银行看作货币交易商。银行接收存款并向他人发放贷款，在此过程中，货币仅仅是在换手流通而已。

但是后来，经济学家们开始发现，货币供给并不完全由政府或中央银行决定。银行不仅在从事货币的交易，而且还能够通过刺激货币的流通速度来创造货币供给。因而，费雪经济周期理论中关键的内容大致就可以表述为：现代经济中的银行能够创造货币，且经济周期的关键在于银行的借贷活动，因为银行通过发放贷款的方式扩大了货币供给。

在经济增长的开始阶段，商家看到其存货大量减少，于是就会增加订单，而这会导致生产的普遍增长，但是按照萨伊定律，

即“供给创造需求”定律，生产的增长又会进一步刺激需求的增多。这意味着，尽管订单增加了，但存货量却不会增加。于是，在一段时间内，商人们会继续加大生产，这种情形通常会鼓励商家把订单的数量增加到超出其实际所需要的水平。由于生产商的资金有限，在满足这些不断增加的需求时遇到了麻烦，因此他们需要贷款来完成交货。由于银行要为经济活动的扩张提供信贷支持，所以货币供给增加了。货币供给增加的初始效应是降低利率，而这将导致经济活动的进一步扩张。与此同时，由于商业活动启用了原先闲置不用的储备，货币的流通速度也会因此加快。

然而，“供给创造需求”的萨伊定律并不是“永动机”，因为货币供给增长所产生的一些额外收入会被人们储存起来。在这个时点上，商家终于发现它们的存货数量已经超过正常的水平了，于是就会减少订单，并且开始偿还银行贷款，货币供给开始收缩。随着货币供给的收缩，房产之类的资产价格以及各种存货的价格都会开始下降，但是债务清算跟不上价格下跌的步伐，于是债务清算自身就造成了失败。

2. 利息支付

利息支付是货币周期的另一个重要的影响因素，但所支付利息的总体数字也是最难统计的。

因此，我们不得不采用单个国家在某个时点上的数据查看某个国家的国民收入报表，然后把个人、公司与政府三部分的数字进行加总。这些数据在不同的国家之间实际上差别非常大，这取决于一国的政府财政状况、社会繁荣状况、信用文化与制度，以及合适的利率水平，但从各国平均水平来看，利息支付约占其GDP的3.6%～5%。

利息支付的增加将会带来利息收入的增加，因此，我们不能机械地估计利率发生变化对封闭的经济具有什么样的意义，其更大的效果在于增加储蓄，由此减少消费与投资，而这当然会造成经济增长的减缓。

（二）房地产周期

在经济方面，特维德将研究重心放在了房地产周期上，并且仍然使用纽科姆方程式 $MV=PQ$ 来解释房地产周期。

假设现在正处于刚开始扩张的阶段：MV 已经增加了，消费支出也在上升，中央银行开始降低利率，许多消费者决定利用当前更为便宜的融资来建造或购买新房。那么，房地产行业将会出现以下几个周期性阶段。

1. 房地产行业的繁荣

大约在对住宅房产的需求回暖一年之后，办公楼的租金收入也开始上涨。当价格还处于较为合理的水平时，商业部门就会受到鼓励而去寻求好的办公空间，比如市中心的办公区，因此市区中心的办公区被率先占满了，这就导致了市中心房地产价格的上涨。

利率在这个阶段的典型表现是处于下降状态，由此减少了按揭成本并且增强了支付能力。此时的经济稳定增长，到处都是欣欣向荣的景象，但是产能已经开始吃紧。由于现有的房产存货已经销售一空，土地价格正开始强劲上涨，这是房地产行业繁荣的预警信号。

但是，当消费者把自己的储蓄花得差不多的时候，他们并未就此收手，而仍然在继续大笔花费。同时，房地产建造正在奋力跟上需求的增长，所以又开始建设新的产能，这些投资将在稍迟一段时间后推动经济增长。扩建产能意味着工业房地产（研发与仓储用房）的价格，以及工业用地的价格都会强劲上涨，住宅用地引领着土地价格的复苏。此时，人们被迫到主要市区中心以外寻找办公空间，于是市郊的办公楼业务兴旺起来了，建设办公楼用地的价格也开始上涨。

2. 房地产行业的危机

在房地产行业繁荣的过程中，消费者的贡献很大，许多人有能力从公寓搬迁到单个家庭住房，从而使单个家庭住房的发展速度超过了公寓。许多地块需要细分出售，有些人完全是出于投机目的来买地。此外，此时的融资变得更加容易了，许多开发商可以用极少的本钱来启动新项目。

与此同时，新屋建造活动吸收了大量空置的土地，这给土地所有者带来了一大笔额外的收益，也导致了土地投机之风的盛行，因为有更多的人要赶在将来有需求之前购买土地。这是投机狂热的开端，房地产公司大胆激进地制作了一些营销资料，向人们描绘现在的空地上将要建造的住宅小区。房地产业的繁荣也吸引了政府的兴趣，政府希望通过重新规划更多的土地和建设新的基础设施来支持房地产业的增长。这又给那些购买土地的投资者更大的信心，他们相信未来的发展即将要实现。

然而，这也造成了这些土地在预期的城市化尚未实现的时候就已经失去了农业用途。此时的消费能力已经达到了最高点，工业产能建设也已经达到了高峰，于是房地产价格开始下滑，租金开始下降，空置率开始增加。然而，在GDP达到顶峰之后的一年，新屋建造活动甚至还在继续扩张。

3. 房地产行业的衰退

但是房地产与经济活动的扩张不是永无止境的。在经过了扩张的最高峰之后，第一个发生严重变化的是土地，它直接进入了冰点状态：没有人要购买土地了。接下来，任何一个与房地产领域相关的行业都无法有更好的表现，比如建造房屋需要的砖块与灰泥等的建材市场大量倒闭。

在这种情况下，最严重的威胁是通货紧缩，这对于像酒店业和停车场那样的价格可变的行业来说是特别糟糕的，因为这类行业有固定的按揭成本，但也被迫削减了服务价格。

不仅如此，房地产市场的下滑加剧了更大范围的经济紧缩，因为建筑业一般占总投资的 1/4 左右，并且大约占 GDP 的 10%，房地产行业的下滑意味着此时的财富也正在下降。

房产所有者正在慢慢开始感觉到经济紧缩所带来的后果，因为越来越多的出租合同到期之后，要么不再续约，要么只能以更低的价格续约。此时开始出现了财务困境、破产、不良按揭的增加、抵押赎回权丧失与大量拖欠的情形，由于房产被转移到了接管者的手中，而他们开始大幅度削减租金，这又迫使更多的房产持有者陷入了激烈的竞争和严重的困境之中。

在出现恐慌与困境之后，房地产业进入了冰点状态，增建房产的价值此时可能也显著小于重置成本了。也就是说，房地产建筑成本下滑到了房产市场价格以下。那些继续持有房产的人承受着持续的损失，因此也没有能力去购买新的房产，更别提再去启动新的建筑项目了，除非等到其资产负债表得到修复之后。

如果金融机构出现了系统的脆弱性，那么冰点阶段可能会大幅延长。特维德指出，20 世纪 90 年代末的亚洲金融危机，特别是在印度尼西亚与泰国，以及 1990 年之后的日本在经济衰退过程中，就表现出了某些这类症状。房地产的崩溃进一步造成了金融机构的危机，因为通常情况下银行为房地产提供了大量的融资。

4. 房地产行业的复苏

危机残局的清理过程会耗时4～5年，有时还需要更长时间。

当自然的需求慢慢能够赶上已经处于静止状态的供给时，房产也就从脆弱者手中转移到强健者的手中。也就是说，大量的房产集中到了抵押所有者手中，他们愿意按照其抵押价格或者更便宜的价格来出售房产。

与此同时，经济正在复苏，那些老练的投资者也正在买进一些非常便宜的房产。房屋空置率开始下降，租金也比较稳定了，而后租金又开始上涨。此外，由于建筑成本此时很低，翻新与新建房屋又开始具有价值了。

霍伊特的研究表明，确实存在着所谓的“房地产周期”现象，并且这些周期非常缓慢，平均长度大约为18年，但振幅很大，并且在反转向下的时候会变得很可怕，房地产行业的下滑会产生显著的财富损失，最终有可能导致经济危机的发生。

市场经济的诞生与发展

07

《西方世界的兴起》：产权的诞生与发展

新经济史的先驱和开拓者——道格拉斯·诺斯

道格拉斯·诺斯（1920—2015），出生于美国马萨诸塞州剑桥市，1942 年、1952 年先后获加州大学伯克利分校学士学位和博士学位，1993 年获诺贝尔经济学奖。

道格拉斯·诺斯

诺斯做过《经济史杂志》副主编、美国经济史学协会会长、国民经济研究局董事会董事、东方经济协会会长、西方经济协会会长等，历任华盛顿大学经济学教授、剑桥大学庇特美国机构教授、圣路易斯华盛顿大学鲁斯法律与自由教授及经济与历史教授、经济系卢斯讲座教授。

诺斯是新经济史的先驱和开拓者。他开创性地运用新古典经济学和计量经济学来研究经济史问题，是新制度经济学的创始人。

一、为什么要写这本书

从20世纪80年代起，诺斯就开始运用产权理论来分析最近两个世纪中西方世界工业化的更为一般的理论，其目的是探讨西方世界经济增长的原因、经济增长与制度变迁的内在联系、产权制度与经济发展的互动趋势、经济发展对制度的内在要求，《西方世界的兴起》就是这一方面的代表著作。

诺斯对经济学的贡献主要包括三个方面。

- 用制度经济学的方法来解释历史上的经济增长。
- 重新论证了包括产权制度在内的制度的作用，将古典经济学中没有涉及的内容、制度作为内生变量，就是一种理论内需要解释的变量，诺斯将这种内生变量运用到了经济研究中。
- 特别将产权制度、意识形态、国家、伦理道德等作为经济演进和经济发展的变量，极大地发展了制度变迁理论。

产权理论、国家理论和意识形态理论是诺斯的制度变迁理论的三大基石。其中，产权理论是诺斯制度变迁理论的第一大理论支柱。

诺斯认为，有效率的产权对经济增长起着十分重要的作用。他曾提到，“增长比停滞或萧条更为罕见的事实表明，‘有效率’的产权在历史中并不常见”。很显然，经济能否增长往往受到有无效率的产权的影响。有效率的产权之所以对经济增长起着促进的作用，是因为有效率的产权使经济系统具有激励机制。而这种机制的激励作用体现在以下三个方面：首先，降低或减少费用；其次，人们的预期收益得到保证；最后，从整个社会来说，个人的投资收益充分接近于社会收益，就是说在产权行使成本为零时，充分界定的产权使得个人的投资收益等于社会收益。

正是因为产权有很多显著的作用，所以诺斯认为关于产权的界定、调整、变革、保护的研究是有价值的。

二、研究的问题：西方世界为什么能够兴起

西方世界为什么能在过去几个世纪冲破赤贫和饥饿的困扰，达到相对丰裕的生活质量？就是说，西方世界为什么能够兴起？为了要回答这个问题，诺斯首先回顾了西方世界中世纪以来的发展历程。

- 10世纪，西欧许多地区已形成了封建主义和庄园制度，经济活动都围绕着庄园进行，因此庄园的惯例实质上已成为了无政府社会的一种重要的制度协定。欧洲不同部分之间的商业一直具有潜在的共同利益，具有各不相同的资源和气候，使得不同地区的贸易需求普遍存在。
- 11世纪和12世纪，贸易和商业的恢复不仅促使市镇数量增多，还带来了一系列能促进市场完善的制度安排。
- 13世纪，农民生活水平下降，但贸易和商业却在扩张。例如，法国的香槟集市、比利时弗拉芒的羊毛贸易、德国的采矿业和商业中心，这些都对商业发展起到了积极作用，促进了银行业和商业制度协定的改善。与此同时，农业劳动的收益在递减。

- 14世纪后半期，人口又重新开始增长，封建社会的基本结构已经瓦解。随着农产品价格的提高，地租以更快的速度提高，这就导致人们重新努力去完全消除土地共有权。
- 16世纪，欧洲进入了商业扩张时代，为了减少市场缺陷，开始创立并推广旨在应付资金筹集和风险的制度，如股份公司制等，在这样的背景下，需要发展一套法规，为无形资产的所有和交换提供更有效的所有权。

诺斯通过分析中世纪西方世界的社会发展历史，来探索西方世界兴起的原因，然后给出了非常明确的回答：有效率的经济组织是经济增长的关键，也是西方世界兴起的根源所在。而有效率的经济组织需要在制度上做出安排，或者说需要制度的保障和激励。好的制度能够激励个人努力从事那些能够引起经济增长的活动，能够将个人的经济努力变成一种私人收益率接近社会收益率的活动。

也就是说，当私人收益的潜在增长超过交易费用时，就会为建立所有权制度而进行种种尝试。通过对所有权制度的保护和实施，政府不仅可以降低管理成本，还能最大程度降低因民意分歧引发的冲突，所以这种制度安排降低了沟通成本，提高了经济效率，广受欢迎。如果在一个国家内，a企业和b企业分别实施不同地区的所有权制度，互不承认所有权，那么交易就只能限制在地区内进行。如果改为政府统一实施所有权制度，交易就可以扩展到整个国家范围内进行。这也是所有权制度建立的必要原因。

三、研究的过程：探索西方世界的发展

中世纪西方世界的发展历史主要分为两个阶段，分别是庄园制时期、城市化和市场经济发展时期。

第一个阶段：庄园制时期

公元900年，欧洲各国土地充裕，庄园制普遍存在，在庄园经济的基础上自给自足，因而不值得花费代价去建立土地利用的专有权。这种庄园经济有三种基本要素，即土地、保护的职能和劳动。

保护的职能指的是维护土地生产成果的职能。相对于土地的大量供应，劳动力相对不足。因此领主们为了利用劳动力一直在竞争着，但指挥和监督奴隶，让他们使自给自足的庄园成为有活力的经济制度是要花费管理成本的，所以农奴制比奴隶制更有效率保证。在农奴制中，除了不需要监督以外，农奴为领主服役后，还可以用其余的时间为自己生产。随着人口的增长，劳动报酬递减，导致农奴的谈判实力下降。当地方庄园人口稠密到报酬递减的地步时，人口便会涌向那些尚未开发的地区。此外，人口增长导致“马尔萨斯陷阱”，也就是说不断增长的人口早晚会导致粮食供不应求，然后人多地少的状况开始发生逆转，人口和土地劳动力相对领主的谈判实力反而会逐渐增强。

经过一系列的演进，庄园主必须放弃自己对土地产权的独占，原来的“庄园主和佣仆农民”变成了“雇主和雇员或者地主和佃农”。但是，随着人口增长、对外扩张、新技术的发明和应用、贸易和市场的不断扩大，封建庄园制度和封建制度发生了不可逆转的变革。庄园制越来越没有以前有效率，并最终在历史的长河中消失。

第二个阶段：城市化和市场经济发展时期

伴随着庄园经济的瓦解，越来越多的人口迁移到了城市尤其是大城市中。市场经济给整个欧洲的扩张带来了增益。由于市场扩大，效率要求在一种新的契约协议中用货币给付地租。此外，由于市场经济的发展，政府可以获得货币形式而非劳役形式的税收，从而能雇佣它所需要的专业化的官僚队伍和军队。产品交换的效率不断提高，交易的成本不断降低，市场规模越来越大，甚至出现了专门从事海上贸易的城市群。如北德意志诸城市组成的汉萨同盟和尼德兰的一些港口，以及世纪末期兴起的阿姆斯特丹。

这一时期的新现象是，虽然16世纪欧洲各地人口都在增长，但随后出现的“危机”其实在地域上是参差不齐的。17世纪末的荷兰和英国显然为优胜者，法国为失败者，而西班牙、意大利和德国则为明显的失败者。相对于荷兰和英国，法国和西班牙这两个专制君主国家由于不能创建一套可以提高经济效益的所有权，导致它们的经济最终陷入了停顿。

历史上首次有一些地区和国家能够逃脱“马尔萨斯陷阱”。大城市地盘的扩大是以牺牲小集镇为代价的；总人口增长是整个16世纪的特点，17世纪则相反；17世纪法国和意大利深受饥荒和鼠疫之苦，人口发展几近停滞，而荷兰和英国则经历了人口扩张。荷兰的城市在17世纪的大部分时间里都是繁荣发展的。

这一时期的价格史与人口史相似。价格的绝对水平的提高和工资落后于其他价格的差距的扩大是如此重要，以致这个时代被称作“价格革命”，价格上涨席卷整个西欧。16世纪价格水平的一般上涨是普遍现象。相对产品和要素价格也以相似的形式变化。农产品价格相对制造品价格上升的结果是，地租比工资增长得更快。劳工的实际工资大幅度下降。直到17世纪，荷兰依靠船舶和经济组织这两方面的效率改进而引发价格竞争，价格竞争摧毁了威尼斯在奢侈品贸易中的优势，所谓的奢侈品如胡椒、中国和波斯的丝、印度棉花、中国的大黄和宝石等。荷兰和佛兰德这两个地区的制造业贸易中心已成为北欧的支柱。

这一阶段的主要成就是在欧洲和其他居住区之间建立了一种经常性的贸易。16 世纪人口的普遍增长降低了利用市场配置资源的费用。16 世纪的平衡表显示农业生产率下降，只在于生产率不变，而市场交易部门的生产率上升。西欧的物质福利依赖于农业生产率。经济组织的效率在是否出现“马尔萨斯陷阱”上起了很大的作用。在 16 世纪，西欧商业是在克服各种障碍中发展起来的，这些障碍是由竞争的民族国家间的战争、敌意和猜忌造成的。重商主义从民族斗争所需的经济基础中诞生。

四、研究的结论：西方世界兴起的内在机理

诺斯认为，近代欧洲兴起的原因和机理主要有以下几个方面。

（一）人口的增长引起要素相对价格发生了变化

人口增长是导致制度创新这一西方社会兴起原因的主要变动参数。在庄园经济时代，劳动和土地是最重要的生产要素。如果人口增长，劳动力增加，相对现有耕地来说，劳动就会过剩，劳动的相对价格便会降低；如果人口减少，劳动力也会相应减少，相对于现有耕地来说，劳动的相对价格便会上升。

10 世纪时，人口较少而土地充裕，因而劳动者在面对土地所有者时具有较高的谈判能力。随着人口和贸易的不断发展，到 13

世纪时，最好的土地已经全部被占用了。而人地比例的变化，也使得土地相对劳动而言成为较为稀缺的生产要素，新的移民只得依靠贫瘠的土地或者更集约地使用现有耕地，农业劳动者的产出也就减少了，结果导致劳动者收入开始下降。又由于饥荒、瘟疫和战争的影响，14—15 世纪，欧洲人口显著下降。劳动力数量再次变得不足，但劳动产出却在上升，因此劳动的价值上升了，劳动者的所得增多了。

然而，在人类历史上，尽管有战争、瘟疫、饥荒和动乱一类的影响，导致人口增长的暂时倒退，但生育率往往超过死亡率，因此从长期看，人口总是增长的。而人口的增长改变了土地和劳动这两种最重要的生产要素的相对价格，为生产组织形式的变革准备了条件和要求。

（二）劳动相对价格的降低引发了边疆扩张

随着人口的增长，土地开始变得相对稀缺，因而新增人口难以像他们的前辈一样生产同样多的东西。

此外，劳动报酬的递减迫使食物的实际成本上升，以及养育孩子的私人成本上升，因而劳动力的私人收益开始下降。同时，社会成本上升得更多，因为在劳动力报酬递减的情况下，增加总的劳动力供给会引起劳动生产率的普遍下降，并加剧了拥挤状况，从而助长了瘟疫的蔓延。所以，在那些人口稠密的庄园地区，劳动力报酬递减和拥挤的情况是非常容易发生的。这样一来，大量人口便会涌向那些尚未开发的土地和气候各不相同的边疆地区。

（三）边疆运动促进了市场的繁荣

边疆地区不同的农业活动模式和地区要素，以及资源分布的差异提高了贸易的盈利能力。许多地区专注于生产具有优势的产品。例如，法国的葡萄酒和佛兰德的纺织业。人口密度高的地区可以更有效地生产劳动密集型产品，用来交换人口密度小的地区的土地密集型产品，土地密集型产品就是在生产要素的投入中需要使用较多的土地等自然资源才能进行生产的产品。

随着商品市场的发展、市场规模的扩大和一些贸易城市的出现，交易的搜寻费用、商议费用和庄园经济的实施费用逐步降低，商品的交易成本也相应降低了。不同地区间交易费用的降低，进一步促使市场繁荣起来。而市场经济的兴起，也最终使庄园经济成为了历史。因为相对于劳动契约，传统庄园经济需要承担高额的实施费用和对劳动力实行监督和控制的管理成本。

（四）市场的发展需要制度的保障

在诺斯看来，不管是市场发展还是有效率的经济组织形成，都需要制度的保障和激励。

11—12 世纪，贸易和商业不断发展，市镇逐渐繁荣起来，由此产生了一系列旨在减少市场不完善的制度安排，并形成了一套法律来裁决新情况引起的争端。14—15 世纪，人口的大幅度下降和劳动力的短缺，使得庄园制主仆关系逐渐消失，农奴开始获得对土地的专有权。16 世纪，由于船舶技术的进步和航海业的发展，大量白银流入欧洲，不断刺激着商业的扩张。同时，开始出现和推广可以减少市场缺陷的制度，如股份有限公司，并逐步发展成为一套法规。而市场经济的扩大导致了民族国家的形成，但国家运转则需要源源不断的财政收入，因此国家就必须鼓励扩大贸易，同时提供必要的军事保护和制度保障。

（五）国家间的制度差异导致了发展的差距

在西欧兴起的时期，各国的发展进程并不是同步的，不同民族国家的制度演化形成了不同的发展模型，并最终表现为经济上的差异。

最显著的例子是法国和西班牙在竞争中的失败，以及英国和荷兰的成功。法国和西班牙虽然是不同的国家，有着不同的发展历程和发展模型，但两国都在竞争中落败，其共同的原因是没能形成鼓励市场发展和促使有效率的经济组织形成的制度。而荷兰和英国兴起的主要原因就在于形成了私人收益率接近社会收益率的制度安排，先是继承权完全无限制的土地所有制、自由劳动力、保护私有财产、专利法和其他对知识财产所有制的鼓励措施。接着，一套可以减少产品和资本市场的市场缺陷的制度安排在这两个国家广泛发展起来。

08

《二元经济论》：二元经济发展模式

1979 年诺贝尔经济学奖获得者——威廉·阿瑟·刘易斯

威廉·阿瑟·刘易斯（1915—1991），美国经济学家、作家、教授。

威廉·阿瑟·刘易斯

1954 年，刘易斯首次提出了用来解释发展中国家经济问题的著名的“二元”模式，在经济学界引起广泛争论。1955 年，他又出版了《经济增长理论》一书，对经济发展的相关问题进行了广泛而深入的分析，至今仍被认为是“第一部简明扼要地论述了经济发展问题的巨著”。1979 年，刘易斯因在发展经济学理论与实际工作方面的贡献获得了诺贝尔经济学奖。

一、为什么要写这本书

1915 年 1 月 23 日，刘易斯出生在原英属西印度群岛圣卢西亚岛的一个黑人移民家庭。由于他的黑人出身，刘易斯受到过种种不公正的待遇，所以他自然而然地就具有反帝国主义的思想，关心与同情贫穷国家的人民。

1932 年，刘易斯到英国伦敦政治经济学院学习经济学，先后获经济学学士学位和博士学位。他在伦敦遇见了全球各地反对帝国主义的同志，并开始系统性地研究英国殖民帝国及其统治措施，比如英国严禁非洲人在肯尼亚种植咖啡，从而迫使他们投身劳动力市场，最终从中赚取税金。

1943 年，刘易斯曾受英国殖民办公室的邀请，担任新成立的经济咨询委员会的主任委员。在职期间，他对英国殖民地的经济问题进行了深入研究，这也正是他研究经济发展问题的开始。在他的建议之下，该委员会对各个经济部门的经济政策进行了系统化的调查。在这个过程中，刘易斯清楚地了解到，政府官员在该做的事情上有很大的分歧，而这一经历更加强化了刘易斯探索经济发展问题的决心。

作为一名黑人经济学家，刘易斯在经历了种种不公平对待后，有了想要帮助贫穷国家人民的信念，而在政府担任咨询顾问后，他更加坚定了研究经济发展的决心。在结合自身理论知识、突破原有理论的条件下，刘易斯逐渐形成了经济是如何发展的理论，解释了发展中国家的经济问题。

二元经济理论是刘易斯有关经济发展理论的基础和精华，目前已成为分析发展中国家结构变迁、城乡关系、劳动力市场、劳动力转移、人口增长、收入分配、资本积累、储蓄行为、技术选择及变化等一系列重要问题的理论框架。因此，二元经济理论模型对于分析具有“劳动力剩余经济”特征，且又属于发展中国家的中国经济发展问题，有着独特的理论参考价值。

二、研究的视角：劳动力的无限供给

刘易斯指出，必须假设劳动力是无限供给的，因为这是以后进行理论分析的前提。当然，这一假设并不适用于世界上的一切地区，比如西北欧、英国以及非常缺乏男性劳动力的非洲与拉丁美洲某些地区。但是，对埃及、牙买加、印度以及其他经济落后的国家来说，这一假设并没有错误。

（一）无限的劳动力供给

在解释无限劳动力供给时，刘易斯首先从封闭经济入手，封闭经济就是不与其他国家有贸易往来的经济。在人口众多的经济社会里，劳动的边际生产率，也就是多投入 1 单位劳动所增加的生产率是无限接近于 0 的，甚至为负。因为根据经济学中的边际技术递减规律：在其他要素投入不变的条件下，如果连续不断地增加一种生产要素，最终会由于投入过多，导致这种生产要素起的作用越来越小。

比如，在劳动力趋于无限多的经济中，我们可以观察到，在一个家庭中，由于土地数量有限，如果一部分家庭成员找到了其他工作，那么剩余的家庭成员也可以耕种好他们拥有的土地。换句话说，土地的产量并不会减少。所以，刘易斯注意到了农业部门存在的这种“隐性”失业问题。并且，这种现象也不仅仅局限于农业部门，甚至可以扩展至整个临时性职业范畴，比如码头工人、园林修建工人、小零售商人，等等。刘易斯指出，这些行业有一个共同特征：该行业中的人数一般是社会需要的两倍。也就是说，即使将这些行业的工作人数减少一半，也不会减少这些行业的产量。

在小农经济中，农民是自给自足、自我雇佣的。但是工人群体却是受资本家或厂主雇佣的。就像我们为借到一笔钱需要支付利息一样，资本家为了雇到工人也要为他们支付一定的费用。那么应该付给工人多少工资呢？从理论上说，这涉及经济学中生产要素的最优定价问题，资本家只会按照生产要素的边际生产率支付报酬。这种定价原则来自资产阶级庸俗经济理论，也是现代经济学者普遍认同并采用的理论。

资产阶级庸俗经济理论由德国经济学家杜能首先提出，美国经济学家克拉克发展了该理论。该理论认为，生产过程中是需要劳动与资本的投入的，当劳动量不变而资本相继增加时，每增加 1 个单位资本所生产出的产量会依次递减，这就是“生产率递减规律”，每多增加 1 单位的资本所能增加的生产量，称为“资本的边际生产率”，它决定了利息的高低；同样，当资本不变，而劳动量相继增加时，则“劳动的边际生产率”决定劳动者工资的多少。所以，我们一般认为，资本越多，利息越低；劳动越多，工资越低。

按照上面的分析，明智的雇主会选择按照工资等于边际生产率的原则支付工资，既不会多也不会少。事实上，在劳动力非常多的国家中，在一定的资本投入下，多雇佣1单位劳动的产出是非常小的，甚至接近为0。如果坚持按照上面的原则支付给工人接近于零的工资，资本家肯定雇不到工人。因此，资本家为解决这一矛盾而采取的方法是，将工资提高到仅仅能够维持工人生活的水平。

刘易斯进一步指出，只要按照这种最低工资标准付给工人，并且劳动力的供给仍超过需求，那么我们就可以说，劳动力的供给就是无限的。在这种劳动力无限供给的情况下，新工业可以建立，旧工业可以扩大，并且不受现行工资的限制。如果说得更确切些，那就是劳动力不会成为产业扩张的限制性因素。

（二）额外的劳动力来源

更进一步说，如果要建立新的工业，并且按照维持生活的最低工资标准来提供就业机会，除了农民、临时工、小商人之外，还有三个额外的劳动力来源。

第一个来源：家庭中的妻子和女儿

女性在家庭以外能否取得就业机会取决于很多因素，包括宗教因素以及传统因素，而不仅仅只是缺少就业机会的问题。但是，在许多国家中，当前的限制实际上只是就业机会。刘易斯指出，女性就业是经济发展最显著的特征之一。因为女性的外出就业标志着原来由女性在家里做的工作，像磨面、织布、做衣服等，现在可以由专业的工厂更好地完成。而专业工厂的出现也标志着经济中出现了专业化的生产与大规模的投资。所以说，增加国民收入最切实可行的办法就是为女性提供就业机会。

第二个来源：由于出生率超过死亡率所引起的人口增加

随着经济的发展，死亡率已经从大约40‰下降到了大约

12‰。刘易斯认为，死亡率下降的原因主要可以归为三种。

- 一是由于交通设施的改善，地区与地区之间的贸易往来更为便利，能够及时预防因地区性灾荒所引起的死亡。
- 二是由于公共卫生设施的改善，人们的居住环境与公共场所更加干净卫生，从而逐渐切断了鼠疫、天花、霍乱、疟疾等大规模的传染病的传播渠道。
- 三是因为医疗设施的普及，确保了人们的疾病可以早发现早治疗，进一步降低了因错过最佳治疗时机引起的死亡。

总之，经济发展的直接影响是促进了人口增长。在任何一个死亡率非常低的社会里，劳动力会不可避免地增加。

第三个来源：由于生产效率提高而引起的失业

英国古典经济学派的代表大卫·李嘉图早就提出，机器的创造会减少就业，这就使得工人开始失业。在此基础上，马克思不仅把被机器代替的工人归为失业者，还将自我雇佣者与小资本家都归入失业之列。这是因为在马克思看来，小资本家与自我雇佣者最终会在与大资本家的竞争中败下阵来，逐渐被市场淘汰。

通过上面的分析，如果我们把农民、临时工、小商人、家庭妇女和人口增长等全部劳动力来源都考虑进去的话，显而易见的是，在一个人口过剩的经济中，会出现新工作或新就业机会的巨大扩张，并且不会在劳动力市场上出现工人短缺的情况，也就是说，劳动力的供给实际是无限的。

但是上述情况仅仅适用于不熟练的劳动力。事实上，在任何时候都缺少某种等级的熟练工人，包括瓦匠、电工、工程师、生物学家甚至管理人员。可以说，熟练劳动力，同资本和土地一样，也可能是扩张时的难题。但这是非常短暂的难题，资本家或者资本主义政府，都可以很快提供更多设施与技术，培养更多的熟练工人。也就是说，只要得到了资本与自然资源，就可以提供必要的熟练工人，中间只需一小段的时间差。

三、分析的对象：维持生计部门与资本主义部门

根据刘易斯的看法，经济社会中只存在两个部门——资本主义部门与维持生计部门。资本主义部门指的是用资本进行生产的部门，维持生计部门主要是指传统农业部门。这两个部门就是二元经济论中所指的“二元”。

刘易斯认为，在经济社会发展初期，人们主要从事的是农业生产，所以维持生计部门非常庞大，而资本主义部门则非常渺小。在这种情况下，资本家要想实现工业扩张，就必须从农民这种过剩劳动力中吸取一部分，让他们作为工人来从事资本主义生产活动，从而实现资本主义部门的扩张。

当然，农民不会轻易地转变为工人，除非农民能获得更大的利益。所以，这就要求资本家支付给工人的工资，不能低于他们从事农业生产时的最低收入，否则，他们就会选择继续从事农业生产。

事实上，维持生计部门的收入决定资本主义部门的工资这件事还有着重大的政治意义，直接影响就是资本家会刻意压低农业部门的生产率，因为农业产量的增加会提高农民的收入，也就会相应提高资本家所必须支付的工资。例如，种植园主不愿把新技术和新种子传授给农民，即使在政府的要求下，也不愿扩大用于农业发展的设施，甚至会经常剥夺农民的土地。资本家通过上述做法来压低工人的工资，这对资本家是有利的，这也是资本家最坏的特点之一。

在现实生活中，资本主义部门的工资与维持生计部门的收入之间的差额为30%左右，这可以从三个方面来解释。

- 首先，资本主义部门的生活费用比较高，因为资本主义部门主要集中在城镇，房租和交通费用较高。
- 其次，对工人来说，从熟悉的维持生计部门转到资本主义部门这种比较严密、都市化的环境中，需要弥补心理差异的费用，或者说，资本家不希望工人在工作一段时间后离开，如果离开这样他们又得重新招募不熟练的工人，所以需要付给工人较高一点的工资。
- 最后，资本主义部门的工人会组织工会，竭力要求资本家提高他们的工资。

四、核心的思想：在资本主义部门扩张中实现经济发展

刘易斯认为，经济发展需要迅速地资本积累。而无数的事实已经证明，仅靠农业部门是无法实现资本积累的。因此，经济发展最本质的问题便是：究竟要如何获得可以用于资本主义部门生产的资本。刘易斯给出了两种方法：一是依靠储蓄来积累资本；二是政府通过银行来创造货币。

（一）依靠储蓄来积累资本

要想理解储蓄如何实现经济发展，就是要弄清楚两个问题。

- 第一个问题是怎样实现储蓄的增加？或者说储蓄从哪里来？

- 第二个问题是，通过储蓄得到的这些资本如何实现经济增长？

1. 怎样实现储蓄的增加

显而易见，第一个问题是第二个问题的基础。第一个问题——储蓄从哪里来？这个问题的本质是，哪个阶层能够在满足了必要的消费之后还能剩下这么多钱？

为回答这一问题，刘易斯大致将社会中的人们分为三个阶层——底层的工人劳动者、中产阶级，以及能够获得利润和地租的上层阶级。

首先，可以排除底层的工人阶级，因为他们获得的工资基本上仅能维持自己的生活，基本没有储蓄。

其次，也可以排除中产阶级，中产阶级要比工人阶级生活水平更高，可以有点储蓄，但是他们的储蓄更多的是用于买房、教育子女或者自身的养老，所以不会成为生产投资的资本。

通过排除法，只剩下了能够获得地租和利润的上层阶级。而事实上，刘易斯认为的储蓄主要就是利润和地租方面，并且认为储蓄的主要来源是利润。那么，为什么不是地租呢？

回顾历史可以发现，地主阶级阻碍经济发展和生产力进步的情况在各个国家都存在过，如印度、法国、俄国以及中国封建时期的各朝代。地主阶级凭借着他们对土地资源的占有，不仅坐收地租、控制为其耕种的雇农，甚至寻求政治权力的扩大，通过剥削获得更多的土地和财富；有些地主还会疯狂打击依靠生产经营和生产技术扩张的中小型经营者。他们是封建剥削阶级的代表，只会维护自身的利益，不会关注社会的发展。所以，如果在国民收入中储蓄的比例增加了，我们可以理所当然地认为，国民收入中利润的份额增加了。这样，核心问题就变成了第二个问题，这些由利润组成的储蓄的增加如何实现经济发展增长呢？

2. 储蓄的增加如何实现经济发展

刘易斯认为，在传统的经济发展方式中，国民收入主要是由农业部门的收入组成。由于从事农业生产的劳动者过多，农业生产已达到饱和状态，所以国民收入实际上并不会发生变化，经济处于增长的瓶颈阶段。

但是，随着越来越多的劳动力进入资本主义部门进行生产，资本主义部门就会日益壮大。这一过程不仅意味着国民收入因为有了新的增长方式而不断增加，也意味着资本家的收入在国民收入中所占的比重不断增加。如果资本家将获得的收入中的任何一部分进行投资生产，那么，利润就会一直增加，从而资本的积累也会增加。在这个过程中，国民收入不断上升，经济就实现了增长。

简言之，如果落后国家有了一个较大的资本主义部门，利润在他们的国民收入中就会占较大的部分，那么储蓄和投资也就应该比较多了，只要这一过程反复进行，必然能实现经济的增长。

（二）政府通过银行来创造货币

刘易斯认为，资本除了是由所赚到的利润创造的，在现实的生活中还存在另一种创造资本的方式，那就是我们所说的第二种方法，资本家借助政府创造的货币来创造资本。

也就是说，如果一个社会缺乏用于生产的资本，但是有可以进行扩大化生产的大量的劳动力，那么只要资本到位了，实现国民收入的增长就非常容易了。在这种情况下，资本家就可以通过创造的货币去匹配社会中存在的过剩的劳动力，然后进行扩大生产。这种方法既能够创造出新资本，经济中的运行也不会有太大损失。新资本也就可以像我们使用利润一样，投资于生产，提高产量，继续扩大就业，最终实现资本部门的扩张和国民收入的提高。

但是，通过利润提供的资本和通过创造货币提供的资本之间是不同的，后者会对经济中的商品价格产生影响。刘易斯认为，如果将过剩劳动力用于资本主义部门生产，用新创造的货币支付工人工资，最终会导致消费品价格的上升。这是因为在市场中出售的商品的总量并没有改变，但是市场上流动的货币增加了。

换句话说，相对于消费品的数量而言，货币数量变多了，这就会导致商品的价格上升，也就是所谓的通货膨胀。所以，必须警醒的是，如果新货币的发行量过大，所引起的价格上升过高，可能会引起公众的恐慌心理，而且在经过长时期的这种情况后，公众会丧失对货币的信任，这就需要立即终止货币的发行。这也是用发行货币的方法形成资本所带来的最大的弊端。

进一步来看，如果实际工资水平不变，又得到了无限的劳动力，那么资本家的收入就会一直增加，而且国民收入中，每年进行投资的比例也会不断提高，这个过程就会永远持续下去。但是，当这个国家不再有剩余劳动力时，资本主义部门扩张的过程就必然停止。当劳动力过剩现象消失时，关于封闭经济的讨论就不能成立了。

然而，在现实世界里，有劳动力稀缺的国家，也有劳动力丰富的国家。在一些国家中存在过剩劳动力，而在另一些国家中缺少劳动力。所以，我们不能仅仅讨论一个国家的资本主义部门的扩大问题，我们必须把这个国家看成是整个世界经济中的一部分，将这个国家的资本主义部门扩大，看成整个世界经济中资本主义部门扩大的一部分，进而研究一个国家内部工人的工资和储蓄如何受到其他国家工人的最低工资的影响。

09

《货币的非国家化》：市场竞争机制引入货币发行领域

20 世纪最具影响力的经济学家及社会思想家代表——弗里德里希·冯·哈耶克

弗里德里希·冯·哈耶克（1899—1992），出生于奥地利，英国知名的经济学家和政治哲学家。哈耶克以坚持自由市场资本主义，反对社会主义、凯恩斯主义和集体主义而著称。他被视为奥地利经济学派最重要的成员之一，对法学和认知科学也有着相当重要的贡献。

弗里德里希·冯·哈耶克

1974 年，哈耶克和他理论的对手瑞典经济学家纲纳·缪达尔一同获得了诺贝尔经济学奖，以表彰“他们在货币政策和商业周期上的开创性研究，以及他们对于经济、社会和制度互动影响的敏锐分析”。1991 年，哈耶克还获得了“美国总统自由勋章”。

哈耶克曾长期任教于英国伦敦政治经济学院、美国芝加哥大学以及德国弗莱堡大学，与芝加哥经济学派关系密切，主要代表作有《通往奴役之路》《致命的自负》《自由秩序原理》等。

一、为什么要写这本书

1929—1933年资本主义世界爆发了经济危机，这场危机是由于资本家盲目扩大生产引起生产过剩而导致的，1929年首先爆发于美国，然后席卷了整个资本主义世界，涉及范围特别广、持续时间特别长、破坏性特别大，这场经济危机让资本主义国家的人民深受其害，它激化了社会矛盾、引发了政治危机、改变了世界历史的发展走向，这次经济危机给市场经济的自由发展敲响了警钟。

为摆脱这场经济危机，德、意、日等国先后走上了法西斯道路，而美国则在总统罗斯福的带领下实施了凯恩斯学派的各项宏观调控措施。在凯恩斯等人看来，“市场之手”缺陷众多，尤其是面对经济危机时无可奈何，因此政府理应出手。当然，货币政策和货币作为政府出手的导向和工具，应当全部归政府所有。

但发生于20世纪70年代的两次石油危机事件却警醒着人们，“政府之手”真的有效吗？在市场经济的发展过程中，有两个难以逾越的门槛——通货膨胀和经济危机。在哈耶克看来，这两个问题其实是同源的，即经济危机的产生主要是由于通货膨胀导致的，而通货膨胀则是货币超发的表象，那么货币为什么会超发呢？

从受益主体的角度来分析，货币超发的最大受益方是发行方，即政府和中央银行，因此通货膨胀是政府垄断货币发行的必然结果。哈耶克认为，在当下，虽然中央银行是货币的发行方，但其利益与政府之间紧密相关。只有政府才能制造通货膨胀，因为政府控制的金融体系为政府滥发货币提供了条件。政府作为一个利益主体，为了实现自己的利益而操控货币，通过开动印钞机满足其财政需要，这就导致公共支出超常规地增加，这也是通货膨胀的主要原因。只要政府拥有以货币或货币政策满足自己目标的权力，政府就会努力去借助货币这一介质来实现自己的目标，通货膨胀就是政府滥用发钞权的结果。

通货膨胀和债务危机其实就是一个硬币的两个方面，企业的债务一般包括可用于偿还的固定资产和非固定资产，而政府和国有部门的债务并没有资产可以抵押，因此债务危机产生之后，如果政府采用发行更多货币的方式来缓解，那么货币就会贬值；如果政府不超发货币，那债务危机就无法消除。所以说，以凯恩斯学派为首、主张政府调控的现代宏观经济学的困境很大程度上就在于此。

而哈耶克认为，如果将货币交由私人发行就不会出现这样的问题，因为他们发行的货币必须有一定的资产进行抵押。在私人货币体系下，人们可以“用脚投票”，对货币发行者进行约束。并且，一旦价值发生了波动，人们就可以对货币进行兑换，选择最为保值的优质货币，从而挤出了贬值的一般货币。

二、核心的问题：货币到底是什么

货币通常被认为是人们普遍接受的交易媒介，而我们关注的重点则在于手中的货币是否可以正常流通，而流通只能算是对货币功能和属性的一种定义。

事实上，被称为商品的物品，都具有一定的流动性，因此哈耶克对“货币”的定义进行了更为精准化的描述，称之为“通货”，包括纸币、支票以及可以发挥支票功能的各种交易媒介。

（一）货币的功能

货币拥有四种功能，即购买商品和服务的流通功能、以备未来之需的价值储藏功能、支付工资或债务的支付功能、标记商品或服务价格的价值尺度功能。

哈耶克认为，最优的货币有一个最重要的特征，即币值稳定，也就是说，用货币来标记的各类商品，它们的价格波动幅度保持一致性，这样一来就能降低商品价格波动所产生的经济风险。市场主体和个人如果在经济生活中可以选择最优的货币，那么就会既有利于商业活动，又有利于个人生活。

（二）货币的价值来源

普遍认为，货币的流通基于其稳定性，而货币价值主要来自其稀缺性，以及在此基础上形成的市场信任。哈耶克则认为，货币的价值来自货币数量，而不是货币可以购买什么。

哈耶克提到，在市场竞争的货币体系下，货币的购买力是由发钞方最终发行流通的货币数量决定的。即使是在金本位的体系下，货币的价值也不来自黄金，所谓的金本位只是让政府有约束化地控制货币的数量。因此，哈耶克认为即使不与黄金、白银等贵金属挂钩，只要发行的货币数量是稳定的，那么任何替代品都可以使其价值保持稳定。

（三）法币

在现行的货币体制下，每个国家或地区使用的货币都是其法币，法币也可以粗浅地理解为法定的货币或有法律保障的货币，更为准确的定义则是政府发行的、以政府信用为担保的、强制市场主体和个人在市场交易和债务偿还等商业活动中使用的货币。

法币的核心是交易和索取权，是一种有法定职能的收据，但这种收据只能流通，不能要求国家或政府强制兑付，因此法币可以理解为政府向居民借钱但是不需归还的权力凭证。

（四）货币的发展

最初，政府并不直接制造货币，而是为市场中已经形成的、被普遍当作货币使用的东西担保其重量和成色，例如早期的扇贝、各类金属等。哈耶克认为，在技术尚不发达的古代社会，政府为此类东西提供统一的铸造技术和辨认特点是有益的。这些铸币最初只是由私人发行，政府提供担保，但当政府发现铸币有利可图时，就开始垄断铸币权和发行权，因为通过收取铸币税的方式，政府可以获得可观的收入。

随着社会的发展，纸币开始慢慢出现，当政府再次发现垄断纸币有利可图之后，又开始垄断纸币的发行权。铸币所产生的铸币税是部分的，而纸币所产生的铸币税则是趋近 100% 的。哈耶克断定：政府不可能让纸币不贬值。

（五）非法币化

政府在垄断货币之后，随之而来的弊端，除了通货膨胀和经济危机以外，还有货币比值的波动和起伏。这种币值的波动起伏，产生的原因就在于无法控制货币的流动总量，因此导致了货币价值的不稳定。而无法控制的根源则在于政府对货币总量的控制能力被银行分割了，也就是说，政府的垄断权被稀释了，控制权分散在了中央银行和商业银行的手中。各类银行通过准备金制度派生出了新的流通货币，与此同时，货币的购买力也随之下降了，金融学上称政府这种派生货币的行为叫作高能货币的派生。而这些派生的货币没有经过法定授权，也就是说，出现了货币的“非法币化”。

在这种体系下，中央银行默认商业银行可以“合法化”地创造流动货币，这就损害了在派生货币前就已经持有货币的所有者的财产权，因为他们持有的货币被无形地稀释掉了。对此，哈耶克批判道：“货币已经不是一种有效的交易媒介了”，而是掠夺财富和“管理”经济的一种手段。政府试图通过发行货币的方式，增加就业机会和发展经济，但这一调控并没有坚实的理论基础，只是一种观察到的统计现象。

三、核心的思想：货币应当非国家化

哈耶克“货币的非国家化”思想主要有以下三个理论基础。

理论基础之一：竞争思想。

哈耶克认为，竞争并不是人为创造的产物，而是人们发现的现象，即竞争是我们观察到的、在市场中某些现象或者事实背后的真相，是不断迭代和理论化的机制。

价值产生于竞争，竞争则有利于市场效率和福利的实现。竞争是普适性的规则，这与英国生物学家、进化论的奠基人达尔文“物竞天择，适者生存”的思想是同源的。货币的价值和信用也应该由市场竞争所决定，只有通过市场的检验，才能发现什么样的货币是最佳且合适的。

哈耶克将货币的本质归纳为一般商品，同时也承认货币是一个价值符号，将其纳入一般的经济规律中去考察，也符合“货币的产生是市场演化的结果”这一事实。而垄断化的货币和银行体系，阻碍了货币体制的进步，也压制了普通商人创造稳健可行货币的积极性。

理论基础之二：看不见的手和自发引导的思想。

货币作为一种商品，从本质上而言，与作为提供交易媒介的服务和提供其他服务的商品并没有什么区别，因此是符合英国经济学家亚当·斯密“看不见的手”的理论的。

哈耶克认为，自利思想下的理性经济人是有利于大众的。他提出，“只要能够使自私自利的私人银行在公共利益中获得好处，它将比任何公共机构更加服务于公共利益”。他还强调，即使是再聪明或者再具有同情心的制度，也远不如依靠纯粹的自利所产生的制度。只有货币的产生和流通是出自于发钞银行的自利而不是政府的仁慈时，我们才算是真正进入了幸福时光。

哈耶克把货币问题放到奥地利著名经济学家门格尔的“自发引导”或是“自发秩序”的背景下进行讨论，认为货币应当是市场自发形成的，而不应该是被政府或者其他机构设计的，与语言、道德、法律等其他事物无异，都是出于社会需要而产生的。

理论基础之三：价格理论思想。

从经济学角度上说，价格不仅受供求机制的影响，还会受到货币的影响，这一理论是基于通货膨胀或者通货紧缩而言的。

由于价格的变动与货币的发行、流动紧密相关，因此价格会受到货币的影响。一旦商品价格与货币产生了联系，那么垄断化的货币一定会通过不合理的价格机制让资源产生错配。

但哈耶克并不认同这种理论，他认为一种商品的价格应当是由该商品的供求所决定的，即供大于求时价格会下降，反之则会上升，在这种情况下货币是中性的，而且理应是中性的。因为货币仅仅是一种市场的交易媒介，是对商品流通和交易起服务作用的工具，因此货币本身不应该对商品价格和交易产生影响和发挥作用。

在这些价格理论的基础上，哈耶克总结了现有的一些误区，主要是针对购买力和流动性进行区分。货币之所以有价值，是因为其具有稀缺性，而稀缺的正是货币的购买力，即一单位货币所能表示的商品数量，而不是政策制定者所定义的稀缺的流动性。因此，对于货币而言，管理货币的购买力即内在价值，远胜于管理货币的流动性即货币的调控价值。

四、主要的观点：私人银行及竞争化能够产生良好的货币

传统国有化的货币，最大的弊端就在于货币价值的不稳定，因此如何解决货币的稳定性问题就成为选择良好的货币关键。哈耶克认为这个问题的解决在于竞争机制的引入，可以通过竞争的方式实现良币驱逐劣币，在市场机制和自发选择中筛选出良性货币。

因此，他对劣币在市场中驱逐良币的格雷欣法则进行了批判，格雷欣法则的错误就在于其劣币和良币的固定兑换比率，而这一比率的产生来自政府对货币发行的垄断，由此可以得出：一旦打破货币发行的垄断，实施自由的货币竞争机制，货币这一特殊商品也将会优胜劣汰。

银行作为货币的供给者，在成功发钞和币值稳定情况下，可

以获得利润，因此也会有其他银行不断地涌入私人货币发行市场，直到银行业实现零利润。当然，银行作为市场的主体，类似于一个公司，在市场中也有敏锐的嗅觉，在发现所发行的货币币值波动时，可以通过调节货币供应量的方式来适应市场需求，从而确保币值稳定。

事实上，作为理性经济人的银行都会做出这样的决策，因此银行竞争的本质就是信任竞争，即谁的货币稳定，谁在市场中就可以生存下去。那会不会有银行为了利润而进行恶性竞争呢？哈耶克认为：不会的。因为如果一家银行没有与储蓄相匹配的货币发行量，在市场机制下用该种货币所表示的价格就会告诉消费者这种货币在贬值，那么人们会立马将这家银行的货币转换成其他更加稳定的货币，这家银行会因此退出市场。

在这种机制下，政府要做的就是退出货币发行，进而转向对货币的监管，取消有关货币发行的法律，以及逐步取消中央银行。此时，政府的任务就是保障“合法的自利”能够有序进行，提供良好的竞争市场，维护市场机制的正常运行，一旦有个体对市场进行破坏或者侵犯私人权利时，政府理应及时出手，对破坏者或侵犯者进行惩罚。

而对于私人银行实现货币稳定的手段，在哈耶克看来，主要有两种。

- 一是货币和一组商品的价值挂钩，和其他货币保持可兑换性或可赎回性。为了赢得客户的信任，维持货币单位的价值，私人银行会向人们承诺，见票即可付给同等价值的其他货币，而兑付的数量恰好足以让其在现有商品交易所购买到事先公布的各种商品。换句话说，发行者需要时刻准备，以事先公布的比率购进或售出回流到其银行的任何数量的这种货币。只有货币之间可以进行自由兑换，才有充分的竞争。

- 二是私人银行有能力调整和控制钞票发行量。银行可以通过出售或回购通货或放贷的方式，来控制货币的总量、稳定货币的价值。并且，因为有各种货币的兑换率（价格）为发钞银行提供信息，电脑会对兑换率进行计算，可以根据兑换率信息来调整货币量，而手段就是发放贷款或回购货币，所以发钞银行可以知道自己发行货币的多少。

10

《利息理论》：利息基础理论详解

经济计量学的先驱、美国第一位数理经济学家——欧文·费雪

欧文·费雪（1867—1947），美国著名的经济学家、数学家，曾担任耶鲁大学教授，也是经济计量学的先驱、美国第一位数理经济学家。

费雪是耶鲁大学第一个经济学博士，但却是在耶鲁大学数学系获得这个学位的。在经济学领域，费雪对一般均衡理论、数理经济学、物价指数编制、宏观经济学和货币理论都有重要贡献。至今仍被人广泛提起的是，他对货币数量论和宏观经济学的贡献，代表作是《货币的购买力》（1911）和《利息理论》（1930）。

欧文·费雪

一、为什么要写这本书

费雪说："《利息理论》这本书主要是为金融界、实业界的领导者以及经济学教授与学者所写。"第一次世界大战前，为筹措战款以及战后赔款所造成的巨大通货膨胀，引发了各国实业家与经济学家对利息本质和起源的思考。费雪指出，在《利息理论》中，虽然对利息相关的核心思想没有任何改变，但它不仅修改了原本在《利率论》中的表达方式，而且根据有关经济学读者的批评意见，对其中不太容易理解以及容易引起误解的内容做了补充说明。

与利息有关的讨论自古以来就存在。1888年，奥地利学派著名经济学家庞巴维克提出了时差利息论，把时间因素引入利息理论中，这也为费雪的利息理论奠定了基础。虽然在社会主义国家利息理论的主流还是马克思的利息理论，认为利息是工人阶级创造的剩余价值的一部分，但目前西方经济学界关于利息理论的主流是费雪提出的时间偏好论。

1894年，费雪在瑞士旅游途中发现了一个山间水塘，水塘由倾泻而下的瀑布形成。目睹此景，费雪突然灵光乍现，似乎偶然间找到了能够精确定义财富、资产、利率和收入的方法。费雪说，如果把一定时间内落入池塘的水看作收入，那么在特定时间内，有着固定容量的水就是资产，这也是费雪找到的定义收入与资产关系的方法。费雪提到，在经济学领域，要证明学说的创造性并不容易，因为一切新思想都可在早期学者的著作中找到它的萌芽。

可以说，费雪创造性地在庞巴维克等前人的观点上，进一步深入推进了利息与利率的研究，提出了利息依赖的基础，从而完善了整个利息理论。

二、分析的对象：收入与资本

人们常常以为，利率是由资本决定的。或者说，资本的供给与需求的多少决定了利率的高低。事实上，这些都是错误的观念，而且因果关系恰恰相反。要理清这一关系，就必须要明白：什么是收入、什么是资本。

（一）收入到底指什么

其实，货币在花费以前是没有用处的，而所谓的工资，实质上也不是由货币支付的，而是由货币能够买到的享受支付给我们的。也就是说，只有当我们用货币来购买食物、衣服或者汽车等消费品，然后进行享受时，这些我们实际享受的东西才成为最后的收入。

所以，费雪指出，收入是一系列的事件。这句话的意思是说，对每个人来说，他所经历的事件才是他所直接关心的，因为正是他所体验到的这些事件，才构成了他的收入。如果说外部事件只有转化为我们所感受到的内部事件时才有意义，那么我们的实际收入，就是由能给我们带来内部享受的最终外部物质事件所构成，比如房屋的居住、衣服的穿着、报纸的阅读等。正是这些外部事件，才构成了我们的生活。

但是，这些外部事件，就像它们带给我们的内部享受一样，是不易衡量的。即使一个人亲身体验到了，也无法用统一的标准来计算。所以，我们通常用为获得这些东西所支付的货币多少来衡量。比如，我们无法衡量吃晚餐带给我们多大的享受，但是我们知道为此花费了多少钱；我们无法衡量看电影时的感受，但是知道付出了多少的票价。这就是货币支付的意义，也就是它能够衡量我们的实际收入。所以，我们平时所说的收入就是指货币收入。

（二）资本是如何产生的

说到资本，我们会想到储蓄，我们把存储的钱进行投资，那么这些钱其实就是资本。

但是，费雪指出，资本收益不是收入，资本收益是将来收入的资本化，或者说是将来收入的折现，但绝不是现在的收入。这种折现或者资本化就是靠利率来实现的。换句话说，收入和资本之间的桥梁或者联系就是利率。

举个例子，债券价格在两次付息之间会随着利息的增加而上涨，但这种价值的增长不是收入的增加，而是资本的增加。只有我们把到期后的债券卖出，债券才算给我们提供了收入。同样，我们在银行的存款因复利而增加，这也不是收入，而是资本的增值。但如果银行工作人员将存款的增值额交给我们时，这才是收入。收入可用于投资，从而转变为资本；资本可用于消费，从而转变为收入。如果我们对资本与收入的概念摇摆不定，就无法理解利息理论。

在厘清了收入与资本的本质之后，就可以进一步总结出两者之间的关系，这就是资本价值是收入的资本化或收入的折现。资本价值会随着储蓄的增加而增加，而收入所减少的数额正好等于资本所增加的数额。

三、研究的视角：人性不耐

利息理论与价格理论非常相似。利率在本质上，其实是现在收入与将来收入的交换价格。在一般价格理论中，对价格的制定，有一部分是由心理或主观因素决定的，比如股票市场的追涨杀跌。同样，在利息理论中，利率有一部分也是由主观因素决定的。也就是说，人们对收入会存在时间偏好，这也叫作人性不耐。

不耐，用英文表示为impatience，其实是来描述人们不想等待，而更想即刻拥有收入的主观心理感受。一般来说，人们会偏好现在的财富胜于将来的财富。

不过，直觉告诉我们，每个人对拥有收入的时间偏好程度或者不耐程度肯定是有差异的。根据费雪的总结，一个人的时间偏好或者说不耐是由他收入流的四个特征决定的。

- 第一，个人所预期的实际收入多少。
- 第二，收入的时间形态，或者说收入时间上的预期分配，也就是未来收入是固定不变的、递增的，还是递减的。
- 第三，收入的构成，一般说来，全部收入包括饮食、住所、娱乐和教育等个人日常消费的各方面。
- 第四，收入的风险大小或不确定程度。

（一）收入对不耐的影响

明确了收入的这四个特征，有一点需要说明，在另外三个条件不变的情况下，一个人的不耐程度取决于收入的数量。从理论上说，在其他条件相等的情形下，收入越少，人们越偏好现在的收入而非将来的收入。换句话说，收入越少，尽早获得收入的不耐程度就越大。我们一般认为，一个人收入越少会越贫困，而贫困会给人带来生活压力，这也就会造成贫困影响了人们对收入的时间偏好。这一影响可概括为两个部分。

- 一部分是理智的影响，表现在为了满足当前需要而延续生命以保持奋斗的能力。比如一个人仅有一块面包，即使明年可以得到十块面包，他也不会留到明年，因为如果他这样做的话，今年就会挨饿，甚至活不到明年了。所以，费雪强调现在收入的重要性就是因为现在是通向将来的道路。
- 另一部分是非理智的，表现在人们因为当前需要的迫切，往往会忽视将来的需要，做出短视的行为。贫困往往会削弱人们的远见与自制力，只要目前的迫切需要得到满足就行了。

（二）收入的时间形态对不耐的影响

如果仅从时间形态方面考虑，那么收入的时间形态主要包括固定收入、递增收入以及递减收入了。

当一个人的收入逐渐增加时，与收入不变或收入逐渐减少相比，这个人会增加对现在收入的偏好而减少对将来收入的偏好。相反，当一个人的收入逐渐减少时，也就是他现在的收入要高于将来的收入，那么他对现在收入的偏好是不会高于对将来收入偏好的，他甚至会储蓄一部分现在的收入，以应对将来的需要。如果我们将收入数量的多少与收入的时间形态合并起来考虑，那么我们就可以得出这样一个事实：低收入的人比高收入的人，对时间形态的不耐反应会更加敏感。

具体地说，对一个穷人来讲，如果对他现在的收入有极微小的增加，就足以大大降低他对现在收入的偏好；而对他收入极微小的减少，就足以大大提高他对现在收入的偏好。而对富人来讲，只有在现在收入与将来收入的相对数量有相当大的变化时，才会使一个富人对收入的时间偏好发生显著的变化。

（三）收入的不确定性对不耐的影响

在考虑现在与未来收入的偏好时，风险总是不可避免的话题。将来的收入总有某种程度的不确定性，而这种不确定性自然会影响到人们对收入的时间偏好，或者不耐程度。

但是，风险对人们收入时间偏好的影响会随着风险发生的时期的不同而有所差别。

- 一种普遍的情况是，人们通常会认为最近将来的收入是相当靠得住的，但更远将来的收入不安全性或者不确定性更大。因为遥远的将来相比于最近的将来更难以预料。所以，人们会非常重视更远将来的收入，这也就是说，将来收入的不确定性会降低人们对现在收入的偏好，这也是我们通常所说的“未雨绸缪”。
- 但还存在与一般情况相反的另一种情形，就是就近收入的风险大而将来收入的风险小。例如，战争、罢工或者其他灾祸发生时就是如此。总之，风险在一些情况下会增加收入的不耐，另一些情况下则会降低不耐，这要看风险发生作用的时间而定。

简言之，一个人对收入的不耐程度取决于收入数量多少、时间形态以及不确定性。但是这些影响程度还会因个人的性格特征而呈现出差异。根据费雪的观点，这种差别至少是由六种个人特征上的差异所造成，包括远见、自制、习惯、寿命的预期、对他人生活的关怀和社会风尚。总之，在一个人身上，这些倾向的总结果，将会决定他在一定时间、一定情形与特定收入下的不耐程度。这一结果因人而异，并且对同一个人来说，也会因时而异。

四、核心的思想：利息的三大近似理论

费雪通过分析一个人对收入的时间偏好，得出三个结论。

- 第一，人们对现在的时间偏好或者不耐，本质上就是人们认为现在拥有收入优于将来拥有收入。
- 第二，任何特定个人的不耐程度取决于实际收入流的特征，也就是取决于收入的数量大小、时间形态和不确定性。
- 第三，这种个人不耐程度对实际收入流的依赖关系是因人而异的。

这三个结论马上又会引起一系列新的问题：每个人对收入的时间偏好是不是都是不同的？如果是这样的话，那么这种不同和市场利率又有什么关系呢？市场利率是市场上每个人时间偏好率的平均数吗？还是利率会让每个人的时间偏好率均等起来？

（一）第一近似理论

如果从这些疑问中提炼出一个最本质的问题，那就是市场利率到底是如何决定的？这也是利息的第一近似理论所要回答的问题。

利率的决定是非常复杂的，要清晰地阐述这一问题，就必须为利率的运行市场营造出一个理想化的环境，这也有助于我们更好地理解。因此，费雪提出了四个假设条件。

- 第一个假设是，每个人的收入流在开始时都是确定的，也是固定的。

这一假设只是为了我们解释的便利性而设定的，而且它也并

没有脱离实际社会。例如，有很多工薪阶层靠劳动来获取收入，他们并没有别的机会来增加将来的收入，所以收入是确定且固定的。

- 第二个假设是，在一个巨大且完全竞争的市场上，个人是无足轻重的。
- 第三个假设是，个人无论是作为借款人还是作为贷款人，都可以自由进入这一市场，并且依照市场利率，借入或贷出任何大小的数额。

结合第二个假设和第三个假设来看，费雪在这里利用了一个完全竞争市场的概念来进行说明。也就是说，每个人在市场上都是非常渺小的存在，他不会对利率有任何显著的影响，并且他的借贷数量没有任何限制。因此，一个想要借款的人能够按照市场价格（也就是利率）来获得他所希望的任何数额的借款。

- 第四个假设是，个人变更他将来收入流的唯一方法就是通过借贷。

当然，在现实生活中，借债与放款并不是变更一个人收入流的唯一方法，买卖财产也可以达到同样的目的。所以，为了便于理解，费雪暂时用买卖财产的例子来解释收入流的时间形态是如何变更的。费雪认为，通过出售某种财产权和购买某种财产权，就能够将一个人的收入流变成任何他所希望的时间形态。例如，一个人购买了果园，那么他在将来就可以获得更多的苹果，这就实现了他收入的递增。如果这个人现在购买了苹果而非果园，那么他现在就拥有了更多苹果，而将来的收入则会更少，这是实现了收入的递减。

费雪认为，如果他提出的四条假定完全满足，那么就可以由第一近似理论来解释市场利率的形成，这就是，每个人的时间偏好率或不耐程度取决于他的收入流。并且，通过借贷或者买卖的方式来实现收入流的变更，让市场上所有人的边际不耐程度都相等了，并等于市场利率。同样，那些偏好率低于市场利率的另一类人，他们也要让自己的偏好率与市场利率一致，从而达到总收益的最大化。

所以说，个人会让自己的偏好率等于市场利率，从而实现自己收益的最大化。但同时我们也注意到，对个人来说，市场利率是固定的，他是按照市场利率来逐渐调整自己的偏好率，也就是对于单独的个人来说，利率是因，他的借贷是果。但是，对整个社会来说，这一因果次序是颠倒过来的。也就是说，对社会来讲，是每个人偏好率的总体情况决定了市场利率，从而让借贷市场达到了平衡。

总之，利率记录了市场现在收入优于将来收入的共同偏好率，而这一共同偏好率是由人们对现在收入与将来收入的供求所决定的。

（二）第二近似理论

在利息的第一近似理论中，我们假定了收入是确定的和固定的，人们只能通过财产的买卖或者说借贷的方式来改变收入。现在我们放松这一假定，设置了一个更加接近实际生活的新假定：收入流不是固定的，而是弹性的。

这一假定意味着人们获取收入的方法不是唯一的，而是可以通过很多种方法。例如，一块土地的所有者可以将它用于多种用途，比如耕种五谷、牧养牲畜、栽植树木、开采矿物或建筑房屋。所以，在讨论第二近似理论时，个人需要做出两种选择。

- 第一，要从许多种获取收入的方法中选择一种。
- 第二，同第一近似理论中的假设一样，他可通过现在收入与将来收入的交换，选取一个最合意的收入流的时间形态。
实际上，这两种选择是同时进行的。

首先考虑存在任意的收入流。很显然，人们在任意多种收入流中，会选择能够给他提供最大收入的。当然，我们同时也要考虑到，收入流是存在时间形态的，也就是存在不变的、递增的或是递减的状态。人们依据什么原则来选择最优收入流，也是第二近似理论中的一个基本的和特有的问题。

费雪指出，表面看起来，第二近似理论中的种种收入流情形似乎与第一近似理论中的固定收入流没有重大区别。但事实是，这两种情况有很大不同。因为根据现在的假定（也就是存在着任意的收入流），个人的特定选择是取决于利率大小的，也就是利率的变化会影响到个人对收入流的选择。

其实，利率的变化会引起收入流的相对吸引力发生变化，也就是高利率会鼓励收获迅速的投资，低利率则会鼓励等待遥远的投资。所以，对个人来讲，他会根据市场利率选择某一个收入流。但是，对社会来讲，这种因果关系又是相反的。比如，如果我们国家，到处都是幼树森林，只能提供给我们遥远收入的机会，那么在其他条件相等的情况下，利率要远远高于其他国家，也就是利率会高于矿山和油田分布较多的国家。

所以，利息的第二近似理论告诉我们，每个人都有特定的、一系列的任意收入流可供选择，这些收入流的数量大小不同，时间形态也不同。在这一系列选择中，每个人会选择根据利率计算出来的、具有最大现值的特定收入流。

（三）第三近似理论

费雪认为，如果从实际生活的角度来看，第一近似理论和第二近似理论都是存在重大缺陷的，因为在假设中完全没有考虑到收入的不确定性。

费雪指出，在假设分析时，之所以把风险因素省略，一方面是为了表述简单，另一方面是为了让大家将注意力集中在对利率关系最大的那些因素上。而在实际生活中，“将来”最显著的特点，就在于它的不确定性。如果我们考虑将来事件的不确定性，那么市场上存在唯一的利率就似乎靠不住了，现在与将来财富的交换利率就要根据风险大小以及交换时间的不同来设置了。从这方面考虑的话，我们就会发现有储蓄银行的利率、活期支票存款的利率、国债利率、商业票据利率、抵押债券利率以及优先股、普通股的利率，等等。凡是能定出每年百分率且在市场上执行的，不论是书面规定还是口头约定的，都可以称为利率。而且我们从任何借贷契约中所包含的利率或是从财产买卖中所包含的利率中都可以发现，风险越大，利率越高。例如，国债的利率以3%的收益率出售，而公司债则要以9%的收益率出售。

此外，贷款的期限也是风险的重要因素。短期利率与长期利率一般是不同的，例如我们活期存款与定期存款的利率就不同，并且短期的定期存款利率要低于长期的定期存款利率。

基于此，费雪在第二近似理论的基础上补充了风险这一因素，形成了第三近似理论，也就是每个人都有一定范围的选择，但这些选择不再局限于绝对确定的任意收入流，包括了带有风险的选择。当风险没有被估计到时，一个人会在多种不同的选项中选择最大现值的一条收入流。当估计到风险因素时，我们仍要选取给我们带来最大现值的收入流，但是必须考虑到不确定的因素，我们也必须接受实际收获的收益与我们原来预期的结果不同。

11

《从西潮到东风》：发展中国家经济追赶模式

中国著名经济学家——**林毅夫**

林毅夫（1952—　），原名林正义，出生于台湾省宜兰县。

1979 年，林毅夫在北京大学获得了政治经济学硕士学位；1982 年，又在芝加哥大学跟随诺贝尔经济学奖得主西奥多·舒尔茨学习，获得了农业经济博士学位；1986 年，在美国耶鲁大学经济发展中心做了一年博士后。随后，林毅夫先后在国务院发展研究中心、北京大学担任职务。

林毅夫

2008 年，世界银行行长罗伯特·佐利克正式任命林毅夫为世界银行首席经济学家，兼负责发展经济学的高级副行长。由此，林毅夫成为首位在世界银行或国际货币基金组织获得如此高职位的中国人，也进一步转变了世界银行与中国的关系。目前为止，林毅夫也是在国外经济学期刊中发表论文最多的中国经济学家。

一、为什么要写这本书

自15世纪的“地理大发现”，尤其是18世纪的工业革命以后，少数西方发达国家就一直雄居全球的霸主地位，在经济、政治上甚至是理论思维上都在“指导”着全世界。同时，为了追求国家的现代化，许多发展中国家的知识分子纷纷前往发达国家学习先进的理论，希望能帮助祖国实现发展或者转型成功，林毅夫也是如此。

林毅夫在国外学到的是一套逻辑严谨、看似完美的现代经济学理论体系，但他将这种体系应用于中国国情后，对于这种体系在中国运用后的效果，林毅夫产生了疑惑。

1988年，经过了10年的改革开放后，中国首次遭遇到了两位数水平的通货膨胀。一般经济学教科书和前沿的宏观经济学理论都要求政府提高利率，以减少企业投资，从而降低居民消费需求，以此来治理通胀，因为利率提高了，企业贷款会更贵，就会减少贷款，从而减少投资。可是中国政府并没有调整利率，反而是以行政手段砍投资、砍项目，中断了大量的在建项目。如果以当时的宏观经济学理论为准则来评价，这种治理政策显然是不理性的，这种现象也引起了林毅夫的思考。

于是，林毅夫意识到，面对1988年的高通胀，中国政府之所以采取不同于教科书和前沿标准的治理措施，是因为中国政府面临的实际情况不同于当时教科书和前沿理论中所假设的条件。

那次经验也让林毅夫体悟到，如果要分析中国改革开放中出现的问题，那么提出解决的办法，就不能简单照搬教科书里的现成理论，必须深入中国经济的现实，根据中国实际的条件，按照理性原则自己进行分析并建立理论模型，这样才能发现问题的本质，从而对症下药，制订出药到病除的方案。

林毅夫在2008年全球金融危机之初就提出了进行全球协同的、反周期的、消除增长瓶颈的基础设施投资建议，并将这个建议命名为“超越凯恩斯主义”，目的是刺激全球需求，化解全球过剩产能，恢复全球经济的稳定和增长。但当时多数经济学家对各国政府采取这种政策持保留态度，认为过多的财政支出会增加将来人们的税负，也会造成政府债务的增加，因为政府也靠借款增加财政，这样的话，也不利于刺激人们的消费。于是，国际货币基金组织在2010年秋季年会时提出建议，要求那些受危机困扰的国家紧缩财政、减少赤字，以恢复民间投资和消费的信心。

但林毅夫认为，这样的政策可能导致经济增长放缓和失业率增加，财政赤字反而会激增，从而会使经济复苏蒙上一层新的阴影，更加降低民间投资的意愿。最终，这一担心不幸再次被证实。于是，林毅夫在危机之初提出的“超越凯恩斯主义”的全球复苏计划，在全球舆论和政策界获得了越来越多人的赞同。随后，全球经济危机逐渐被消解，各国也逐渐恢复了正常的发展。林毅夫对此次危机进行了反思与总结，希望在对全球经济危机根源深度分析的基础上，找到可以引领全球走向稳定和可持续发展的共赢策略，并提出了避免同样的危机再次发生的国际经济新架构。

二、研究的视角：2008 年大危机的根源在于美国的政策

林毅夫认为，目前对于 2008 年经济危机根源的一般解释并不符合事实，所以，他决定从一个不同于传统西方视角的新视角，对大危机产生的根源进行深度剖析。

（一）对于这场危机根源的常规解释

在经济危机爆发几年后，人们依然未对危机的根源达成共识。有一种假说认为，是东亚和中国的经济政策引起的经济危机。他们指出，东亚和中国采取了出口导向的经济增长战略，就是以生产出口产品来带动本国经济的发展，此外还采取了为避免未来国际支付危机而实行的外汇储备政策，以及中国对人民币汇率的低估策略。这三种策略导致了全球的过度储蓄，给利率造成了巨大的下调压力，因为银行的钱多了，利率会有下降的趋势，这样就刺激了房地产业的繁荣和金融业的危险创新，然后转化为了世界范围的金融危机。

针对此种理论，林毅夫给出了精准的分析，然后一一予以破除。

首先是出口导向型的增长战略。林毅夫认为，中国和东亚各经济体的出口导向型增长战略从 20 世纪 60 年代就开始了，但是贸易盈余直到 2005 年才有大幅增长。并且可持续的出口导向型增长战略并不是以不断扩大的贸易盈余为目标的，而是希望与国际市场实现紧密联系，在增加出口的同时也增加进口，实现各国贸易的共赢。所以，这一增长战略不可能是 2000 年之后全球失衡加剧的根本原因。

其次，针对自保动机，一些人认为，1998年亚洲金融危机后，东亚各国出现了经常账户，就是记录生产、收入的分配、再分配以及收入使用的账户，还出现了盈余和外汇储备激增现象，这主要是为了积累足够的外汇储备，以避免出现危机时再度向国际贷款机构求助。但林毅夫认为，这种说法同样不具有说服力。比如，德国和日本是货币完全可兑换的国家，它们并不需要进行自保，但它们的贸易盈余也大幅增加了，经常账户一直处于盈余状态，这同样能促进全球失衡的进一步加剧。所以，自保理论无法解释缺乏自保动机的经济体的贸易盈余扩大现象。还有，中国的外汇储备在2008年已超过了3万亿美元，远远超出任何自保需要。

最后，关于人民币汇率的低估策略。其实，从2002年开始，中国的汇率政策就开始被指责为全球失衡的主要原因，但直到2005年后中国才开始出现巨额贸易顺差。而且，2003年的贸易顺差实际上要小于1997年和1998年，而在1998年的时候，很多人还认为人民币汇率存在大幅的高估。他们之所以把中国的汇率政策视为全球失衡的根源，是因为他们认为，中国政府人为地压低了人民币的价值，目的是刺激出口和减少进口。但是，如果人民币汇率低估是造成美国贸易逆差和中国贸易顺差的主要原因，那么中国对其他发达经济体，如德国、日本、韩国的贸易盈余也应该增加。但事实却与此相反，中国对其他发达经济体的贸易是出现赤字的。

所以，林毅夫总结，即使以上三个被广泛接受的理由与全球失衡有关，也不可能是最根本的起因。而且，全球过剩的储蓄和利率与美国的房地产繁荣和危险的金融创新关联也不大。数据显示，在美国房地产泡沫快速形成的膨胀阶段，全球储蓄率并未显著攀升，而且利率对资金流动也影响甚微。

（二）林毅夫对于这场危机根源的解释

林毅夫认为，全球失衡反映的其实是美国一直以来的各种政策，包括货币政策、财政政策、住房政策等综合作用的结果，这些政策与美国的经常账户赤字最终导致了这次蔓延全球的经济危机（经常账户赤字是指商品、服务、投资收益和转移的净流出）。具体来说，有以下四方面原因。

1. 美国宽松的货币政策和低利率

美国联邦储备银行的货币政策自20世纪80年代以来就已相当宽松了，在2000年早期人们疯狂投资互联网导致市场崩溃，引发互联网泡沫破灭并导致衰退后，美联储更是采取了扩张性货币政策以缓和衰退的消极影响，扩张性货币政策是通过提高货币供应增长速度来刺激总需求，在这种政策下，取得信贷更为容易，利息率会降低。同时，美联储的货币政策和低利率给美国住房市场造成了巨大影响，导致了次级抵押贷款市场的扩张（次级抵押贷款是指提供贷款给那些因信用等级不足而无法从正常主流抵押贷款渠道获得贷款的人）。

2. 在住房政策方面，美国长期实行鼓励低收入家庭更容易获得住房抵押贷款的政策

美国在1992年进一步通过了《联邦住房安全与健全法案》，旨在改革住房管理机构，促进低收入和少数族裔的住房自有化。并且，政府主要通过房地美公司和房利美公司这两个机构来向次级借款人提供贷款，而房地美和房利美接受的监管则较为宽松。于是，政府的支持加上监管机构的不作为，就纵容了次级贷款市场走向过热。同时，美联储向市场表示，为了维持这种宽松的货币环境，愿意在金融市场出现麻烦时提供资金救助，这种保证意

愿加上较低的利率，导致贷款大幅增加，甚至向那些几乎完全缺乏信誉的借款人提供贷款。

由于利率较低，再加上金融政策的配合，导致市场上资金过剩。当所有钱都用来买房时，住房价格就出现了暴涨。又由于住房价格的上涨，远远超出了经济基本面的数据，房地产如此繁荣的景象已不再真实，如沸腾的泡沫般一触即破。房地产事业的腾飞引起了美国经济的高涨，但当时国内生产还不能满足国内消费，需要依靠进口来填补消费品的供给缺口，从而形成了美国对这些国家的经常账户赤字。

3. 美国财政政策导致的公共部门的负储蓄

还有一个重要因素影响了美国的巨额经常账户赤字，那就是财政政策导致的公共部门的负储蓄。2001 年的阿富汗战争和 2003 年的伊拉克战争，布什政府在 2001 年和 2003 年采取的减税行动，以及因经济衰退造成的税收收入减少，让美国的政府财政状况从 2000 年接近 GDP 的 1% 的结余，减少为 2008 年的 4.5% 的赤字。在其他情况不变的情况下，预算赤字的增加意味着公共部门储蓄和国民储蓄的减少，相应地会造成相当于美国 GDP 的 5.5% 的经常账户赤字。总之，美国的扩张性货币政策与财政政策，造成了美国的低储蓄率和房地产市场的资产泡沫。

4. 美国对金融市场的创新和缺乏监管

但在房地产泡沫破灭后，还有一个原因使美国爆发了金融危机并扩大到全球，那就是金融市场的创新和缺乏监管。自 20 世纪 70 年代开始，美国的政策便强调通过放松监管的方式来鼓励商业活动，并减弱了对银行和其他新兴金融机构新业务的监督和披露。当时美联储主席艾伦·格林斯潘认为，如果在这种经济盛行状态下去干预潜在的泡沫，风险可能远远超过收益。而且我们也不可能事先知道是否真正存在泡沫，所以只能进行事后干预。格林斯潘的这种观点导致交易商们确信，政府会在泡沫破灭后对自己进行救助，不会干预泡沫的形成。这样一个缺乏透明度、低估风险的市场，给房地产和抵押贷款泡沫的出现提供了绝好的环境。

终于，2008年9月，雷曼兄弟公司因无法偿还银行的抵押贷款，以及无法向客户兑现金融产品而申请破产，这一事件引起了金融市场的“多米诺骨牌效应”。因害怕私人部门偿还不了贷款，金融市场开始通过大幅度提高利率的形式来缩减企业贷款，有扩张计划的公司也无法获得资金进行生产。

美国的经济衰退开始于2007年12月，持续了18个月。在此期间，美国的总债务在危机前约为GDP的62%，到2010年已接近约94%。所有产业部门的需求在2008年9月后都出现了下跌现象，对产品的需求比对服务的需求下滑幅度更大。美国的就业率同样急速下降，长期失业在总失业中所占的比重也达到历史新高。

紧接着，美国的经济衰退通过货币市场、贸易和汇款这几条渠道，很快向全球蔓延。

- 在货币市场方面，雷曼兄弟公司的崩溃导致该公司的债务无法偿还，不仅给投资者带来了巨大的资金损失，还在投资者中间造成了恐慌情绪，加剧了人们对违约风险的担心，出现了货币市场资金的大量逃离。
- 在贸易方面，贸易伙伴之间原本大量使用信用证和商业票据（商业票据是银行为担保，可进行交易的一种凭证，在交易商品抵达目的地之后用此支付）。但在雷曼兄弟公司破产后，信用证和商业票据这些工具因不再被信任而失去了效力，这就导致全球贸易陷入了停滞。

- 在汇款方面，虽然全球的汇款总额仅有少量下跌，但某些工人群体的汇款却大幅下降，尤其是在美国建筑业工作的中美洲移民的汇款。许多人因为危机被解雇，完全停止向家乡汇款，导致他们母国的总需求下降以及GDP增长萎缩。

至此，经济危机给全球带来了沉重的打击。

三、研究的对象：投资于全球基础设施建设

林毅夫指出，其实按照教科书式的方法，应该首先在国家内部进行结构性改革，也就是要对原来的政策进行反向的转变。但是，如果进行政策的反向操作，那么就会在短期内造成就业率降低、经济下降和政府收入减少的情况。但因为这种做法会经历一段黎明前的黑暗，所以一些国家就很排斥。要是真的进行这种反向操作，然后再配合汇率贬值来增加一个国家的出口，其实是可以抵消结构性改革的紧缩性影响的，也就是用国外的需求增加抵消国内需求的减少。

但问题是，这次的危机是全球性的，欧元区、日本或美国的任何货币贬值行动都可能触发"货币战争"，导致各国货币竞相贬值。所以当结构性改革、货币政策和汇率政策都无法解决问题时，财政政策就可以派上用场了。林毅夫认为，财政政策应该集中在那些能增加当前就业和提高未来生产率的项目，尤其是基础设施、绿色产业和教育等。他指出，基础设施投资对发达国家和发展中国家，以及对当前和未来而言都是共赢的策略，既能够让发达国家回到危机前的增长轨道，也能促进发展中国家加速增长。

（一）基础设施建设对发达国家的作用

林毅夫认为，在发达国家进行基础设施建设，虽然重新投资建设的机会有限，但仍能起到夯实基础的作用。在经济衰退开始3年之后，美国和除德国外的欧洲，制造业还无法恢复到危机前的水平。美国的失业率居高不下，欧元区的失业率则仍在继续攀升。人们没有工作便无法获得收入，既没有钱消费，也没有钱交税。人们没有钱交税，国家就无法拿到税收收入。与此同时，国家还需要向社会提供救助，为困难的金融机构提供资金。

于是，因为缺乏资金，各国政府就开始以主权作为抵押进行借款。慢慢地，国家债务就攀升到了足以威胁金融稳定的高水平。如果没有强劲的经济增长，失业率和债务水平就不可能下降。但如果投资风险较高，私人投资也会继续低迷。而在失业率高的情况下，家庭消费也不会恢复。那么，在债务负担已相当沉重、许多宏观调控工具失效的情况下，政府如何才能刺激经济增长呢？

林毅夫认为，在目前的经济环境下，基础设施项目尤其具有潜力。

- 首先，基础设施投资能在短期内，给那些受危机影响最严重的产业部门，直接带来大量的工作机会。同时，基础设施项目还会给相关产业部门带来间接就业机会。这些新增的直接或间接就业岗位，将促进居民家庭的收入和消费，从而带来更多就业机会。
- 其次，在发达经济体中，制造业的就业岗位对于维持强大的中产阶级至关重要，而这个人群的地位在许多国家正处于持续下降状态。发达经济体的制造业给资本密集型、劳动生产率高的产业部门提供了工作机会，维持住了国家的中坚力量。

- 最后，许多发达经济体还存在较大的基础设施缺口。

但是，如果用基础设施投资来刺激高债务的发达经济体的增长速度，那么就意味着要用尽量少的投入来做成尽量多的事情。

- 第一，政府需要鉴别哪些基础设施项目具有巨大的经济拉动作用，也就是哪些项目能突破经济发展“瓶颈”。
- 第二，政府可以给打通瓶颈的基础设施项目赋予优先权，它们可以通过用户付费的方式来产生收入，从而更快地实现回报。
- 第三，政府可以采用创新的融资方法来撬动私人部门的资金，去参与长期基础设施投资。当然，这种基础设施建设投资的做法会引起一些人的反对，他们认为这样做所起到的经济效果并不明显。

林毅夫认为，在发达国家进行基础设施投资的主要障碍在于，这些经济体打通瓶颈的基础设施投资机会相对稀少，因为它们的基础设施本来就是高度发达的。鉴于世界经济增长已越来越依赖发展中国家，所以任何基础设施发展计划都应该考虑这些国家。也就是说，发达国家可以通过给发展中国家的基础设施投资来获取收益。

（二）基础设施建设对发展中国家的作用

林毅夫指出，在发展中国家进行基础设施投资，具有革命性的效果。在危机时期，发展中国家的基础设施存在广泛的缺陷，比如全球有大约 14 亿人没有电力，8.8 亿人没有安全的饮用水，26 亿人不能获得基本的卫生服务，估计有 10 亿农村居民的住所与全天候道路的距离在 2 公里以上。

基础设施的缺乏不但影响到了数十亿人的生活质量，还增加了交易成本，限制了生产率的提高和产品质量的改善，从而打击了创业活动，削弱了企业竞争力。在撒哈拉以南的非洲国家，这一问题尤其突出。在未来，发展中国家对基础设施服务的需求还将快速增长。随着世界人口在2050年接近90亿，以及更多的人口迁往城市居住，全球的建筑存量预计到2050年还将翻番。

研究表明，基础设施投资对发展中国家的经济增长有着重要影响。例如，其中一项研究估计，1991—1995年与2001—2005年相比，基础设施投资使发展中国家的年均增长率提高了1.6个百分点，南亚更是达到了2.7个百分点。如果撒哈拉以南的非洲国家，能将它们与印度和巴基斯坦之间的基础设施差距缩小一半，那么中非低收入国家的经济增长率平均能提高2.2个百分点，东非和西非国家能提高1.6个百分点。类似的是，如果拉美国家把基础设施提高到其他中等收入国家的平均水平，如保加利亚和土耳其，那么拉美国家的经济增长率每年有望提高2个百分点。

此外，中国的经验也证明了基础设施投资的好处。1990—2005年，中国共投入6 000亿美元用于公路体系的升级，建设国家高速公路网。如果没有这一总长达4.1万多公里，连接所有超过20万人口的城市高速公路网，那么中国在2007年的实际国民收入将下降6%。

四、研究的核心：穷国如何追赶——雁行模式和领头龙模式

基础设施建设无论对发达国家还是对发展中国家来说，都有着非常大的促进作用。但是，林毅夫又说，只有发展中国家的经

济能实现快速的增长，促进发展中国家进行基础设施建设的全球计划才能行之有效。那么，在全球经济处于不确定和紧张状态的今天，低收入国家如何才能抓住机遇、实现持续增长呢？

以中国的发展为例。20 世纪 80 年代早期，是中国经济发展进入新时期的标志，中国在世界中开始崭露头角。但人们很容易忘记，在 50 年前，中国要比撒哈拉以南非洲国家的大多数国家穷得多。但到了 2010 年，中国已经是中等偏上收入国家了，人均收入是撒哈拉以南非洲国家平均值的 3 倍，成为仅次于美国的第二大经济体。

中国在过去 50 年取得的巨大成就来自严格执行的经济发展战略，该战略符合中国自身的资源禀赋结构，也就是各种资源的分布与数量，以及在劳动密集型产业中的比较优势。具体来说，中国执行的是两个策略。

- 第一，采取双轨制改革办法，也就是说，一方面继续维持有比较优势的产业，另一方面对没有比较优势的产业进行转型改革。
- 第二，作为后进国家，中国选取了“雁行模式”的经济发展战略。

“雁行模式”最初由日本经济学家赤松要在 1932 年的一篇论文中提出，这篇论文以日本为例，主要讨论了“雁行模式”在经济发展中的作用，为发展中国家实现发展提供了很大的指导。“雁行模式”的名字取自“大雁组成一个倒 V 字阵形往前飞”的样子。这种模式实际上描述了后进国家的工业化发展应该遵从的次序，它主要关注三个维度：产业内部、产业之间及国际之间的劳动分工。

- 首先，产业内部的维度观察的是国家内的产品变化，这一变化具体是指国家在开始时可能完全依赖于进口某种产品，然后发展为国内生产与国外进口相结合的形式，最后实现了自主生产并进行出口。

- 其次，产业之间的维度观察的是国家内的各种产业出现和发展的顺序，也就是说，是否出现了新的产业，新产业与原来产业相比是否升级了，以及生产的产品是否有了变化，比如从消费品向资本品，也就是向企业用于生产的机器设备的转变，从简单产品向复杂产品的转变，等等。
- 最后，国际劳动分工的视角关注的是某些产业是否从发达国家向发展中国家转移。如果出现了部分产业由发达国家向发展中国家转移，那么发展中国家就可以用自己的劳动力参与生产，并逐渐实现经济与发达国家趋同。

以“雁行模式”来看中国的出口产品，就可以发现，在1990年，初级产品在中国商品出口中占到了33.7%，在GDP中的比重占到了27%。但到了2009年，几乎全部出口都是制造品，初级产品只占到了11.5%。

中国作为发展雁阵中的追随者，正处于由低技能的制造业向资本和技术密集度更高的产业进行转型的边缘，已是全球低技术产品市场上毫无争议的“领头雁”。这样的转型将释放出接近1亿个劳动密集型制造业岗位，足以让低收入国家目前的制造业就业人数增加4倍。这种给低收入国家释放出的巨大就业机会，让它们借此启动了本国的快速工业化进程模式，也就是“领头雁”发展模式。低收入国家如果能够制定和实施可行的发展战略，抓住这一新的工业化良机，那么就可以踏上结构变迁的活力之路，成功实现减贫和经济繁荣。

12

《从人口红利到改革红利》：中国经济的换挡变道

中国著名经济学家——蔡昉

蔡昉

蔡昉，1956 年 9 月生于北京，先后毕业于中国人民大学、中国社会科学院研究生院，获经济学博士学位，现任中国社会科学院学部委员、研究员、副院长，第十三届全国人民代表大会常务委员会委员、农业与农村委员会委员、国家发展规划专家委员会委员、中国社会科学院国家高端智库首席专家，主要从事中国经济发展与改革、劳动与就业、三农问题等领域的理论和智库研究，近年著有《破解中国经济发展之谜》《从人口红利到改革红利》等作品，主编了《中国人口与劳动问题报告》等系列专著，并获得了第二届张培刚发展经济学优秀成果奖、第一届中国软科学奖、第十四届孙冶方经济科学奖等多个具有影响力的奖项。

一、为什么要写这本书

《从人口红利到改革红利》这本书是为全面贯彻落实十八届三中全会决定和习近平总书记系列重要讲话，由中国社会科学院牵头、社会科学文献出版社具体组织实施推出的“全面深化改革研究书系”之一。在书中，蔡昉围绕着“中国人口红利消失”这一主题，从我国人口结构现状、经济发展现状、收入分配现状以及实施政策现状出发，深入探讨了转型时期中国应如何寻找新的经济增长引擎、优化社会保障制度从而实现发展模式转型等问题。

蔡昉一开始就在书中指出：当说到人口红利时，并不意味着单纯的人口因素可以决定经济增长的源泉和走向。但是，任何一个经济学家都会承认，当社会中人口数量、质量和年龄结构都处于最优水平时，充足的劳动力供给、人力资本积累、资本回报率和资源重新配置效率等促进经济增长的因素就可以创造出所谓的人口红利。但是，当整个社会的人口结构发生变化，并偏离这种最优水平时，由供给因素决定的潜在增长率必然下降（经济要实现发展就必须使用劳动力、资本以及自然资源，包括煤矿、石油、土地等），那么，如果将上述生产要素最大化利用，就可能实现经济的最快增长，我们把经济最大潜能实现的增长率称为潜在增长率。按照此逻辑，人口数量减少导致了劳动力供给减少，潜在增长率也会下降。某种程度上说，中国很难再回到过去高速增长的时期，因此中国的经济增长必须从依赖人口红利转向依靠改革红利。

在改革开放的40年里，尤其是1980—2010年这三十年，15～59岁的劳动人口迅速增加，这意味着有大量的新增人口进入了劳动力市场，因而劳动力供给是丰富的、便宜的。从资本角度来看，劳动年龄人口多，人口抚养比低（总体人口中非劳动年龄人口数与劳动年龄人口数之比），这样的人口结构有利于提升居民储蓄率。由此，充足的劳动力供给和高储蓄率为经济增长提供了一个新的源泉。除了上面提到的资本和劳动，新古典经济学理论认为，促进经济发展的另一个动力是全要素生产率的提高（如果将经济增长量进行分解，会发现除了资本和劳动的贡献之外，还剩下一部分无法由资本和劳动解释的，这部分残余就被称为全要素生产率）。生产率的提高，有很大一部分来自于将劳动力的存量进行重新配置，最典型的就是把农村剩余劳动力从生产率低的部门转向生产率高的部门，也就是劳动力大规模的地区间和产业间转移，这种劳动力资源的重新配置也促进了经济增长。可见，无论是单纯的劳动力供给，还是劳动力提供的储蓄，抑或是劳动力转移所带来的生产率提高，几乎整个经济增长过程都与人口密切相关，我们把这种由人口因素所带来的经济增长称作人口红利。

但是到了2010年，中国的劳动年龄人口达到了峰值，人口抚养比也相应地来到低谷。之后，劳动年龄人口开始表现为负增长，人口抚养比也开始迅速提高，这就意味着我们原来所依赖的、能够促进经济增长的因素发生了变化。比如，劳动力开始短缺了，工资提高了，而主要吸收劳动力的制造业由于用工成本的上升难以为继。当劳动力增长得越来越慢，农民工从农村转移到城市的速度也逐渐放缓，那么通过劳动力在行业间转移实现资源优化配置就更加困难了。那么，考虑到劳动力短缺、储蓄率不足以及生产率下降，中国潜在增长率必定会下降。但是增长率的大幅下降并不是因为国内外市场对中国产品的需求减少导致的，而是来自于经济整体生产能力的下降，也就是劳动力少了，经济能生产的最大产量也就相应减少了。数据显示，2012 年和 2013 年的实际增长率都是 7.7%，已有研究根据模型估计的潜在增长率，2012 年为 7.89%，2013 年为 7.48%，与实际增长率非常吻合。

实际上，在 GDP 增长速度低于 8% 的两年中，无论是中央政府还是地方政府，无论是企业还是学术界，都对这一现象作出了反应。中央政府感受到的是“经济运行存在下行压力”，地方政府则尝试采取局部刺激经济增长的方法，企业面对市场疲软和成本上升等困难而嗷嗷待哺，经济学家们也纷纷从扩大需求角度建议新的经济增长点。蔡昉指出，未雨绸缪是必要的，但是我们需要找到问题的症结所在才能对症下药，否则改革只会起到“南辕北辙”的效果。

萧伯纳说过这样一句话：“人们如果不能改变自己的思维，他们最终什么也改变不了。”关于中国经济的认识历来是众说纷纭、莫衷一是，对于中国经济发展所处的阶段和所面临的挑战，传统观念流行甚广，误解与误读也大行其道。因而蔡昉尝试采用一个统一的分析框架，把中国经济增长的过去、现在和将来纳入其中，给出逻辑严密和一以贯之的解说，并援引经验证据加以验证，提出相应的政策建议，这也是蔡昉写作本书的初心。

二、研究的视角：劳动力供给的两个转折点

蔡昉认为，中国经济正在经历两个重要的转折点，这两个转折也预示着我国经济发展阶段的根本性变化。第一个是劳动力无限供给特征开始消失的刘易斯转折点，第二个是以劳动年龄人口

从增长到减少，以及人口抚养比的止降反升为标志的人口红利消失的转折点。中国经济正面临着传统增长源泉消失的局面，如果不能适时转向新的增长模式，超出预期的减速将在所难免。

蔡昉发现，在较早的人口学和经济学文献中，关于人口与经济发展的关系，主要探讨了人口总量或人口增长率与经济增长率之间的关系，而关于人口转变的讨论，也仅仅停留在出生率、死亡率和人口总量的层面上。因此，这些研究的一个共同特征就是忽略了经济发展与人口结构之间的关系，没有认识到人口转变最重要的一个结果就是人口结构及劳动力供给特征的变化。

（一）劳动力供给的第一个转折点——“刘易斯转折点”

诺贝尔经济学家得主阿瑟•刘易斯在他1954年所著的论文《劳动力无限供给条件下的经济发展》中，第一次质疑了经济学中占主流地位的新古典理论对于分析发展中国家经济发展的适用性。当他舍弃新古典经济学劳动力不是无限供给的假设，仅采用古典理论框架分析发展中国家时，发现发展中国家的经济可以被区分为两个部门，即“维持生计的部门”（主要指传统农业）和“资本主义部门”（主要指现代工业）。二元经济理论假设，在传统农业部门中，相对于资本和自然资源，由于人口众多，可以理解为劳动力供给是无限的。或者说，在这个部门中，劳动的边际生产力十分低（即每增加一单位劳动力所带来的产出增量几乎为0）。这个部门的存在，保证了现代工业部门在增长和扩大的过程中，可以用不变的工资水平不受限制地获得所需要的劳动力供给。因此，在这样一个增长模型中，制约经济增长的唯一因素便是资本的积累。按照刘易斯的说法，经济发展的核心就是如何在现代工业部门中持续实现一个特定水平的储蓄率或投资率。多数发展中国家的经济发展（包括中国），在很长时间内就是呈现这样一种二元经济格局，也就是传统农业部门提供源源不断的劳动力，现代工业部门在资本约束中扩张。直到现代工业部门把传统农业部门的剩余劳动力吸收殆尽，二元经济增长才逐步被合成为一体化的和均衡的现代经济增长。例如，新加坡、美国等已完成从二元经济结构向一元经济结构的转变。因此，剩余劳动力被吸收完的这个时点，也就成了二元经济发展过程中的一个重要转折点，我们把这个转折点称为“刘易斯转折点”。

中国经济发展阶段的变化，第一标志便是刘易斯转折点的到来，具体表现为普通劳动者的短缺和工资的上涨变成了不容否认的事实和不可逆转的趋势。蔡昉指出，在中国，刘易斯转折点的到来，与以下几个事实密切相关。

第一，人口转变已经到了这样的阶段：由于生育率下降，15～59岁劳动年龄人口增长速度减慢，并且已经开始负增长，劳动力供给相应趋紧。

第二，经济保持持续增长，能够创造出大量的就业岗位以吸纳农业剩余劳动力，并且经济增长和就业扩大的速度足够高，可以保证对劳动力的持续需求。

第三，劳动力需求增长速度超过了劳动力供给增长速度，导致劳动力供求关系发生变化，开始改变二元经济下劳动力无限供给的特征，农业劳动者的工资和非农产业工人的工资显著提高，并且在一定时期内显现出非熟练劳动力与熟练劳动力工资趋同的走势。

蔡昉提出的这些事实特征有着翔实的经验证据。早在2004年，珠江三角洲地区就开始出现以“民工荒”为表现形式的劳动力短缺。雇主发现，不像以往那样，他们遇到的仅仅是招聘具有专门技能工人的困难，而这次是连招聘普通工人都困难。最初，囿于劳动力无限供给的传统观念，大多数观察者还难以相信中国会出现这种情况，还尝试着用诸如劳动力流动的制度障碍来解释，认为这种现象只是暂时性的。随后，这一现象不仅没有消失，而且扩大到了长江三角洲地区，进而蔓延到了中部地区劳动力输出省份，成为遍及全国的现象。从那以后，媒体不仅开始广泛关注劳动力短缺的现象，而且已经注意到了由此导致的一个必然后果，也就是劳动力成本的上升。因而，蔡昉认为，如果一定要指出一个年份作为刘易斯转折点的话，他愿意把2004年作为这个标志性的时间点。

（二）人口红利消失的转折点

虽然刘易斯转折点的到来让我们惊醒劳动力不再是无限供给的，但是中国经济增长已经搭载上了由人口红利驱动的快车。那么人口红利消失的转折点是什么时候到来的呢？

统计数据可以给出最直观的展示。如果我们以15～59岁人口作为劳动年龄人口的话，根据国家统计局数据，2012年，中国15～59岁劳动年龄人口首次减少了345万。其实，我们从第六次人口普查的数据已经看到，从2011年起，人口总量就开始减少，2011—2020年人口数量绝对减少近3000万。与此同时，从人口抚养比这个人口红利的显示性指标来看，其数值的不断升高也是以往从未发生过的。因而，当人们所讨论的人口红利概念是指富有生产性的人口年龄结构，对储蓄率、资本回报率、劳动力供给和生产率等经济增长条件产生的正面影响时，可以得出的简单推断则是：随着人口老龄化，人口红利就消失了。蔡昉认为，许多不赞成人口红利消失这一判断的学界同行和政策研究者，实际上是不情愿接受中国经济增长潜力可能耗竭的相应推断。但是，蔡昉又进一步指出，像他这种警示人口红利消失的研究者，并不必然是悲观主义者，因为在他们看来，只有正视经济发展的阶段性规律，才可能找到保持经济增长可持续性的正确途径。

尽管人们给予人口红利以各种解释，并以一些指标将其定量化，但是，人口红利的本质究竟是什么。换句话说，为什么劳动年龄人口占比大并且持续扩大可以为经济增长提供一个额外源泉，迄今为止尚未清晰地得到说明。关于人口红利是否消失以及什么时候消失的判断，关系到既有经济增长方式的转变是否必要且紧迫，所以这是一个至关重要的学术和政策问题。不过有一点是肯定的，这个问题明显不属于人口学的范畴，所以，我们应该从经济增长理论的角度来认识这个问题。

三、研究的对象：经济增长和收入分配

了解中国经济增长以及收入分配的事实，是改革经济发展与分配方式的重要基石。从上一部分的分析我们了解到，人口红利时期的经济增长，通常更加依赖资本和劳动要素的投入，而后人口红利时期的经济增长则必须寻找其他的驱动因素。

（一）经济增长

新古典增长理论假设劳动力是短缺的，因而物质资本超过一定点（资本 - 劳动最佳配比）的继续投入，就会遇到资本报酬递

减的现象，从而导致经济增长不能持续。从这个逻辑出发，打破资本报酬递减规律有两个途径：

一是通过技术进步和更有效率的资源配置，以全要素生产率不断提高来保证经济增长的可持续性。这一途径的思想在于用资本替代劳动力，或是将资本与技术相结合，从而实现资本的最优利用。例如，我国制造业由于劳动力短缺出现了“机器换人”现象，也就是企业用资本购买机器人替代短缺的劳动力，实现自身发展。

二是破除劳动力短缺这个制约因素，让资本投入不会出现报酬递减现象，从而让要素投入型的增长方式在一定时期内可行。这一途径是通过维持资本与劳动的最佳配比来实现，这也恰好是二元经济发展阶段所天生具备的。一旦能够将劳动力无限供给的特征转化为经济增长源泉，也就是劳动力数量和人力资本的有效供给、具有正回报的资本投入以及生产率进步，则意味着实现了人口红利的有效利用。蔡昉指出，我们可以这样理解人口红利，劳动力的无限供给能够打破新古典增长理论的劳动力短缺假设，从而保证不会出现资本报酬递减现象。既然资本积累是一个不断扩大的过程，那么动态的人口红利（即处于下降过程中的人口抚养比），恰好可以为动态的经济增长提供一个不出现资本报酬递减的要素条件，从而实现经济的持续增长。

随着刘易斯转折点的到来以及人口红利的消失，中国经济的增速逐渐放缓。事实上，中国政府已经认识到并且做好了转变经济发展速度的准备。在《中华人民共和国国民经济和社会发展第十二个五年规划纲要》中，中央政府将 GDP 年平均增长率定为保持 7% 的目标，比“十一五”时期的这项指标又降低了 0.5 个百分点。

对此，许多人表示不理解，因为无论是对于地方政府还是中央政府来说，充足的政府财力都是促进社会发展与经济发展协调的必要条件。但在“十二五”规划中，无论是作为指令性指标还是作为建议性或预期性指标，都作出了不高于实际经济增长速度的规定，这是为什么呢？其实，随着人口红利的消失，依靠资本和劳动要素的传统经济发展方式已不再适应我国经济的现实状况了。因此，“十二五”规划把加快转变经济发展方式作为这一时期发展的主线，也就是把经济增长的驱动力从要素投入转向生产率提高，把经济增长的需求拉动力从出口和投资转向国内消费需求，把经济增长的主导产业从第二产业转向第三产业。如果我国能够真正实现这个转变，或者在这个调整方向上有实质性的进展，在政府财力充足和就业压力减小的条件下，相对低一些的增长速度反而更加符合发展现阶段要求，也更加可持续。

（二）收入分配

当把经济这块蛋糕做大之后，人们更加担忧分配的问题。其原因在于，伴随着经济增长而发生的收入差距扩大，如果达到了某种限度且缺乏有效政策手段予以控制，就会造成社会不稳定，最终导致经济增长减速乃至停滞。而要理解收入分配，就无法绕开“库兹涅茨事实”这一概念。

诺贝尔经济学奖得主、美国经济学家、统计学家库兹涅茨发现，长期来看，经济增长与收入分配存在着一个有规律性的轨迹，也就是在经济增长的早期，随着收入水平的提高，收入分配有恶化的倾向，而当收入进一步提高，并达到一个转折点之后，收入分配状况就开始得以改善。我们将这一现象称为“库兹涅茨事实”。如果把这种收入增长与分配之间的关系描绘成图形，以横坐标代表人均收入水平，以纵坐标代表收入分配恶化的程度，就形成了一个以库兹涅茨命名的倒“U”字形曲线。在这个倒“U”字形曲线中，我们将收入分配由恶化到改善的拐点称为“库兹涅茨转折点”。但是，蔡昉指出，库兹涅茨的研究，仅仅局限于少数发达国家。发展中国家应该从二元经济特征事实出发，找到中国是否存在收入分配从恶化到改善的拐点。

那么，中国的库兹涅茨转折点是否真的已经到来了呢？如果从纯粹的库兹涅茨假说角度出发，并参照日本等东亚经济体的历史经验，库兹涅茨转折点或迟或早应该与刘易斯转折点契合。因此，既然中国已经过了刘易斯转折点，收入差距缩小的趋势应该有所显现。对此，研究者和观察者从各自掌握的数据，采用了不尽相同的方法，得出了不尽相同的结论。有的研究者注意到了收入分配状况改善的趋势，并且尝试从统计数据中挖掘出相关的证据；有的学者则通过模拟得出结论：一旦取消以户籍制度为代表的对于劳动力迁移障碍，现存的收入不平等则会全部消失；还有的研究者则直接尝试检验中国是否呈现库兹涅茨转折趋势。虽然这些研究都一致承认：按照国际标准，中国的收入不均等程度是较高的，然而，关于收入分配状况是在继续恶化还是呈现改善趋势的判断，以及什么因素主导着收入分配状况的变化，在研究者之间仍然存在着较大的分歧。

蔡昉指出，对于诸如收入分配这样复杂的经济社会现象，并不能以简单的逻辑得出非此即彼的结论。实际上，无论从理论上还是经验上，我们都可以把看似对立的观点予以融合，并由此得出更加丰富的信息。如果仅从理论出发就认为库兹涅茨转折点已经到来，而无视现实中存在的严重不平等现象，明显是过于书生气了，也会因此降低研究的政策针对性。然而，仅仅看到并揭示收入差距的存在现实，并没有触及问题的根源，所得出的政策含义也不免粗糙。甚至有可能，对收入差距扩大的单纯渲染，会引导政策误入缘木求鱼的方向，造成针对性不足、实际效果不佳的结果。

四、研究的核心：转变经济发展方式

蔡昉指出，众多发展中国家长期徘徊于中等收入阶段的教训表明，突破既有的体制性障碍才能保持经济持续增长。中国作为世界上人口最多和经济规模居第二位的国家，从中等偏上收入阶段迈向高收入阶段，避免陷入中等收入陷阱的命运，是人类历史上前所未有的伟大实践，为此需要进行的改革任重而道远。

在中国迄今的二元经济发展阶段上，我们享受到了由人口红利所带来的经济高速增长。从上文的描述中，我们可以认为，在对外开放和体制改革的条件下，在过去的35年间，中国存在极高的潜在增长率，并实现了大体相同水平的实际经济增长率。然而，随着劳动年龄人口增长率的下降乃至停止增长，农业剩余劳动力大幅度减少，中国经济的二元经济发展特征逐渐减弱，越来越受到新古典增长条件的约束，也就是出现劳动力短缺及其导致的资本报酬递减现象，农业与非农产业之间资源重新配置的窗口缩小，全要素生产率改进的潜力也会减小，因而潜在增长率必然相应下降。如果中央调控者不情愿接受已经降低了的潜在增长率这一事实，就会通过施加外力的方式，争取获得偏离潜在增长率的更高增长速度。

那么，对潜在增长率的这种偏离有什么危害吗？蔡昉指出，无论是从国际经验还是从中国经济已经存在的“不协调、不平衡、不可持续”的现实来看，通过政策手段不遗余力地追求超越潜在增长率的实际增长速度，很显然是有问题的。首先会造成生产要素的价格扭曲。人为推动的大规模投资意味着过多廉价资本的投入，压低了资本要素的相对价格。其次会造成资源的浪费。非市场力量主导的投资行为，容易导致资源的配置不当、投资效率降低。最后会造成不恰当的保护。对经营不善应该退出的企业给予补贴，甚至政府直接干预防止其倒闭的行为，虽然是以就业、GDP和税收的名义做出的，但其结果则是保护落后的产能、伤害竞争机制，从而造就“僵尸企业”。因此，蔡昉指出，适当地减慢经济增长速度，可以避免一些问题，这对于转变经济发展方式不仅是有所助益的，而且是至关重要的。

那么，中国应该如何实现发展方式的转变呢？美籍奥地利经济学家、“创新经济学之父”约瑟夫·熊彼特认为，经济发展的本质性事实就是创造性破坏。如果没有一个创造性破坏的环境，让缺乏效率的企业消亡，并促使有效率的企业生存和发展，就无法使全要素生产率在经济增长中起支配作用，也就无法实现可持续的经济增长。在新的发展阶段，劳动力出现了短缺，那么通过劳动力实现资源配置的途径就需要转变了。我们现在希望能通过企业生产效率的提高来带动我国整体生产效率的提高，从而恢复到原来的高速发展状态。因此，我们就需要为企业经营发展创造良好的环境，通过企业间的良性竞争实现优胜劣汰。蔡昉指出，未富先老的人口结构给中国经济增长模式转变带来了特殊的挑战，不过，这同时也可以给中国经济增长模式的转变提供了机遇。也就是说，中国在科技发展水平上与发达国家尚有巨大差距，资源配置的市场机制和其他制度也不尽成熟，存在着各种扭曲。这些都意味着，中国的经济发展仍然具有后发优势，在体制改革、管理效率提高、新技术应用等很多领域中，仍有大量“低垂的果子”可供收获，以显著改善企业生产效率。所以，创造今后10～20年经济增长源泉的关键，就在于实现从依靠人口红利到借助改革获得改革红利的转变。而要获得这个转变期的效率源泉，就有赖于企业通过各种创新行为，做出适合自身效率最大化的管理模式和技术选择，并且政府在其中的任何一项微观经济活动中，都不宜越俎代庖。政府应该做的，是通过创造一种平等的竞争环境，让无效率的企业退出经营，让有效率的企业生存、发展和扩大规模，同时消除不利于资源有效配置和新技术采用过程中遇到的各种制度障碍。美国经济学家保罗·罗默在为中国制定和实施“十二五”规划提供建议时，针对性地提出，中央政府应该改变用 GDP 考核地方政府在促进经济发展方面政绩的做法，代之以全要素生产率的改善来进行相应的考核和评价。

另外，遵循经济发展的一般规律，在跨越了刘易斯转折点和人口红利转折点之后，中国必然会经历产业结构和技术结构的迅速升级，而产业升级的核心就是让全要素生产率成为经济增长的主要源泉。既然产业升级的目的是提高劳动生产率，特别是全要素生产率，那么就对劳动者的人力资本提出了更高要求。一个国家制造业在价值链中的位置，取决于技术、管理和技能等很多因素，而归根结底都与劳动者的人力资本水平密切相关。因此，产业升级的前提是人力技能升级。除了要求更高的人力资本水平之外，中国全要素生产率的提高还需要配套的经济和社会制度保障。蔡昉认为，中国政府应注意到劳动力市场制度建设的必要性和紧迫性，采取主动的建设性策略，规制和协调劳资关系，防止劳资对立转化为企业和职工对政府的不满。

总之，党的十八届三中全会提出了在新的起点上全面深化改革的总体思路。这种以顶层设计、全面配套方式推进的改革，要求从改变政府职能入手，创造有利于竞争的宏观政策环境，以及承担更多的社会管理和基本公共服务供给职能。以此为基础，既可以及时赢得改革红利，又可以成为进一步深化改革的新动力，从而让中国经济长期享受到改革红利，保持可持续增长源泉，避免中等收入陷阱。

金钱、财富从哪里来

13

《政治经济学概论》：关于财富的“三分法”

法国资产阶级庸俗政治经济学的创始人——让·巴蒂斯特·萨伊

让·巴蒂斯特·萨伊（1767—1832），出身于里昂的一个商人家庭，是法国资产阶级庸俗政治经济学的创始人。所谓资产阶级庸俗政治经济学，是马克思主义学者对继资产阶级古典政治经济学之后的各种资产阶级经济理论的统称。资产阶级庸俗政治经济学只研究经济现象的外在联系，它为资本主义制度辩护。

让·巴蒂斯特·萨伊

萨伊赞成英国经济学家亚当·斯密的自由主义立场，主张竞争、自由贸易及解除商贸限制，曾在拿破仑执政时期主编过当时颇有影响的《哲学、文艺和政治旬报》，后因拒绝支持拿破仑的保护关税政策而被解职。

后世经济学家们认为萨伊是继亚当·斯密、李嘉图之后的又一个经济学伟人。萨伊的代表作有《政治经济学概论》《政治经济学入门》《实用政治经济学全教程》等。

一、为什么要写这本书

只有当我们明确界定了研究范围和研究对象时，一门科学必然进步，否则，我们只是松散地掌握着少数真理，而不能发现它们之间的联系。因此，萨伊对政治经济学的研究范围和对象进行了明确的界定。

萨伊首先区分了“政治学”和“政治经济学”这两个令人容易混淆的术语。萨伊认为，“政治学”是用于阐明政府及其人民之间关系以及各国相互关系的科学；而“政治经济学”是一门关于财富是如何生产、分配及消费的科学。

财富是政治经济学这门科学的核心。通常情况下，财富这个词是用来指那些具有固有价值的东西，如土地、金属、谷物以及各种各样的商品。当财富的含义扩大到土地债券、汇票、期票以及类似的其他东西上时，显然是因为这些东西具有内在价值。实际上，只要哪里有真实和内在价值的东西，哪里就有财富的存在。当人们认可某样东西的价值时，是考虑到了它们的有用性，因为人们不会为没用的东西定价的。萨伊把物品满足人类不同需要的内在能力称为“效用”，创造具有任何效用的物品，就是在创造财富，因为物品的效用是其价值的基础，而其价值则构成了财富。

通常情况下，人们倾向于认为，绝对真理仅限于数学和自然科学中经细致观察及实验的结果，伦理科学和政治科学不包含不变的事实或无争议的真理，所以不能视为真正的科学。萨伊完全不赞成这样的看法。

萨伊认为，事物是如何存在或如何发生的构成了所谓的事物本质。而对事物本质的细致观察是一切真理的唯一根据。政治经济学阐明的就是其所观察到的与这个主题有关的“一般事实”，并且说明哪些事实是始终相结合的，哪些是人们不需要依靠假设就可以从一个事实推导出另一个事实的。因此，政治经济学和物理、化学一样都属于实验科学（experimental science），所要阐明的是物质之间的相互作用，即因果关系。

也正因为如此，萨伊指出，那些认为通过应用数学来解决政治经济学的问题，就会使这门科学的研究更准确的想法是毫无根据的。政治经济学所涉及的价值，允许使用正和负之类的词，这的确是属于数学研究的范围，但同时也受到了人类的才能、需求和欲望的影响，价值不易于精确评定，所以不能提供用于绝对计算的数据，这在政治学和物理学中也一样，重要的是掌握因果关系的知识。

二、核心的思想：财富的生产、分配和消费

萨伊建立了政治经济学的三分法，把政治经济学划分为财富的生产、分配和消费三部分。

（一）财富的生产

萨伊指出，创造具有任何效用的物品，就是创造财富。而人力是不能创造物质的，构成地球的物质数量也不能增加或减少。人类所能做的，只是将现有的物质改造成另外一种形态，这种新形态可以提供给这种物质此前所没有的效用，或仅仅扩大其原有

的效用。因此，这不是创造物质，而是创造效用。萨伊把这种创造称为财富的生产。在政治经济学上，生产不是创造物质，而是创造效用。生产不是用产品的长度、体积或质量来衡量的，而是以其所提供的效用来评估的。因此，没有创造或增加效用，就没有实际生产财富。

1. 如何创造效用、生产财富

萨伊认为，可以通过劳动的方式来创造效用、生产财富。但是劳动不是由单一的部门完成的，而是原材料、资本、自然力以及商业的相互协助完成的。

- 首先，人类作为劳动的主体，必须拥有已经存在的产物，即原材料。
- 除了原材料，还有各种不同技艺所需要的工具，以及劳动者在完成工作或生产过程中所必需的生活必需品。萨伊将原材料、生产工具和劳动者所需的生活必需品的价值称为生产资本。如果没有资本，劳动就不能生产任何东西。换句话说，资本必须与劳动合作，这个合作在政治经济学上叫作资本的生产作用。
- 劳动除了要借助于资本，即借助于它自己先前创造的产品来创造更多的产品之外，还要利用不是它自己创造的而是大自然提供的各种力量的作用和动力，通过与这些自然力的合作，它把一部分效用赋予各种物品。萨伊将其称为自然力的生产作用。

事实证明，土地生产出来的价值与劳动、资本、自然力这三者的共同作用有关，其中虽不是唯一却起最重要作用的是能够耕种的土地。而且，除了劳动、资本和自然力这三者之外，没有任何其他因素能够生产价值或增加人类的财富了。

- 然而，劳动、资本和自然力并非必须同属一个人。无论借出的是劳动、资本还是土地，由于是这三个因素共同合作而创造出价值的，而且对它们的使用也是有价值的，通常需要支付费用。借用劳动就要为劳动力支付工资，借用资本就要为资本拥有者支付利息，借用土地就要为土地所有者支付地租。

2. 劳动创造效用的过程

此外，政治经济学还关注财富累积的过程，即劳动创造效用的过程。萨伊仔细研究了人类劳动的工作方式后发现，无论劳动生产的产品用于什么目的，都是由三个步骤完成的。

- 第一步是研究有关产品的自然规律和法则。
- 第二步就是运用这些知识来实现一个有用的目的。
- 第三步就是把这两个步骤所提示和指明的手工劳动的各种零件组装在一起。

萨伊用铸造铁锁的过程来举例。

获得铁锁的第一步是研究有关铸造铁锁的自然规律和法则。如果事先不知道铁的性能，不知道开采矿石和炼铁的方法，不知道怎样熔铁和铸造，就不能制成铁锁。第二步就是运用这些知识来实现一个有用的目的，例如把铁铸成锁的形状，就可把门锁起来，只有与之匹配的钥匙才能打开。第三步就是进行这两个步骤所提示和指明的手工劳动，如锻、锉以及把锁的各种零件组装在一起等。

但是这三个操作过程很少由同一个人来实施。一般的情况是：一个人研究自然规律和生产方法，这个人就是哲学家或科学家；另一个人把前者的知识应用于创造有用的产品，这个人是农场主，或是制造商，抑或是商人；第三个人在前两人的指导下提供实施和运作，这个人就是劳动者。每一种操作所需要的劳力需要不同的才能，而且足以占用一个人的全部时间和精力。不但如此，在某些情况下，这些操作又可以分成更小的部分，每一小部分都足够给一个人提供专门的职业。这就涉及了政治经济学中的另一个重要概念：分工。

3. 分工

亚当・斯密是第一个指出产品数量的无限增加和产品质量的极大改善是由于分工而引起的。萨伊在《政治经济学概论》中援引了亚当・斯密《国富论》中著名的钉子制造商案例。

从事钉子制造过程的工人每人完成钉子的某一部分：一人拉铁丝，一人剪铁丝，一人磨尖钉子。仅仅制造铁钉头就需要三种不同的操作，每一种操作都由不同的人担任。根据亚当・斯密的计算，通过这样的分工，一个雇用 10 个工人但设备不是很好的工厂，一天可制成 48 000 枚铁钉。但是，如果每个工人一枚一枚地制造铁钉，所有操作过程从第一步到最后一步全由他一个人来做，那么，他一天大概只能制造 20 枚铁钉，而 10 个人一天所能制造的铁钉只有 200 枚，而不是 48 000 枚。亚当・斯密认为造成这种巨大差别有三个原因。

- 第一，工人通过不断重复同一简单操作而使得身体和智力在制作钉子的某一过程中更加娴熟灵巧。
- 第二，节省了通常由于从一种工作转向另一种工作，或由于更换工作地点、位置和工具而损失的时间。
- 第三，大量机器的发明使所有的工作变得更容易、更迅速。因为分工很自然地把每项操作都限定在了一个非常简单和不断反复的作业中，作业恰好就是机器最容易完成的操作。

尽管分工可以使产品数量增多，创造更多的效用，但是萨伊认为如果只谈分工为社会财富增加带来的好处，不谈分工的弊端，那么我们对这个问题的看法便是不全面的。

萨伊认为，分工让一生专门从事一种工作的人，获得了比别人做得更快更好的才能。但与此同时，他将不适合于所有其他体力或脑力的工作。他的其他才能将逐渐减退，或完全消失。就工人阶层而言，如果他们除一种工作外其他都一窍不通的话，一定会使他们陷入更困苦更不利的境地。一个随身携带工作所使用的全部工具的工人，能够随心所欲地更换工作地点，在任何喜欢的地方谋生。但是，只擅长生产中一个环节的工人则不能独立，为了不离开共同工作的人，就不得不接受雇主加在他身上的任何条件。当然，这种退化也不仅仅局限于一辈子只是用力使用锉刀或铁锤的工人。那些从事要求运用最高智慧职业的人，也容易如此退化。比如，职业的分工让程序员产生了分层，由于每一个部门仅需要编写庞大项目中的一小段程序，只负责其中一处编程的程序员永远无法得知项目的全貌。

因此，萨伊得出了这样的结论：分工是巧妙利用人力的一种模式，由此可增加社会的生产。换句话说，分工可增加人类的能力和享受。但另一方面，分工在一定程度上会让人类的个人才能退化。

（二）财富的分配

萨伊认为，各种生产要素的所有者都应该依据自己所提供的生产性服务，取得各自的收入。所以工人应该得到工资，资本家应该得到利息，土地所有者应该得到地租。

1. 可交换价值的本质

萨伊指出，要想了解财富分配，首先就要了解价值，更确切地说是可交换价值的本质。

社会财富项目之所以拥有价值，是因为要获取它们就必须付出代价，这种代价就是在生产过程中所做出的各种努力。在付出代价并获取它们时，这种通过牺牲取得的获取会让付出方真正地更加富有，因为他拥有了可以满足更多需求的财力。

同时，如果通过牺牲来获取的物品不能满足所有者的个人需求，他还可以通过交换，用此物品换取到能够满足需求的另一个产品，而另一个产品同样也是努力生产的结果。因此，交换行为实际只是双方生产的相互交换，因为这两样产品都是生产过程劳动力努力的结果。比如，3 斤小麦可以换取 1 斤生菜，只不过是用生产小麦的生产来换取生产生菜的生产。而生产的相对价值，如同其他一切货品的相对价值一样，随着需求的增加而上升，并随着供应的增多而下降。

2. 价值的分配

萨伊以手表为例来说明一件产品的价值在所有参与生产的人之间是如何分配的，并从源头追溯了它的最小零件是如何得到的，以及这些零件的价值是怎样支付给许多共同参与生产的人作为报酬的。

- 首先，金属商从原料生产者那里购入金属，再转售给制表商。这样，这些金属商不仅收回了垫付的资金，同时还得到了他们应得的利润。
- 接着，组成手表不同零配件的制造商，把他们的产品出售给表匠。表匠支付货款，偿还他们预先垫付的资金和利息。此外，表匠还需支付所花费的劳动工资。

- 然后，表匠以同样的方式，与那些提供表盘、玻璃以及所有他认为应该配备的装饰品的制造商打交道，如钻石、珐琅或任何他喜欢用的东西。
- 最后，购买手表的客户，要偿还表匠垫付的全部资金及各项垫付款的利息，同时也支付给他个人技能和劳动所应得的利润。

萨伊发现，也许手表在它还没完工之前，它的总价值就开始在相关的生产者之间分配了，而这些生产者比描述和想象的要多得多。连那个对整个生产环节毫不知情的购买者可能也包括在这些生产者内。原因是，手表购买者也许曾把资本借给一个开矿的冒险者、一个金属商或一个大工厂的董事，或一个不具有这些任何身份，但曾经把从他那里借来的一部分资金转借给那些生产者中的一个或更多的人。

萨伊进一步阐述道，一件产品的多数共同生产者，不必一定等到产品完全制造好以后才获得他们对这件产品所贡献的那部分价值的酬劳。在大多数情况下，这些生产者，甚至在这个产品尚未完成之前早就把获取的等值物消费掉了。每个生产者都把这件产品当时的价值，包括已经消费的劳动，垫付给了在他之前的生产者。按照生产次序，在他之后的生产者偿还他的垫付，以及偿还产品在经过他手时增添的价值。最后的生产者一般是零售商，由消费者给他偿还所有这些的垫付款，以及他对产品所增添的价值。而社会总收入的分配方式也是这个原理。

创造的价值，按这个分配方式，归地主获取的资金称为土地的利润。有时是由农民付定额地租，这个利润就转移到了农民手中。分配给资本家或垫款者的资金，虽然款项金额很小且时间很短，但这部分资金都称为资本的利润。有时，资本是按借贷方式借出的，而资本家则按借贷约定来获得利息。分配给技工或劳工的资金，称为劳动的利润，他们有时也会得到固定薪水。因此，每个阶级都从生产出来的总价值中获得属于自己的价值，而这份价值就是这个阶级的收入。

萨伊揭示了财富的分配规律，但并不意味着他完全认同这个规律给各个阶层带来的收入水平。以科学家为例。萨伊认为，对于科学家贡献的产品价值，他们只获得了极不充分的那一部分价值。鉴于这种不公平的待遇，萨伊极具先见性地表明，每个充分意识到科学研究带来巨大利益的国家，都应该通过特殊恩惠或通过让人愉悦的荣誉奖励来补偿科学家，以此来补偿他们发挥先天或后天才能而获取的微不足道的利润。

（三）财富的消费

在财富的消费部分，萨伊着重描述了个人消费与公共消费。他认为，个人消费者和政府，都需要谨慎对比消费对他引起的损失和所提供的满足之间的大小关系，进行理性消费。

1. 个人消费

个人消费主要用于个人需求与家庭需求。这些需求主要包括日常的衣食住行与娱乐，并通过各个家庭或各个消费者个人的收入，以及各方面所需的消费品来获得满足，不论这收入来自个人劳动、资本还是土地。家庭财富的增减或不增不减维持原状，都要视其消费高于收入、少于收入或等于收入来确定。所有个人消费的总额加上政府为公共目的而进行的消费，就构成了国家的消费总额。

2. 公共消费

除了那些用于满足个人需求与家庭需求的私人消费外，还有因人们聚集在一起而产生的新种类的需求——社会需求。公共消费的目的就是满足这种社会整体的需求。公共消费不仅包括民政、司法、军事以及教会等所有职能部门中公务员的个人劳务，还包括消费的土地和资本的生产力。例如，海洋与河道的航行、公用道路、公用广场的效用，这些都是社会从土地中所得到的生产力。

政府可以以货币的形式，从纳税者手中抽取一定的税收，然后再将这些财富进行价值转移，用于进行社会管理与服务。政府往往是公共消费的活动主体，起着主导和引领的作用。因此，在进行公共消费活动时，政府也要时刻考虑这种消费是否能够偿还它的生产价值。只有在牺牲的价值能给国家产生相当利益的条件下，这样的公共消费才是适当的消费。从这个角度来讲，版图小的国家比疆土辽阔的国家更有优势，因为前者可以一目了然地看到经费开支与收益的结果，更容易做出国家费用与所得利益相称的政策决定。

3. 理性消费

此外，萨伊强调要理性消费，而理智的消费原则要求把“节约”作为美德。国民勤俭节约的美德和经过深思熟虑的消费活动可以增进国民财富的积累，避免奢侈和浪费。他在这里提到的“奢侈”是指为了炫耀而做出的消费行为。同时，萨伊认为有四种消费行为是合理的、值得提倡的。

- 第一，有助于满足实际需要的消费，如保证生存和身体健康的食品、简单的衣服等生活必需品的消费一定要满足。
- 第二，最耐久、质量好的产品消费，比如坚固的房屋及制造业耐用商品的消费是值得投入的。

- 第三，公共消费，如学校、医院、工厂等集体单位的消费活动。
- 第四，符合道德标准的消费，比如在贫富差距很大的经济形势下，富人挥金如土的消费方式便是不符合道德标准的，必须积极地加以制止。

14

《有闲阶级论》：关于金钱文化的竞赛

制度经济学的创始人和主要代表——托斯丹·邦德·凡勃伦

托斯丹·邦德·凡勃伦

托斯丹·邦德·凡勃伦（1857—1929），出生于美国威斯康星州，是美国著名的经济学家。凡勃伦习惯用传统的进化论思想分析制度与经济的互动及整体的演进过程，并基于制度的社会心理文化视角分析社会经济现象，因而以演化经济思想而闻名，是制度经济学的创始人和主要代表。

凡勃伦知识渊博、研究广泛，在哲学、心理学、生物学和社会科学领域都取得了一定的成就，出版了《有闲阶级论》《企业论》《现代文明中科学的地位》《工程师与价格制度》等 11 本具有深远影响并享誉世界的著作。

凡勃伦把从其他社会科学中汲取的知识引入经济学中，并通过这种方式拓展了经济学研究领域，因而成为 20 世纪美国最富洞见的经济学家之一。

一、为什么要写这本书

19 世纪末至 20 世纪初的西方世界，资本主义经济得到了极大的发展，当时的美国社会已形成了垄断组织主宰社会经济、政治、文化的格局。

作为资产阶级经济学的批评家，凡勃伦并没有从根本上否定以往的资产阶级庸俗经济学，而是理智对待客观存在的社会现实，并基于社会制度的发展和变化探讨了阶级分化、批判了有闲阶级的歧视性本质。因此，凡勃伦所提出的经济学说在资产阶级经济学界曾经引起激烈的争论。

然而，从学术视角来看，凡勃伦突破了当时主流经济学的思维局限，研究了经济行为的非经济意义，分析了制度与经济的密切关系，强调了制度对经济行为的重要影响以及制度在经济分析和社会分析中的重要性，让《有闲阶级论》成为制度经济学研究的奠基之作。

二、研究的起源：有闲阶级的产生

有闲阶级是一个经济学名词，是指拥有资产、不需要拥有固定职业、生活以社交和娱乐等休闲方式为主的阶级，他们热衷于非生产性消耗时间和炫耀性消费商品，是从事非生产性工作的上层阶级。

有闲阶级的英文为“Leisure Class”，在今天看来，“leisure”一词最主要的含义是休闲。在现代社会中，我们每个人都有休闲时光，每年都会有一定的假期外出游玩，平日也会在闲暇时间通过各种娱乐方式打发时间。那么，我们是否也属于有闲阶级呢？

凡勃伦认为，“有闲”并不是懒惰或清静无为，而是指非生产性地消耗时间。这是因为：首先，有闲阶级认为生产工作是不值得去做的，对它抱轻视态度。其次，“有闲”能够证明一个人的金钱力量，可以让他安闲度日、衣食无忧。最后，有闲阶级之所以不愿意参加劳动，主要是由于他们的心理和劳动阶级的心理不同。在习惯的道德标准支配下，他们把参加劳动看成有损体面的事情，因而只从事一些没有实际作用的脑力劳动，如学习礼仪、讲求修养等，同时认为享有一定程度的闲暇、避免生产性工作乃是社会地位和金钱的象征。以上就是有闲阶级所展现的基本特点，即“明显有闲”。

在更加具体的研究中，凡勃伦继续得出这样的结论：有闲阶级是和财产所有权同时出现的。在财产私有制出现以后，财产就成为证明人占有优势地位的依据，是人取得荣誉和博得尊敬的基础，是人满足虚荣心与自尊心的必要手段，由此人与人之间便产生了占有商品的“竞赛”。也就是说，在私有产权制度下，金钱财富成为评价一切事物的标准，因此有闲阶级在生活中处处显示金钱。为了显示自己的优越，有闲阶级对日常用品的使用远远超过维持生活和保持健康所需求的数量，对钱财的消耗呈现出浪费性的消费，这一现象被称之为“明显消费”或“明显浪费”。

然而一个人的铺张浪费是有限的，为了更大程度地展示自己的财力，围绕有闲阶级还产生了一批不从事生产的主妇、仆从、门客等“代理有闲”和“代理消费”的群体。这个群体是一种附属的或派生的有闲阶级，其任务是为了原始的或正统的有闲阶级的荣誉而执行的一种代理有闲。这一群体越庞大就越能增进主人的荣誉，从而也就能更好地展示有闲阶级的财富与地位，这是通过他人“代理消费”的方式证明主人的金钱实力。

三、研究的核心概念：炫耀性消费

从有闲阶级产生原因的分析可知，“明显有闲”是有闲阶级的惯常表现方式，“明显消费”则是有闲阶级继续发展所产生的行为模式，二者均为有闲阶级拥有财富和获得尊荣的标志，与“代理有闲”和“代理消费”共同构成有闲阶级证明身份与地位的途径。而随着爱慕虚荣与攀比的心态愈演愈烈，人们甚至会通过浪费的方式彰显自己的财富。“明显有闲”与“明显消费”共同具有“浪费”这一因素，前者是浪费时间和精力，后者是浪费财物。因此，“明显有闲”与“明显消费”成为“炫耀性消费”这一概念的起点。

随着社会的发展与物质产品的丰富，人们会购买超出实用和生存所必需的物品，并借以向他人炫耀和展示自己的财力和社会地位，以及这种地位所带来的荣耀、声望和名誉，这种消费行为就被称为炫耀性消费。

在提出“炫耀性消费”这一概念的基础上，凡勃伦将心理学、经济学与社会学结合起来对消费实践和消费偏好的形成展开了详细的研究，剖析了现代消费行为，引发了后继研究者对于“消费主义”的思考。在攀比心的驱使下，人们不再看重物品的实用价值，而是更加看重物品符号价值所带来的身份与地位的象征性作用，炫耀性消费的目的并不仅仅是获得直接的物质满足与享受，而是在更大程度上获得一种社会心理上的满足。因此，炫耀性消费深刻揭示了市场经济发展所催生的日益奢靡的消费倾向。

在这种消费理念的影响下，一种公认的消费准则悄然而生，即购买高价商品才能显示出购买者的富有和地位，这样一种默认的规则使消费者在对物品的使用方面长久保持着高价购买与浪费的消费观念。经济学界将这一现象称为“凡勃伦效应”，就是说存在于消费者身上的、一种商品价格越高反而越愿意购买的消费倾向。

著名人口经济学家莱宾斯坦因此定义了一种“凡勃伦物品”，该物品的效用不仅源于它的使用价值，也源于对它支付的价格，价格越高，炫耀价值越大，其市场需求还会随价格的升高而上升。生活中最典型的“凡勃伦物品”就是那些限量版商品，限量版商品与同类型产品的材质和样式相差无几，只是加入了节日元素、明星签名或品牌纪念标志等特定要素。这些限量版产品往往引起疯抢，甚至要从“黄牛”手中以原价好几倍的价格购买，价格被越炒越高，需求者却越来越多。

而且，炫耀性消费产生的根本原因是任何个体的行为都会受到周围人际关系文化的影响，也会受到利益引导下形成的生活方式的影响。在虚荣心的驱使下，金钱至上原则是成为有闲的最基本条件，金钱代表了一个人在社会中的价值，也决定了一个人的生活品味与对事物的判断标准。因此，在一定情境下，人们不会因为物质的缺乏而完全不顾面子，即使委屈肚子，也会装点门面。

在现代社会，人与人之间进行名牌攀比的现象十分常见，常常有人拿着不高的工资却节衣缩食地买名表、名车、奢侈品。这是因为拥有了这些物品似乎就能跻身于有闲阶级，这对于一些人来说具有足够的诱惑。于是，他们在生活的各个方面都竞相仿效有闲阶级，追逐财富、热衷名牌、维系表面精致的高水准生活等。

然而，平日工作繁忙的“非有闲阶级”参加群体活动的机会较少，要想使他日常生活中接触到的人能即刻感觉到自己的财富，只能不断地显示他的购买力，尤其是购买奢侈品，这样才能让别人通过自己身上的奢侈符号来了解到自身有闲的身份地位，使旁观者认可他的支付能力与金钱地位。

可以看出，“炫耀性消费”已经成为常见的社会现象，“凡勃伦效应”和“凡勃伦物品”充分揭示了经济快速发展的现代社会人们需求和欲望的转变。

四、研究的核心：有闲阶级通过金钱文化展现“有闲”

炫耀性消费是有闲阶级最典型的特征，从这一生活方式可以看出，有闲阶级的生活消费水平不仅远高于其维持基本生存的需求，同时消费品也必须经过社会礼仪的认可，因而以对文化资本的占有为表现形式的消费压倒了单纯的物质消费。

有闲阶级通过浪费和挥霍来证明自己有闲阶级的社会地位，无论是浪费时间和精力（如礼仪），还是浪费物品和金钱（如住豪宅、消费奢侈品），其最终目的都是攀比财富和获得声誉。与此同时，有闲阶级把炫耀性消费作为一种社会规范灌输给下层阶级，引领着下层阶级的流行风潮，制造了展现金钱文化的媒介物，包括休闲、消费、礼仪、生活方式、服装、运动、尚武、赌博、慈善和高级知识等方面，这些都是彰显有闲阶级身份和地位的事物或表现形式。

在这一生活方式下，金钱至上的理念逐渐遮蔽了人与人之间的真实关系，取而代之的是“金钱和名牌”之间的交换关系。可以说，时尚是最能体现有闲阶级炫耀性消费的准则，而金钱就是时尚的风向标与话语权、是阶级分野的产物。在凡勃伦看来，社会的进步促使了时尚的快速发展，然而较低的阶层却几乎没有时尚，只能不断模仿较高阶层的时尚品位。

具体来看，有闲阶级展现财富、地位和身份的方式众多，这些金钱文化的媒介主要有以下几种。

- 其中，服装是最容易操作的展示时尚或金钱文化的消费方式。衣服除了有御寒、遮蔽身体等实用性功能外，还有“装饰”这一重要的非经济动机，炫耀性消费促使人们忽视了服装的舒适感，以此来展现自己不凡的社会地位与无须操劳的闲暇，这一内在含义继续促成了时尚的变化，以不断匹配有闲阶级与众不同的时尚品位。高贵的服饰不仅必须呈现出炫耀性的昂贵和不方便，同时还必须跟得上潮流，摆脱下级阶层的模仿与跟风。
- 有闲阶级不仅需要使用奢华的消费品，还需要对事物有一定的审美与品鉴能力，能够区分消费品的名贵或低劣。鉴别能力的培养需要花费大量的时间和精力，而有闲就是非生产性地消耗时间，因此，非生产性地利用时间与精力正是有闲阶级身份与地位的象征。
- 礼仪也是有闲阶级制度衍生物的典型代表，展现了有闲阶级的荣誉性，也表现了对人的控制与从属的象征性。礼仪的起源，大部分是出于要得到对方的敬意或向对方表示善意的愿望。而随着社会制度的发展与变迁，礼仪的内容也在不断地扩充并向复杂的方向发展，礼仪中的仪态、礼貌，上流社会的风度，家族的礼法等都是在身份制盛行时充分滋长、蔓延的。

- 另外，饲养宠物也是展示金钱文化的一种途径。饲养宠物开销巨大且通常没有生产的任务，同时由于猫、狗等宠物在人类中获得了高度认可，且品种越纯粹、名贵就越受欢迎，这就使宠物成为替主人赢得荣誉的一种工具。同时，细心呵护这些动物的习惯会让人呈现出富有爱心的特质，这也是仁慈的象征，这些社会规范不断指引着人们以塑造有爱心的个人形象的方式饲养宠物，并产生了宠物竞赛以及对宠物进行畸形审美的驯化。
- 此外，凡勃伦还认为高级学识也是金钱文化的一种表现。所谓的“高级学识”具体指的是没有经济或工业意义上的荣誉性学识，与可以促进工业生产或提高物质生活的“低级学识”相对应，因此对于高级学识的掌握本身也是一种有闲阶级的象征。

由此可见，生活中存在展示金钱文化的诸多媒介，人们热衷于追逐的潮流、努力去满足这些潜在社会规范，往往是上层阶级展示其有闲有钱的一种方式。

五、研究的分析基础：制度理论

制度是思想和习惯长期积累的产物，制度演进的过程也就是人类思想和习惯淘汰的过程，或人类应对外界环境的心理变化过程。凡勃伦提出，经济学说研究的对象应该是人类在经济生活中的各种制度，因而他对有闲阶级的分析是立足于制度及其发展理论的基础上的，通过分析制度的起源和演进，描述和探讨了人类从野蛮时代到工业时代所产生和经历的生活方式。

有闲阶级最初表现在业务分化上，即男、女由于生活习惯的不同担任着不同的工作，在生产业务和非生产业务之间出现了区别，进而出现了身份的差别。因此，我们从男、女劳动分配上可以看出有闲阶级会随着制度演化而发生改变的特点。

- 在野蛮及未开化时代，一个健壮男子在社会经济中的任务是围猎或抢夺财产，通过拥有妻子和若干的奴隶获得有闲的标志，此时，妻子不论在事实上还是理论上都是丈夫的苦工和财产，其任务是生产可供丈夫消费的物品。
- 在封建时期，贵族或富人通过迎娶漂亮的妻子或者侍妾来表明其财富。此时，主妇的功用大部分体现在她们明显地脱离生产劳动，由此证明其主人的权势及地位。随着制度的演化，妻子成为礼仪方面的消费者，需要进行“代理有闲”和“代理消费”来消耗丈夫的财产，本质上仍为丈夫的附属品或无自由的仆人。
- 在现代社会中，有闲阶级的丈夫乐于妻子流连高级会所，并在高级商场中任意挥霍，以及向他人展示妻子身上奢侈品的价格，这些奢侈品乍一看是时代发展与文明进步的产物，然而本质上依旧是丈夫“主人”式的自豪感达到了有闲阶级炫耀性消费的目的，依旧无法脱离“代理消费”的特点，可以说，古时的社会基因深刻地印在了现代人的消费行为中。

从上述例子中可以看出，在人类发展初期的野蛮时代，尚不存在经济特权和业务分化，因而也就不存在“有闲阶级”，但原始部落的风俗、习惯和文化特征等促使了“有闲阶级制度”的初步涌现。早期的人类社会通过掠夺、征战等方式来获取生产资料，随着财富积累逐渐形成个人所有制，有闲阶级的萌芽与个人所有制的开始同时发生，二者是同一套经济力量的产物。随着人类文明的推进，政治、战争、宗教信仰和运动比赛这些非生产性业务都归上层阶级掌管，因而和这些相关的行为是光荣的、值得尊敬的。生产性业务则由下层阶级担任，相关的行为也遭受鄙夷与歧视。

可见，人类的掠夺性本能是对事物占有的最初动因，到了未开化时代的后期，上层阶级进一步在与他人的斗争中展示自我，强者开始抢夺财产，掠夺本能取代工作本能而支配社会。

因此，掠夺文化的形成过程，也是阶级制度出现与成长的过程。从这个意义上说，阶级的产生是人们生活习惯演变的结果，在原始野蛮时代的和平生活习惯转变为坚决好战的生活习惯以后，侵占和劳役之间产生了职能分化和业务区别。此时，有闲阶级和平民的职业之间出现了明显的区别：一个人占有的越多，就越可能赢得尊重并被赋予更高的社会地位。

此外，有闲阶级制度不但对社会结构有影响，对社会中成员的个人性格也有影响。

随着人类的演进产生了财富的积累和所有权制度，社会也从直接的劫掠和抢占获得食物的阶段发展到以私有财产为基础的生产的初期组织阶段，被动地取得财富比通过抢劫以及侵占获得的战利品更受尊敬。不从事生产、热衷于征服、掠夺光荣是有闲阶级文化心理的本质，也是远古残存下来的性格，具体包括现代社会中的政治职务、好斗的气质、体育竞赛、赌博心理，以及对高级学识的研究等，这些都是人类古时基因的现代化展示，那些由制度发展而形成的文化以“约定俗成”的方式留存于人们的行为中。

在现代社会的经济发展中，这种从事不同业务之间的歧视性区别仍然变相存在，这都是同金钱制度相联系而由远古遗传下来的有闲阶级的特性。有闲阶级不断传递着其古老的性格特征：一是通过阶级内部遗传，以及通过有闲阶级血统向阶级以外的渗透；二是保存并巩固古老制度的传统。因此，有闲阶级与经济过程的关系是金钱的关系，是营利而不是生产的关系，是剥削而不是服务的关系。有闲阶级制度通过强制实行一种金钱礼俗的方案，不断向下层阶级汲取生活资料，使金钱性格特征得以在广大人民中保存。

简言之，有闲阶级是人类文化自然演进的结果，而随着时代的发展，人们的日常经济行为背后仍留有祖先的印记，对生产资料的本能占有驱使人们在物质生活中不断炫耀和攀比。

15

《财富的分配》：全面揭示财富分配的内在法则

边际效用学派的重要代表人物——约翰·贝茨·克拉克

约翰•贝茨•克拉克

约翰·贝茨·克拉克（1847—1938），出生于英国，曾是哥伦比亚大学教授、美国经济学会创始人、美国经济学会第三任会长、边际主义经济学家。

1887 年年底，克拉克发表了一篇涉及效用思想的论文。他详细讨论了“需求”问题，其中许多方面都涉及了效用思想。甚至，他在解释如何满足需求的时候，几乎已经发现了边际效用递减规律。克拉克还认识到了边际效用的重要意义，进而成为边际效用学派的重要代表人物。

为了纪念他对经济学的贡献，美国经济学会设置了约翰·贝茨·克拉克奖，该奖项俗称“小诺贝尔经济学奖”，以奖励青年经济学家。

一、为什么要写这本书

对一般劳动者来说，签订劳动合同并按照规定完成工作量，之后获得应有的工资，是一个比较常见的经济学现象。但是，付出的劳动如何能够在劳动力市场上获得应有的工资呢？长期以来，社会收入分为利息、利润和工资等几种形式，并被人们所默认。但这种分配的背后，是否有自然规律在起作用呢？如果有的话，这个规律应该怎样描述呢？财富又是如何在要求获得应得权利的个体间进行分配的呢？这些问题对于从事研究工作，尤其是经济学研究的人来说，无疑是非常重要的。

对于很多人来说，劳动是主要的谋生手段，而财富往往以工资的形式分配到个人手中。且每个人获得工资的多少，往往是由劳资双方讨价还价的力度所决定的。然而，克拉克却认为这是一种假象。他认为，工资本身应该是受市场标准支配的。也就是说，尽管工人可以通过机智或者坚持不懈的讨价还价从雇主那里获得更丰厚的报酬，但是这种报酬的数量是有限的。事实上，劳动力市场看似混乱无序，其背后却存在着深奥的自然规律。

克拉克认为，在自由竞争的情况下存在一种倾向，那就是将全社会的收入总额分为了几处来源。比如，资本家以资本要素参与收入分配，劳动者以付出的劳动参与收入分配，而企业家则以调和资本与劳动的能力参与收入分配。从这个角度来看，对财富进行全面研究，就等于对个别生产要素进行研究，从中寻找出资本要素、劳动付出，以及企业家能力这三个生产要素各自对它们所共同生产的产品的贡献比率，进而通过这个贡献比率对财富进行分配。

社会是否按照每个人应得的数额而给予他应得的报酬，是值得研究的。这是因为当工人生产的数额与其获得的收入不相等时，公民的财产权就会受到侵犯，这时，社会公平是很难体现出来的。这就像一种制度强迫工人们把劳动创造的、理应属于工人的财产留给了雇主，那么这种制度就是一种赤裸裸的掠夺。为此，克拉克写作本书的目的就是要解决财富的合理分配这个问题，也就是做到避免这种掠夺性的制度产生，从而有效保证社会的稳定。

二、分析的对象：劳动、资本、调节与分配

克拉克认为，参与财富分配的各大要素分别是：劳动的所有者，即工人；资本的所得者，即资本家；调节劳动与资本的雇主，也可以理解为企业家。那么，这三者是如何分配生产出总财富的呢？这就涉及基本的财富分配规律和各要素参与财富分配的决定因素。

（一）基本分配规律

一般来说，分配规律包含交换规律，主要说的是经济社会中生产团体和生产团体中工人、资本家和雇主的形成过程，以及相互之间是如何实现交易的。

分配规律又分为静态规律和动态规律，静态规律提供了各个经济团体和经济主体收入的分配依据，静态规律受到劳动资本占比影响，在没有动态因素影响的情况下，会产生一个静态财富标准，劳动和资本按照这个标准进行分配；动态规律说明，实际所获收入与静态规律所提供自然标准的差异，以及自然标准随经济环境发生变化的情况，动态因素有很多，其中包括技术进步等因素。动态分配规律与静态分配规律，涵盖了经济学领域的大部分内容，各种动态经济活动实际上也受到了静态规律的支配，所以我们对劳动在财富分配中的研究，主要集中在静态分配规律中的工资标准。

同时，克拉克认为，经济学本身就是关于交换的理论。在现实生活中，我们会发现随处都在发生着物品的交换，每一次交换所需要付出的成本都是需要衡量的，且这个衡量标准是最后效用规律，而最后效用规律和效用规律紧密相关。

所谓最后效用规律，是指在通常情况下，人们在使用相同一种物品时，获取每单位物品都需要付出相应的成本，同时物品效用会随持有数量的增加而减少，持有最后一个单位的物品带来的效用越多，人们愿意为此付出的成本就越多。所以，克拉克认为，作为一个理性的人，在进行买卖交换时，会遵循最后效用规律，会用这个物品最后一个单位的效用所值得付出的金额，对该物品进行定价。人们会把单位货币消耗在能给他带来最大效用的物品上，同样地，人们在出售自己的劳动时，也会使用最后效用规律来判断价格的合理性。

（二）三大要素参与财富分配的决定因素

劳动和商品一样具有价格。工人是提供劳动的主体，工人的工资就是劳动的价格。资本是生产要素，同样具有价格。资本家将资本借给雇主投入生产中，会收取相应的利息，所以利息就是资本的价格。然而，企业家作为雇主，从资本家那里借到了生产经营所需的资金，雇佣工人进行劳动，在产生收入后，对资本家借给他的资本支付利息，向工人支付工资，剩余的财富就是企业家为了调节资本与劳动所获得的收入，一般用利润表示。但是，在完全竞争市场中不存在利润。那么，这一点在经济学中又是如何解释的呢？

在经济学中，劳动力就像商品一样拥有价格，而这个价格就是工人的工资。劳动力市场上的雇主扮演着消费者的角色，向劳动者提供双方商量好的价格。而劳动者作为劳动的提供者，收取工资并提供劳动。众所周知，商品的价格取决于其成本，而克拉克认为，当商品的成本与价格相等时，这时商品的价格就是自然价格。在资本的原始积累以前，工资就是劳动者的全部所得，也就是说，在不考虑资本参与生产的情况下，所有产出的收入都归劳动者所有，劳动产出即是工资。而从农业社会发展到工业社会的过程来看，克拉克认为，农业工人的工资决定了社会其他行业工人的一般工资。但是，移民和人口的增加造成了土地价格的变化，这让政府不得不对土地加以管理。结果就是：优质的土地需要缴纳租金，贫瘠的土地不需要缴纳租金。这时在贫瘠土地上工作的农民的产出，就决定着社会工人的一般工资。

我们有时简单地认为资本就是大量的金钱，其实在经济学中，资本有着更深层次的含义和存在的逻辑。首先，资本与资本货物是两个不同的概念。这两者的区别主要表现在以下两方面。

- 第一，资本是永久存在的，资本货物却容易受损而消亡。

这里也有例外，土地就是唯一一类不会像机器一样损毁的资本货物。所以，资本货物除了土地以外，大多是无法永久存在的，而资本却是可以永久存在的。

- 第二，资本具有流动性，而资本货物则无法随意流动。比如，我们现在随时可以把钱转账到任何一个人的账户上，而机器虽然可以移动，但是不能一直在移动，总得停下来进行生产或者停放。

那么，利息与租金又是什么关系呢？对于资本来说，它所赚到的收益就叫作利息；但对于各种工具来说，由它所获得的收益则称为租金。并且，只有先算出所有工具能够赚取的绝对总收益，才能进一步算出利息。一般情况下，利息率作为比率，可以用租金总额除以资本总额来计算。

克拉克对资本的变化与存在状态有着更为深刻的理解。克拉克认为，节约这种行为就是放弃娱乐方面的消费，而投向能够使财富得以增加的物品的消费。换句话说，克拉克认为，如果想要保持原来的资本和补偿被消耗掉的资本，是不需要节约的，除非需要产生全新的资本才需要节约。节约所得的资本才是真正增加的资本，节约导致的社会总资本增加是一种动态现象。

在现实生活中，完全竞争市场是不存在的，所以各行各业都会存在利润，企业家自然也就会参与到财富的分配中。企业家参与财富分配的决定性因素在于他进行组织活动时所获得的报酬。但是，在完全竞争的市场中是没有利润存在的，所以企业家获得的利润实际上就是从资本的收入中分出的一部分。这一点可以联想上市公司中股东与总经理之间的关系，股东作为资本的提供者，将公司交给总经理进行经营，相对地，股东会给予总经理一定的报酬作为补偿。

三、研究的思路：边际理论下的分配问题

克拉克在边际规律的视角下，对劳动与资本的财富分配问题进行了研究，得出劳动和资本分配比例的产生逻辑与运用。在报酬递减规律的理论基础上，克拉克提出了两个重要观点。

第一个观点：要识别劳动生产和资本各自特有的产品

克拉克认为，自然或静态的价格，就是成本价格或没有利润的价格，它们使各个产业中每单位的劳动和资本的报酬都相等。但在经济生活中，产业依靠的是劳动和资本的合作，因此区分劳动的全部产品与产业的全部产品非常重要，也就是说，劳动产生的全部产品是产业产生的全部产品中的一部分。这样，要用完全由劳动产品来确立工资标准，就必须排除资本、土地等因素创造的产品价值，并且使劳动产品可以单独衡量。

在劳动力市场上存在着一种决定工资价格的区域，这一区域被称为劳动力边际区域，也叫剩余劳动力市场。这个区域能够无限地接受剩余劳动力，同时决定工资。在劳动力边际区域中存在这样一些工人，他们耕种贫瘠的土地和使用废旧的机器，并且不需要为此缴纳租金，这些劳动者被克拉克定义为边际工人，而是否需要缴纳土地与机器的租金也成为边际工人与一般工人的重要区分。且如果由一般工人确定工资标准，那么这将不会为雇主带来利润。反过来，如果由边际工人确定工资标准，却能够为雇主提供利润。

克拉克提出，由边际工人树立的工资规律是：边际工人的收入等于自己生产的产品，而所有与边际工人同等能力的工人，二者的收入是相等的；前者决定了工资的自然标准，后者决定了市场标准。

第二个观点：最后生产力决定工资和利息

克拉克认为，人和资本货物一样会消失，但劳动和资本则永久存在。作为两个永久存在的生产要素，劳动和资本一定要变更自己的形式，从而适应彼此的需求。在一定数量的资本下，倘若使用的劳动有所增减，则资本的形式便要变更。同样，一定量的劳动随着资本的增减，也要改变形式。比如说，一台机器本来需要两个人操作就可以较好地完成工作，如果这时引进了一批工人，每个机器平均安排4个工人，那么这样的生产效率肯定不如4个人操作两台机器那样高，所以工厂会引入更多的资本，使生产效率进一步提高。同理，如果工厂引入了一批机器，那么为了更高的生产效率，一定会产生引入更多劳动的需求，这就是劳动和资本互相调整的体现。

克拉克强调，工资和利息由劳动和资本的最后生产力所决定，而研究这些生产要素的生产力，就需要应用最后效用原则，将一连串同种物品的价值都由最后一件的效用来决定，也就是说，劳动和资本在分配共同生产出的产品价值时，由两者实际创造的产品价值占总产品价值的比例决定。打个比方，如果一个产品单位价值50美元，在这个产品的生产中，资本在没有劳动力参与的情况下，对单位产品做出的贡献是40%，劳动在没有资本参与的情况下，对单位产品做出的贡献是60%，那么创造出一个单位产品时，相应的工资和利息应该分别为30美元和20美元。

四、核心的思想：财富分配的意义

资本和劳动在团体中的分配意义重大，直接关系到产品生产、要素报酬及财富的积累。

（一）资本分配的意义

资本在团体生产过程中不断增值，团体根据其行业特点采取了特定的方式，促使资本获取更多的收益，比如现实生活中，各行各业的公司都会想方设法做大做强，扩充公司市值，实际上这就是一种资本为获取更多收益而扩充资本的手段而已。

克拉克认为，资本能够从一个很小的规模，增长到巨大的规模，这里面存在着很多原因，其中，生产工具性能的优化是一个因素，集体生产制度也功不可没。在拥有资本的各个不同的团体之间，常常由于从事行业的特点，导致其为了更好地生存和发展而采取具有独特性的措施。在对独特性的产品进行生产的过程中，需要经历一定的时期。在此期间，团体需要资金维持生产和生活，因此资本的正确分配具有重要的意义，它能使生产和消费同时存在。

资本的流动使时间间隔的限制得到了消除，各行各业可以更健康地发展。只要组织、资本和劳动三个要素同时存在，劳动者在进行劳动的同时，就可以得到自身需要的商品。克拉克拿种树与砍树的例子，来说明是如何在生产中使时间间隔消失的。假设一棵树需要 20 年才能从树苗成长到可以作为木材的程度，那么我们是不是要砍完所有的树，然后等到 20 年后再收获木材呢？很明显正常的生产不是这样进行的。我们可以先砍 1/20 的树，然后种等量的树，如果每一年都如此循环，就不会产生 20 年的时间间隔了。克拉克认为，资本正是利用流动性改变了生产方式，从而消除了时间间隔。

（二）劳动分配的意义

克拉克认为，劳动创造的财富以工资和利息的方式进行分配。

工人们获得工资作为报酬，企业家，也就是雇主，获取投资利润作为报酬。工人的工资会随着工人人数的增加而发生改变，工人工资的标准由最后一位工人的生产量决定，经济学家屠能运用最终生产力假设来分析了这一变化，得出了旧有工人会受到新增加工人的影响而受到剥削的结论。

屠能的主要想法是：原来的工人假如共有 10 个人完成一定量的工作，这时候会得到相应的工资，但是如果雇主再雇佣 10 个人参加原来的工作，那么这时每个人生产的产品价值就会下降，原来就在这里工作的工人做着同样的工作，但是拿到的工资却变少了，于是表现出了工人受到雇主剥削的现象。

克拉克在进一步研究后发现，旧有工人生产量的减少，并不是由于工作量的变化，而是由于资本的差额，也就是说，只要这时候加大资本的投资，旧有工人的工资就不会减少，也就不会受到剥削。

总之，生产量的变化受到资本和劳动两个变量的影响。实际上，这种影响也没有明确的数学关系，因为还有“可有可无的地带”存在，而这个“可有可无的地带”为工资的制定和人员的变化提供了一个缓冲，同时还由于其边界的模糊性而提供了一个可以衡量社会所有劳动生产力的标准。劳动分配的意义就在于，参与生产的各要素可以按它在所生产的产品中所占有的部分来获得报酬，让每个人都获得合理的工资，从而保障每个人的财产，最终达到保障社会稳定发展的目的。

那么，财富分配究竟有何意义呢？以电视机生产流水线为例，社会需要有人进行电视机的生产，但是也需要有人进行食物的生产，这里面是劳动与资本在起作用，组织的作用就是让电视机生产线的工人，在每天工作完后，可以拿工资去食物部门购买需要的食物，而食物生产线的工人每天获得的工资，也可以用来购买食物，食物工人与电视机工人都可以拿购买食物以外的剩余工资来购买电视机。这也就是财富为什么要进行分配的意义所在，也就是在生产的过程中，要不断为参与生产的各要素分配收入，维持它们的存在，这样生产才能进行下去。

16

《资本的秘密》：通向繁荣的资本激活之路

秘鲁著名经济学家——赫尔南多·德·索托

赫尔南多·德·索托（1941—　），出生于秘鲁的阿雷基帕，之后在日内瓦国际高等教育学院完成了他的研究生学业，曾担任过关贸总协定的经济学专家、铜输出国组织执行委员会主席，以及通用工程公司执行董事、瑞士银行组织顾问团负责人、秘鲁中央储备银行总裁。

赫尔南多·德·索托

在秘鲁前总统藤森执政时期，索托曾作为藤森的私人代表和首席顾问，制定了 400 多份法案和法令，使秘鲁的经济和政治制度实现了现代化，并使秘鲁重新实现了民主选举。

索托被《时代》和《福布斯》杂志称为世界上最具号召力的改革家之一，曾担任总部位于秘鲁利马市的自由与民主学会的主席，该组织被《经济学家》列为世界上两个最重要的“智囊团”之一。

一、为什么要写这本书

赫尔南多·德·索托和自由与民主学会一起为亚洲、拉美和中东的贫困国家制订和推行了资本形成计划，为全世界20多个国家和政府首脑制订了所有权改革计划，并一直致力于探索发展中国家贫困问题的解决之道。为了寻找发展中国家的经济发展道路，索托试图通过实证研究和历史研究，找寻西方发达国家的繁荣之钥，《资本的秘密》就是在这样的背景下创作出来的。

书中，索托通过对比发达国家与发展中国家资本经济的运作模式，创造性地阐释了资本的运作规律，并称之为“资本的秘密”；他揭示了西方发达国家之所以繁荣，是因为他们通过资产确权的方式，建立起了法律体系，将资产激活为资本，以此来增加资产的市场流动性；而多数发展中国家并没有建立起资产与资本的转换机制，它们所有的资产都只是僵化的资产，无法进行市场流通。他认为，合法的所有权制度就是资本主义助推市场经济发展的秘密。

二、资本的定义：被激活的资产

“资本”最初是指，资产的物质存在方式和它们创造剩余价值的潜能。在本书中，索托认为资本是一种资产，是能够在运动中发生增值、给所有者带来剩余价值的“活”的资产。也就是说，资产要成为资本必须具备两个条件。

- 一是必须赋权，即明确财产所有权，这是先决条件。这里的产权包括占有权、使用权、支配权、收益权和处理权等五个方面的所有权，并且这些权利能够在所有权文件中拥有清晰的表述，特别是在所有权文件中要对资产的自然属性、权益归属有着清晰的描述。
- 二是必须有完善的市场体系，来保证所有者的各种权益，能够通过市场交易得到实现，即必须有完善的资本市场。

第一个条件是制度基础，是先决条件，是第二个条件的保障；而第二个条件则是第一个条件的具体体现和延伸。这两个条件缺一不可。

正是有了所有权制度和市场体系，资本才得以产生。索托认为，由于资本具有提高劳动生产力、为社会创造财富的力量，并可以为国家发展和社会进步提供根基，使得广大西方发达国家从资本主义制度中受益。

索托和他的研究团队，在亚洲、非洲、中东地区及拉丁美洲等地区，做了大量的实地调研，收集了大量数据和事实，证明了大多数发展中地区已经拥有了可以使资本主义获得成功的资产，但是这些资产通常以非正式的手段被持有，比如他们的房屋可能建筑在所有权记录不够完善的土地上，他们的公司可能没有法人地位和清晰的职责，他们的财产权利可能没有得到可靠的登记和确认，因此他们的资产无法被激活后转化为可流动的资本，这也意味着他们的交易只能在彼此了解信任、范围狭隘的熟人圈子中进行，而无法延伸到更加广阔的市场上。他们的资产无法作为抵押物来获得投资，也不能投资为股票。

与之形成鲜明对比的是，在西方国家，每一块土地、每一座建筑、每一台设备、每一件库存，都在所有权文件中得到过表述，这使得他们的资产与其他领域的经济活动紧密相连。所有权制度成为这一庞大、潜在的生产过程的可见标志。得益于所有权制度，资产可以被激活转化为资本，能作为贷款抵押物，从而获得投资、进行投资或作为缴纳税款的保障。

三、资本的运作规律：从资产赋权到制度建立

想象一下，如果有这样一个国家：没有人知道谁拥有什么；没有人能准确描述自己的居住地址；人们可以欠债不还；资产不能顺利地转化成货币；所有权不能分割为股票；对于资产的描述没有统一的标准，也无法进行比较；居民区之间乃至街道之间，管理财产的制度各种各样……

有些人，他们尽管表面上贫困，但事实上却拥有难以置信的资产，可是由于缺少表述所有权和创造资本的过程，无人能准确地记录下他们积累资产的能力，这就导致了他们的资产不能得到表述，无法产生附加值，从而成为“僵化的资本”。这一点往往被大多数人所忽略，索托称之为“遗漏的信息”。

之所以存在大量“僵化的资本”，是因为在这些国家想要通过资本确权的方式来获得资产的合法所有权，存在着重重障碍。比如，索托的研究团队想要在秘鲁首都利马开设一家新型的、完全合法的小型服装加工厂，他们需要填写各种表格，经历长时间的排队等候，要经常乘坐公共汽车，到利马市中心领取各种证明文件，以便按照法律规定获得足够的资格而合法经营。他们每天花 6 个小时，总共经过了 289 天才完成了注册。而要想获得在一

块国有土地上建造一座房屋的许可证，则需要花6年零11个月，与52个政府部门打交道，完成728道手续。同样地，私营公共汽车、小公共汽车和出租车司机，想要获得运营线路的官方许可，也需要26个月才能完成官僚主义者规定的层层手续。

正是由于这些客观事实的存在，这些国家中大多数潜在的资产没有得到确认或了解，资产也就无法变为资本，而资产本身潜在价值的经济属性没有得到描述和组织，资产也就无法通过多重交易产生剩余价值，最终就导致了经济交流受到限制，以至于国家陷入经济落后、发展缓慢的局面。也就是说，发展中国家不能将资产附加于生产性用途上，产生附加值的根本原因就在于：他们的资本不足，且无法激活资产的潜在价值来产生资本。

那么，如何才能将“僵化的资产”变为“活”的资本呢？必须使资产赋权，并在所有权文件上得到表述，通过使它们在记录系统中得到确认的方式，将资产的潜在价值概念化，对所需的相关信息加以掌握和组织，使人们在所有权范围内确认和开发他们的资产。具体来说，在确认了资产所有权后，可以产生六种影响，这些影响也是资本的运作规律。

一是所有权制度可以确定资产的经济潜能，使所有者极其容易地发现隐藏在资产中最具创造力的品质。

比如，一片山间湖泊的潜能得到确认后，就可以转化成具有使用价值的能量；一处房屋所具有的潜在价值被加以释放后，就可以转化为活跃的资本。在这两种情形下，一种状态转化到另一种状态都需要一个确权的过程，借助于这一过程，一种有形的实体就可以转换为一种人为的表述方式，借助于这种表述，我们就能够将资源从沉重的物质束缚中释放出来，并将着眼点放在资源的潜能上面。

也就是说，资本可以通过文字形式的表述而产生，这些表述形式包括：所有权凭证、有价证券、协议、合同以及其他类似的记录，表述的对象是围绕资产在经济和社会中的价值特性，而不是资产在外观上最引人注意的方面。借助所有权凭证，资产的潜在价值第一次得到了描述和记录。在发达国家，通过提供必要的信息、参考规章和执行机制，这种合法所有权可以作为从其他方面获取利益、建立责任制度的手段，比如贷款抵押、投资担保等。这种所有权制度使得西方国家获得了创造剩余价值的工具，超越了资产的物质属性。所有权表述不仅使得资产可以由物理特性来衡量，更可以从潜在的经济和社会特性中产生更大的价值。

二是所有权制度能将分散的信息综合地融入一个制度之中，使有关所有权的信息全部实现了标准化的管理，资产所有者对资产的运用也能从这种制度中受益。

这种所有权制度的核心，就是将大多数资产接纳进一套正规的表述制度之中，使得这些资产的所有权明晰。正因为实现了所有权制度的统一化，发达国家的公民即使没有看到资产本身，也能获得资产的经济和社会性质的描述，而不用走遍全国访问每一个资产拥有者及其邻居。资产的潜力变得更容易评估和交流，这大大促进了资本的产出。

三是建立责任制和信用体系，使资产从具有限制性的地方规定中解脱出来，进入全国统一的法律制度体系之中，以便资产所有者在全国范围内负起责任。

这种制度把享有所有权权益的人转变为承担责任的个体，把个体从群体中分离出来，使得人们不再需要依赖邻里关系或地方性协议来保护资产权利。人们置身于一种正规的所有权制度中，资产所有者失去了匿名的可能性，个人的责任感得到了巩固。

也就是说，如果有人没有为他们获得的商品和服务付款，那么他们的身份就能被确认，并遭到扣息、罚款、禁运、降低信用等级等惩罚，政府部门也能够了解到违法现象和合同诈骗，并依法暂停当事者的经营权，对财产行使留置权，剥夺其对合法财产的部分或全部权利。正规所有权制度保护的并非仅仅是所有权本身，还保护交易行为的安全性，这使得公民心悦诚服地遵守着法律，去尊重所有权凭证并兑现商业合同。他们可以通过合同从事一切合理的交易行为，并同时承担相应的义务。

四是所有权制度的确认，为市场交易提供了法律保障，使得资产能够互换。在西方国家，对资产的标准化描述会被记录下来，用以促进资产的组合。

正规的所有权制度规定，资产的描述方式不仅要体现出资产的独特性，更要体现与其他资产的相似性，只有这样，资产的潜在组合才能更容易实现。只有通过标准化记录，资产才能突破区域限制，发挥出最大效益。事实上，所有权的表述能在不动用资产的情况下，对资产进行分割。在现实世界里，尽管像工厂这样的资产是不可分割的实体，但在正规所有权表述的概念化空间里，它可以被任意分割成多个部分，而不影响资产的物理性和整体性特征。也就是说，正规所有权表述可以作为自然资产的移动替代物，方便所有者任意进行分割和组合，通过流通和交换创造出更大的价值。

五是通过对资产明确所有权的方式，可以建立起人际关系网络，使人们可以方便地得到有关资产的全部资料和历史记录，从根本上促进资产的交流。

确权的过程中会将资产所有者与资产、资产与地址、所有权地位与执行机制建立联系，使资产及其所有人的历史信息更容易获得，这一系列的行为，将西方国家的国民编入一张网络之中，这张网络由可识别的个体和需要履行责任的商业代理人组成，就像铁路的调车厂一样，使资产像火车一样在车站，也就是在资产所有者之间，安全地运行。这张网络不仅仅是资产网络，更是信用网络，它使得普通公民能够与政府及私人机构建立起联系，从而得到额外的商品和服务。

六是有一套正规的所有权制度，不仅保护了所有权，还保护了交易行为的安全性，可以帮助人们去探索资产的潜能，完成资本的实现。

西方国家对于交易行为安全性的强化，使得这些国家的公民能够通过少量的交易行为调动大量的资产，这也使得交易更加便利。比如，想要交易大批量的猪，只需要把对猪的所有权表述带到市场上，即可完成交易，而不必担心交易的安全性。

综上所述，正规的所有权制度超越了资产所有人的物主身份本身，提供了一套工具，可以把“僵化的资产”积累转化成“活”的资本，而资本的秘密就在于此。

四、制度的发展路径：所有权制度的整合统一

在发展中国家，法律制度的不足阻碍了劳动分工，把未来的企业家局限在经济专业化水平和生产率都很低下的圈子里，这阻碍了资产的互换和更大的人际网络的创立，无法使资本的潜力大规模地提高。

随着这些国家社会生产力的提高，人口数量的迅速增加，相当多的人也从封闭的社会和家庭转移了出来，参与到从未有过的、

规模空前的经济和智力交流之中。这意味着，许多城市随着生产力和生产方式的发展，发生了惊人的经济和社会巨变，而这种发展超越了其政治和法律制度的变革速度，使得法律体制落后于这种发展，迫使法律之外的规章制度被建立起来，进而替代了现有的法律并发挥着作用。

因此，人们并没有意识到，在现实生活中，规模组织由小向大地发展，产生了大量资产高效确权方面的需求，而这种快速增长的需求，导致了不合法部门的成长和现存法律秩序的崩溃，直到政府提供给他们一个合法的所有权制度，才使得他们能扩展劳动分工并创造大量资本。究其原因，一是现有合法的所有权制度已经过时了，二是几乎无人意识到他们所面临的问题由来已久，官方也没有注意到法律制度强加的规则，大大降低了资产确权制度运行的效率，而这种低效率一旦超过了社会可接受的范围，就会改变那些排除在法律之外的人们的愿望，导致大量的不合法经济的存在。

而这些不合法的活动，所产生的资产无法接近产生资本所需的任何合法的所有权体制，从而限制了资本的流动，降低了资本流动的速度。对很多人来说，时间意味着生存，走法律制度规定的程序，所需要耗费的时间足以拖垮他们。为了生存，这些资产所有者只能跳出法律的管辖范围，去从事贸易、生产、运输或者消费活动，建立起属于他们自己的“不合法制度”。所以说，造成这些非法的、“僵化”的资产根源，在于政府成文法律和大多数国民的生产方式不协调。为此，政府必须把所有社会资源融入一个有秩序的、前后一致的法律框架之中，使不合法的协定变得充满理性。

因此，官方必须建立起一套广泛的、合法的所有权制度，它们必须区分什么是主要因素、什么因素能带来生产力、什么因素在长期发展过程中不可取消，以此来使所有权制度找到新的平衡点，同时把损失减少到最低限度。

综观 18、19 世纪美国的所有权制，在融合不合法的和正规的所有权制度时，所产生的分歧和压力，我们得到的启示是：第三世界国家可以采取多种新方式，在松散的、不合法协定的基础上，创造出一套全新的、正规的所有权制度，把整个国家的“僵化的资本”激活，从而创造出大量“活”的资本，建立起富有活力的市场经济。

美国非正规所有权制度现象的出现、不合法定居现象的增长，使得政府为限制不合法的财产所有权付出了代价。于是，美国政治家运用优先权法案，将非正规组织融入美国新的正规法律制度之中，将资产权利发展成为财产所有权。其基本做法是采取渐近式的方式，接受最穷的美国人所创造的所有权标准和协定，把它们融入土地法案之中，使人们可以把全部的资产转化为资本，将所掌握的资产全部纳入正规的法律制度之中。

人类行为的背后是什么

17

《道德情操论》：行为经济学的哲学本源

“古典经济学之父”“现代经济学之父”——亚当·斯密

亚当•斯密

亚当·斯密（1723—1790），英国经济学家、哲学家、作家，经济学的主要创立者。

亚当·斯密强调自由市场、自由贸易以及劳动分工，被誉为“古典经济学之父”“现代经济学之父”。

世人多将亚当·斯密的《国富论》奉为经济学圣经，但是鲜少有人知道，斯密的另一本呕心沥血之作《道德情操论》，才是他致力于终身研究的“心头好”。《道德情操论》的面世先于《国富论》近 17 年，亚当·斯密先后对该书进行了 5 次大修。在即将离世之际，他将自己毕生所知所想记录于内，进行了最后一次的修改，并将其称为“对人世最后的告别”。

一、为什么要写这本书

在17—18世纪这段时期，英国率先进行了资本主义工业革命，传统的手工业开始被工业机械所代替，社会生产力空前提升，却形成了资本家与工人关于财富分配的巨大矛盾，资产阶级与旧贵族的斗争逐渐升级，社会秩序被打乱了。而且，法国主张解放人性的思想启蒙运动进入英国后，给英国民众的思想带来了巨大影响。于是，自由贸易理论与重商主义的争论开始在英国扩散开来。与此同时，传统的为宗教神学服务的思辨哲学，也不再适合用于解读新世界秩序下的人类道德动机和社会秩序的成因了。于是，学者们开始抛弃人类是从神那里获得道德理解的看法，转而研究人类的自然感情与道德的关联。

亚当·斯密“集多家之大成”，编织成一个层层递进、环环相扣的思想理论体系，成就了《道德情操论》。

- 英国哲学家沙夫茨伯里在《论德行与价值》中提出，道德起源于情感而非理性。他认为，人的自然情感和激情是人性的基础，并且人的自然情感是道德的来源，也是整个人类社会生活建立的基础。因为，世间万物的运行均有其目的性，而人本性的最终目的就是德行。于是，人类才拥有了道德感。在人类满足个人需求而追求个人利益的同时，道德感能使人类同样关注社会利益，做出利他的行为，并最终获得相应的个人利益。

- 与亚当·斯密同时代的苏格兰哲学家大卫·休谟提出了“有限的慷慨”的概念。他认为，在资源相对匮乏的情况下，人都有自私的一面，但是人类的自私不是绝对的，而是有限的、相对的，所以在一个容纳较多个体的社会中，会体现出有限慷慨的一面。人们通过同情他人，从而获得他人的认可，这可以保证自身的利益得到更有效的保护。就像是捐赠行为，很多企业和名人非常愿意参加公益行动，包括将自己的资金和物品进行无偿赠予，因为这种利他行为不仅可以使自己获得道德满足感，同时也可以收获他人的认同和更大的社会性效益，这就是人们在自私和慷慨之间所做的协调与平衡，也就是休谟所说的“共同利益感”。正是这种“共同利益感”构成了人类政治社会的动力源泉，而由此产生的“对财产权的确定”“协商财产转移”以及“履行承诺”这三个基本经济学规则的论述，就构成了休谟的经济哲学，这也对亚当·斯密的理论造成了相当大的影响。
- 同时，被亚当·斯密称为“永难忘怀的老师”的英国哲学家哈奇逊对亚当·斯密经济哲学思想的形成，有着更大的影响。哈奇逊表示，对于我们所认为的尊敬、乐善好施等具有高尚品格的行为，常常被看作是无私的，但是这种看法只来自在我们的道德感标准衡量下所感受到的，而其行为本身并不能说是无私的。所以，在他看来，任何与利己有关的动机都可以与利他行为相结合和相适应，也就是说，只要我们利己的目标与公共利益的目标趋同，且利己的程度是有节制的，其结果就可以被认为是符合公共道德的。当将这种思想嵌入经济学时，人的道德品质就被认为是经济活动的基本前提条件了。

二、研究的基点和钥匙：同情理论

亚当·斯密极为推崇“同情理论”，这也是他整个理论体系的基点和钥匙。

亚当·斯密认为，同情是人类与生俱来的自然情感。即便一个人看起来多么自私，但是他依然具备这种情感，而看起来无私的人则是因为拥有更加发达的此类情感，也就是说，无私的本质并不是道德感，而是自然情感。斯密所说的同情，更像是心理学中的“共情”，即我们不仅会因为别人的悲伤而产生怜悯之情，也会因对方的喜悦产生快乐的感觉。事实上，那些能被人们“共情”的文学作品将会流传下来，并对社会产生更加深远的影响；而我们一旦从周围人那里得到了理解，我们便会与那些人发生更紧密的联系。同情理论也被亚当·斯密认为是社会秩序的根本成因。

而我们与小说的作者或者电影的导演明明拥有不同的感情、大相径庭的经历，甚至相距遥远的年代，但是为什么我们可以与他们的感情产生共鸣呢？亚当·斯密认为，虽然旁观者不能真正理解当事人的情感，但是当事人可以用一种比较好的表达和理解的方式讲述给旁观者，也就是将原本的情绪感降低，这就构成了情感表达的合宜性。人们会在交往中不断追求这种合宜性，以满足自己的内在情感需求，这种追求会逐渐变为情感自律，比如愤怒的人努力控制自己的情绪，甚至学会以德报怨，这就形成了我们惯常理解的美德。

但是，很多人没想过，这种合宜性其实还有一种社会标准存在，这种标准又被称为“公正的旁观者”。其实，情感的合宜性与当事人和旁观者自身的想法并不一定相契合，更多的是来自社会要求和文化熏陶。而且，基于我们的生活经验所形成的、被普遍认可的道德准则，也被认为是这种合宜性的社会历史化的存在形式。

值得注意的是，亚当·斯密从现实生活中整理出了三个特殊的行为合宜性情况。

- 第一，我们通常对悲伤情绪比对快乐情绪更容易产生共情，但是共情后的悲伤程度却不如当事人那么强烈，而共情后的快乐情绪则更加接近当事人所感受的程度。
- 第二，我们会对拥有才华和优越地位的人产生更多的同情。比如，一个被认为是优等生的学生和一个被认为是普通的学生一起落榜时，我们会更加同情那个优等生。因为追求财富、地位是人们的天性，而在想象中与这类人共情可以满足我们的愿望。
- 第三，我们的同情会更多地给予富人和大人物，同时会怠慢贫穷者和小人物。但是亚当·斯密表示，如果大家只向往财富和地位，而忽视智慧和德行，必定要承担道德败坏的后果。

亚当·斯密的同情理论其实是人们内在情感逐渐社会化的过程，即我们从原始情感出发，不断控制自己的情绪，逐渐趋向社会性活动的需求，最终产生了社会化标准，进而将大家的情绪和谐统一起来，产生了普遍性认可的秩序。

三、研究的核心：正义理论、良心理论、德性理论、“看不见的手”

亚当·斯密的整个理论涵盖了社会伦理底线“正义理论”，当正义的标准无法评判时，良心理论就会作为“公正的旁观者”

来修正我们的行为。人们常说的德性则包含了完美的审慎、严格的正义和合宜的仁慈，叠加上完善的自制，构建成了最优的德行架构，以此来促进社会向完美的秩序发展。

（一）正义理论

正义理论是社会伦理的底线，是社会秩序稳固的最低标准，是构成社会公认法律的基础，违者将遭到惩罚。由同情的自然情绪演变为社会秩序之后，就诞生了亚当・斯密的“正义理论”。在亚当・斯密看来，“正义理论”是社会伦理的底线，是社会秩序稳固的最低标准，它也被后人认为是法理学的重要依据。

正义与我们之前所说的以德报怨的高尚情操是不一样的概念，而且对正义的执行应该优先于情操的实现。因为以德报怨完全基于自身的思想和道德的限制，而亚当・斯密认为的正义却是具有强制性的。

并且，正义的标准首先是一切以牺牲、损害他人利益来满足自己需求的想法和行为都不能被公众所认可，其次是对伤害自己和伤害他人的非正义行为都应该持反对且制止的态度。比如，我们都认可杀人凶手必须得到惩戒、损坏他人财物的人应该予以赔偿。由此可见，正义的目的是保护社会中每个个体都能不受其他个体的压迫或非正义的对待。一旦触犯这个标准，就意味着需要经受强制性的惩罚。只有这样，才能保证社会成员的基本利益不受侵害，每个个体也会明白利己行为的限度和边界。基于此，对内维护社会秩序的国家法治系统和对外保护国人生命财产安全的军事系统就出现了。

当然，这个观点也被用在了亚当・斯密的经济理论中，因为商业社会中的正义就是维护商业交易的正常秩序，以及维护商品交易的所有权规则。那么，我们又是怎么判断这个惩罚是否合理呢？亚当·斯密认为，最无可争议的评判有三个层面可作为依据：第一是内心意图，第二是内心意图所引发的外在行为，第三是该行为最后产生的结果。其中，只有后两个层面才可以作为赞扬和责备的依据，因为外部行为和产生的结果往往不以人的意志为转移，而会因其他各种客观原因变得偏离人原本的意愿。

比如，司机开车撞伤行人，因为撞人并不是他的意图，没有人能将其称为凶手；如果此时，他驾车逃离了事故现场，而不是选择救人，那么他就是有意识地对伤者弃置不顾，甚至可能因他的逃离而导致伤者的死亡，我们则会称这样的人为凶手。当然，不管他的内在意愿被如何判定，损害他人利益的结果并没有改变。

因此，为了避免招致惩罚，亚当·斯密还特别强调，不仅要以善意去做善行，也要保持对正义标准的敬畏和尊重。事实上，旁观者很难对人的内心意图进行评判，所以人类社会的法律也往往会依据后两个层面来制定，而第一层面则往往留给良心进行审判。

至此，亚当·斯密认为，人的良心和经验就可以塑造起完整的赏罚机制了，这种机制可以一边引导社会向更有秩序的方向发展，一边更能保证群体的延续性，就像我们认可的“敬人者人恒敬之，杀人者人恒杀之”。

（二）良心理论

良心理论作为“公正的旁观者”，在内心中对人们的行为进行审判，违者将获得良心的谴责。当人的内心意愿难以评判时，良心的审判则会成为重要一环，这就是亚当·斯密的良心理论。

亚当·斯密认为，我们同情别人，是因为站在自身的立场上能理解对方的所思所想。于是，我们就学会了站在别人的立场上去判断，对方是否会同情自己。而就像我们之前所说的那样，人生来就需要被别人认可。因此，我们就会站在别人的立场上来修正自己的行为，以获得别人的认可。亚当•斯密将良心也称作“公正的旁观者”。

当我们用“公正的旁观者”眼光来评判自己的行为时，就会因得到自己觉得应得的认可而欣喜。反之，也会因遭到自己觉得应得的否定而感到惭愧、悔恨，乃至产生痛苦的感觉，就如同我们被叫作良心的审判者惩罚了一样。于是，人们会因为惧怕良心的惩罚，而向我们所认为的、被认可的行为方向无限趋同，且会通过了解众多他人的想法来不断修正这个行为的方向。而我们这里所说的“众多他人的想法”，最后就构成了人类社会的普遍准则，这种普遍准则可以让个人不需要去花费太多时间和精力去了解社会上的每个人，就能知道大家认可的行为清单。

当然，在不同时代和不同国家的不同境况下，这些行为也会略有不同。在文明社会中，人们往往会处于相对安宁的环境之中，所以带有善良、仁慈品质的行为就极容易受到推崇。而在需要不断面临生存威胁的环境下，人们会更加认同英勇不屈的行为。在面对那些历史上出现过很多残酷的时期和残暴的政府时，斯密认为，我们并不会因为那些暴行普遍存在就扭曲人们对善恶品质的认同感，只是因为承袭的缘故，才导致人们没能察觉到他们所面对的行为的残暴性，并且该行为也会在社会中得到更大的原谅。

至此，亚当·斯密认为，在人类天性中起支配作用的正是我们对普遍准则的尊重，人类社会的运行也依赖于我们能否在最大程度上尊重普遍准则。亚当·斯密甚至认为，我们对普遍准则的遵从，可以促成世间安定、人性完美的最终目标。因此，当我们想将别人的财物据为己有时，我们的良心审判者就会让我们通过别人认可的方式来得到梦寐以求的财物，这也是商业社会运转的普遍准则。

（三）德性理论

德性理论是由审慎、正义、仁慈和自制的德性构成的，也被认为是人类追求幸福的主要德性。

亚当·斯密的德性理论源自两个问题：第一，个人德性是如何让我们生活得幸福的？第二，个人德性是如何让他人感到幸福的？亚当·斯密对前者的回答是：具有审慎的德性，而对后者的回答则是：需要具有正义和仁慈的德性。

1. 何为审慎的德性

亚当·斯密认为，审慎是在自己做决定的时候要经过再三考虑，将个人的生命、财产安全看作首要因素。除此之外，审慎与其他德性融合，还可以形成不同的优秀品质。

比如，与勤劳融合，审慎可以被视为认真勤奋，因为审慎的人“不打无把握之仗”，所以他会充沛知识并做好准备；与理性融合，审慎可以被视为真诚坦然，因为审慎的人认为虚妄做作有被揭穿的风险，所以他们常常表现出真实的自己，并以此为荣；与温柔融合，审慎可以被视为随和友善，因为审慎的人不愿轻易制造敌人，所以他们会保持礼节，且拒绝贸然表达激烈的观点……

亚当·斯密表示，如果审慎只是被用作保护个人安全和财产安全，那么就是最低等的审慎德性；而能够在各种情况下让自己保持最合宜的行为和倾向，则是高级的审慎，这种高级的审慎德性可以将个体的智慧和品德塑造得尽善尽美。但是审慎德性对于个体而言是好品质，但是该品质并不利他，所以也不能因为审慎德性而获得赞赏。

2. 何为正义的德性

亚当·斯密表示，正义的奉行不取决于自身的意愿，因为它的客观性很强，所以也可以称其为其他德性的基础。也就是说，我们在考虑其他德性之前要先满足正义的德性。就如同我们之前所讨论过的正义理论那样，正义德性将受到外部环境的严格约束，其最低效用就是防止人们互相伤害，因此斯密又将其称为“消极的德性”。

3. 何为仁慈的德性

与正义不同，仁慈也是作用于整个社会的，但它没有明确的普遍标准来予以界定，也不会因为触犯而被惩罚。仁慈可以使我们更加关心别人的情况，更愿意做出利他的行为，也就是合宜的仁慈，亚当·斯密又将其称为“社会德性”。

从实际情况来看，我们的仁慈是有次序的。首先我们会将最多的仁慈德性赋予我们的家人，其次是朋友，依此类推。同时，这种仁慈的程度也会随着感情的逐渐疏离而逐渐淡薄。斯密认为，如果将这个次序套用到社会团体中，那么首先就是民族大义，之后是爱国之义，最后是阶级或者团体之义。还有一种是普惠万物的人间大爱，亚当·斯密认为这是人力所不能及的，因此它只能源自神性。

正义德性与仁慈德性从保证人们不相互伤害到关心他人的权益，可以将个体与社会运行的关系完整地搭建起来。但是，即便个体理解了完美的审慎、严格的正义和合宜的仁慈，如果没有完善的自制德性，也不能提升社会幸福感。天主教认为，人类具有七宗原罪，分别为傲慢、嫉妒、愤怒、懒惰、贪婪、暴食和淫欲。

亚当·斯密认为，傲慢、嫉妒、愤怒会促使我们背离责任感的因素，懒惰、贪婪、暴食和淫欲则是引诱我们背离责任感的因素。这两类因素都需要我们用自制德性来进行控制，而且自制德性俨然成为实践其他德性的基础。

至此，个体的审慎德性、社会的正义、仁慈德性以及必备的自制德性，构建起了亚当·斯密的完美德性理论。后世学者认为，需要兼具审慎、正义、仁慈、自制四种德性的完美德性理论，本质上是圣人式的德性理论，它或许真的能实现全社会的幸福，但从其本质上来讲，却也是最难完成的。

（四）“看不见的手”

“看不见的手”让人们发挥人性中自私一面的时候，却成了达到利他效果的“造物主之手”。亚当·斯密认为，“看不见的手”其实就是自然之手，或者可以称之为“造物主之手”，因为这只手是在人性体现出极端自私的情况下产生的，却又并不为人所知。

比如，当一个拥有大量土地的地主，希望能让这片土地生产出最大价值的产品，以满足自己的贪欲时，他一定不得不为此雇佣其他人，以及购买农具，如此一来，这个地主的经营所得就有部分变成了经营成本而分享给了其他人，来帮助这些人生存下来。亚当·斯密认为，这正是造物主利用人性的自私而做出利他贡献的表现。在亚当·斯密看来，如果国家的管理者能充分理解并运用这个方法，将社会人的人性加以合理引导，将既有益于个人，又自然而然地有益于社会。

18

《国民经济学原理》：探索人类复杂经济现象的规律性

现代边际效用理论的创始者之一——卡尔·门格尔

卡尔·门格尔（1840—1921），是奥地利著名经济学家、现代边际效用理论的创始者之一，同时也是19世纪70年代新古典经济学的三大发起者之一，是经济科学中奥地利学派当之无愧的开山鼻祖。

卡尔·门格尔

作为这个学派伟大的开端，《国民经济学原理》树立了门格尔一生的学术声望。19世纪80年代，他的周围聚集了一大批追随者，并形成了强有力的奥地利学派。至此，门格尔与英国的杰文斯、法国的瓦尔拉斯同时成为“边际效应”的真正倡导者和奠基者，门格尔当之无愧地成为现代经济学的开创者之一。

一、为什么要写这本书

19世纪下半叶，人类欲望的存在和满足欲望的物质，成为人类经济生活中的两个基本要素。人们为了满足欲望而不断奋斗，然后又抬高欲望，但是能够满足人们欲望的物质却非常有限。因而，这两个基本要素之间存在着巨大的矛盾，亟待解决。

作为一名经济学家，门格尔发现了这一系列亟待解决的问题。于是，他全神贯注地研究这些问题，把建立一个统一的价格理论作为主要目标，企图用一个主导的概念来解释一切价格现象，尤其是利息、工资和地租。为了给这个目标奠定坚实的基础和铺垫，门格尔花费了大量的时间和精力，致力于研究出一些新概念，比如主观价值和个人感觉。

但是，值得注意的是，门格尔对这些概念的阐述，不再是干巴巴地列举或定义，而是成为一种强而有力的分析工具。而且，他对基本问题的语言表述也毫不逊色，在许多方面还明显地优于他那些后期的著作。经过不断的研究和整理，他最终完成了《国民经济学原理》这本书的创作。

门格尔认为，在19世纪下半叶，人们对自然科学领域上的进步，都予以一致的、欣然的承认。但对于社会科学，尤其是经济学，人们并没有给予应有的重视，反而对其价值产生了疑问。这让门格尔感到不可思议。因为纵观来看，一般人重视经济的利益，从来没有像当时那样的强烈；一般人想为经济行为求得科学的基础，也从来没有像当时那样的深切。

面对这样的疑问，他陷入了深思并进行了研究。最终发现，实践家之所以不注意经济学的发展，在其进行经济活动时之所以只依靠自己的体验，并不是因为他们轻率或没有能力，也不是因为他们过于傲慢而拒绝真实科学为他们提供的深刻见解。事实上，他们不关心的原因，应归于经济科学本身的落后现状，以及那些想为经济学获得经验基础而努力的一次次失败。所以，对于为了探索经济学的发展基础而进行的任何尝试，不管以怎样微弱的力量进行，都是值得赞许的。因为这意味着经济学家们奉献出了一己的力量，去解决与人类福利和公共利益密切相关的种种问题。

但是，为了避免这种尝试引起人们的不信任，门格尔坚定地表明了自己的研究初心和立场。他认为，一方面，对于以往在经济科学领域开拓的一切方向，须勿忘并加以细密而高度的重视；另一方面，对于前人的见解，甚至对那些经济领域的牢固成就或流行的各种学说，也须进行独立的判断，并敢于加以批判。因为只有站在前人的肩膀上，经济学家们才不至于抛弃各国各时代许多卓越学者，在向着同一目标进程上所积累的全部经验。只有通过审视与批判，经济学家们才不会从一开始就放弃深入研究并改革经济学科基础的一切希望。

也就是说，经济学家们必须承前启后，一方面将前人的见解作为自己的精神财产，但同时也要敢于检验，敢于让人类思想认识到事物的本质。这就是门格尔及其学派的立场。

二、研究的视角：人的行为及其对自我欲望的满足

究竟要如何拨开层层复杂的经济生活现象呢？门格尔给出了自己的答案，即注重对人，尤其是人的行为进行研究。在他看来，所有的活动，包括政治的、社会的、经济的、文化的等，都是由人来参与的，这是一个由人形成的世界，因此所有问题的根本出发点必须追溯到“人的本身”。

所谓“人的本身”，指的是人对自我欲望的满足，是人从初级欲望到更高级欲望的感知和追求，正是基于此，才形成了丰富且复杂的现代经济和现代社会。所以，门格尔认为，经济学研究的不是需求与供给，也不是货币的松紧，而是“人”。

门格尔反复强调，人对欲望的满足，才是经济活动的重心。推动现代经济运行以及自由市场形成的也不是分工，而是人们对欲望满足的升级，人对自己欲望的满足，以及对更高级欲望的感知和追求的过程，就是人类经济活动和社会进步的动力。可以说，将经济看成“人”而不是物，将经济研究的对象聚焦于人的行为及欲望，是门格尔乃至整个奥地利学派的根基。

那么，以“人类欲望”这一视角，门格尔又开展了哪些方面的研究呢？

首先，门格尔在开篇就探讨了人类欲望及其满足手段之间的因果关系。

门格尔认为，一切事物都受因果规律的支配，这个大道理是不可否认且没有例外的。然而人的自身性格及每一状态，也是这个巨大世界关联的一环，所以人的欲望从萌芽到满足的状态过渡过程，也必须依从因果规律。门格尔称，与人类欲望满足有因果

关系的物，叫作有用物，我们认识了这个因果关系，并在事实上因为获得此物而满足了我们的欲望时，就可以称此“物为财货”。比如，我们所食用的面包以及制造面包的面粉、磨成面粉的谷物、生长谷物的耕地等，这一切都是财货。

其次，由不同财货对欲望满足的因果关系的“远近”，门格尔推导出了著名的财货区分理论。

因为仅仅对财货性质有所认识，对经济科学来说是不够的，还应该致力于用内在原理来梳理财货的内涵，去认识每一财货在其因果关系中所占的位置，最后才能探索出那些支配着财货的各种规律。

通过研究发现，在对人类欲望的满足保持着因果关系的各种财货之间，不同用途的财货对欲望的满足会存在不同的“较近的”或“较远的”的因果关系。因此，财货也有级别的区分。

- 那些与我们欲望的满足有直接因果关系的物，就称为第一级财货，比如面包、饮料、衣服、装饰品。
- 在市场中，那些与我们欲望的满足虽无直接的因果关系，但却具有不亚于第一级财货性质的许多物，比如面粉、燃料与盐、制造面包的设备和工具、制造面包时所必需的熟练劳动力等，虽然它们没有直接满足人类欲望的能力，但却对制造第一级财货有用，这种对人类的欲望满足有间接因果关系的物，可称为第二级财货。
- 同理类推，不难指明，被我们认为具有财货性质的物的范围可以继续延伸，就之前选用的实例来讲，磨坊、小麦、黑麦及制作面粉所用的劳动力等，就可称为第三级财货。
- 而耕地、耕种耕地所需的工具与设备及农民的特殊劳动力等，则可称为第四级财货。

再次，对这些满足欲望的不同等级的财货，人类可以进行直接支配或间接支配。

事实上，我们支配着第一级财货，就可以直接用它来满足我们的欲望。我们支配着相应的第二级财货，就可以将它变形为第一级财货，而使它间接地满足我们的欲望。我们支配着第三级财货，我们也可以先将它变为相应的第二级财货，然后再将它变形为相应的第一级财货。这样，虽然采用的是更加间接的方法，但我们也可以将第三级财货用来满足我们的欲望。其他的一切高级财货也是同样如此。

例如，假定有一个“经济人”，虽未直接支配着面包，但却支配着制造面包所必需的一切第二级财货，那么毫无疑问，这个人仍然是能够满足他对面包的欲望的。以此类推，人类若能不断地增加对高级财货的间接利用，那么对直接支配物质材料的能力就会变得越来越大。

最后，人类对于自己欲望满足的筹划，和对生命与福利的筹划同等重要。

门格尔谈到，欲望生于我们的冲动，冲动则基于我们的体质。欲望若没有得到满足，将伤害我们的体质；欲望仅仅得到了不充分的满足，将萎缩我们的体质。欲望若得到了充分的满足，就意味着我们是在生活着并繁荣昌盛着。所以，我们对于自己欲望满足的筹划，算是最重要的努力了，因为它是其余努力的前提和基础。

那么，什么是筹划呢？门格尔给出了自己的看法。他认为，在实际生活中，我们对于凡是可以满足自己欲望的东西，都想将其置于自己的权力之下，这一行为就表现为筹划。同时，一个人为了满足其欲望所必需的财货数量，就叫作这个人的需求。因此，人们对于保持生命与福利的筹划，就变成为人们对于自身需求满足的筹划了。由此可见，假如人们不预先做好筹划，而是临时才去考虑对财货的需求，则其欲望势必很难得到满足，从而他的生命与福利的保持，也将很难得到保证了。因此，在我们所见到的一切地方，都可以发现文明人为其欲望的满足，而有组织地进行着大规模的预筹活动。

三、研究的核心：对价值、价格、商品及货币原理的阐述

门格尔对于复杂经济现象规律性的剖析，是以人的行为和欲望满足为起点来展开的。基于此，他相继对价值、价格、商品及货币相关的理论做了阐述。

（一）主观价值论

门格尔发现了这样一个普遍原理：财货的价值，在于满足人们的欲望。一种财货对我们来说之所以有价值，是因为支配这种财货，对我们欲望的满足具有一定的意义。所以，在我们意识到欲望的满足依存于一种财货的支配时，我们就不得不承认这种财货具有价值。所以，当“经济人”意识到了这种情形时，即意识到了他们欲望的满足及其满足程度的大小，是依存于他们对某财货的一定量的支配时，该财货对经济人而言，就有价值。

也就是说，财货的价值，是基于财货和我们欲望的关系，并不是基于财货本身。这个关系若有变化，价值也会随之产生或消灭。因此，价值的本质是主观的，它既不附属于财货，也不是财

货应有的属性，更不是独立存在的，而是人们对财货能够满足欲望的强度的一种主观评价。

通俗来说，一件东西值不值钱、值多少钱，就得看这件东西对这个人欲望的满足，起到了怎样的作用。如果对这个人欲望的满足非常重要，那么，这件东西就非常值钱；如果对他欲望的满足没有什么作用，那这件东西就不值钱。所以，一个东西值不值钱，看的不是东西本身，更不是所谓的生产成本、劳动价值、交换价值等，正如门格尔所说，“并不基于财货本身”，而是看它对人们欲望满足的作用。

同时，这种财货价值原理，产生于上述的财货需求量与支配量的关系。继而，门格尔认为，只有当财货的需求量大于财货支配量时，此时的经济财货才对人有价值；而如果财货的需求量比其支配量小，这样形成的财货就只具有非经济性质的数量关系了，是没有价值的。

也就是说，在非经济财货中，人类对某一部分财货是没有欲望的，因而这部分财货就会失去其经济性质。对于这些不具有经济性质的财货，我们纵然对其加以支配，也无益于我们欲望的满足，所以这些非经济财货，对我们来说就没有什么价值。这也是后来边际效用价值理论的起源。

（二）交换与价格理论

门格尔认为，一个正确的价格理论所应说明的，是经济人在企图尽可能地满足其欲望的努力上，是如何以一定量的财货相互交换的。而财货交换的可能性，是以这样的条件为前提：即某经济主体所支配的财货对他的价值，比另一经济主体所支配的其他财货对他的价值更小；而同时，另一经济主体对这两种财货的评价则正相反。此刻，双方就构成了产生交换关系的条件，然后在这个条件上，就会存在着一个价格形成的界限。在这里，举一个例子说明。

对甲来说，假定100单位的谷物与40单位的葡萄酒，其价值正好相等，则很显然，无论在何种情况之下，甲都不愿意以100单位的谷物与40单位的葡萄酒相交换。因为这样交换以后，他的欲望满足度并未增加。因此，若要他同意交换，必须在交换以后，他的欲望满足度能比以前有所增进。如果他能以少于100单位的谷物换得40单位的葡萄酒，他就愿意用谷物与葡萄酒交换了。

因此，假如我们在这种交换关系之下来确定葡萄酒的价格，就可以相信，在这个例子中，40单位葡萄酒的价格将绝不会达到100单位的谷物。相反，对于乙而言，如果乙认为80单位的谷物与40单位的葡萄酒具有同等的价值，那么从乙的立场来说，则40单位葡萄酒的价格当然也应定于80单位的谷物以上。

所以，当甲、乙两人进行交换的时候，40单位葡萄酒的价格将必然定在80单位谷物与100单位谷物之间。但是，在这种情况下，对甲来说，譬如就以99单位的谷物与40单位的葡萄酒相交换，对其欲望满足，也较以前有所增进；同样，对乙来说，譬如以40单位的葡萄酒只换得81单位的谷物，也算合乎经济的目的。

但两人是否认为这样就算满意呢？很显然，这种情况下，两人明明还有得到更大经济利益的可能，因此两人必将为获得更多的经济利益而努力。这样，就引发了我们日常叫作“议价”的现象，两人都将尽量利用这个机会，为获得更多更好的经济利益，而要求尽可能对自己有利的价格。在这里，就发生了两人之间的价格斗争。

这种价格形成原理，也同样适用于其他情况。

（三）商品与货币理论

门格尔称，生产者或中间商准备用以交换的生产物，依照通常的用语，人们把它叫作“商品”。

具体而言，在科学的叙述上，对于这些用以交换的生产物，若不管其物体性、可动性、劳动生产物性及其供应者等方面的区别，可将商品统一理解成“用以交换的各种经济财货”。因而，从这个商品概念中，同时可以明确的是，财货的商品性质并非附着于财货之物，也不是财货的属性，而是财货与其支配者之间的一种关系。而且，这种关系一旦消灭，财货的商品性质也将随之失去。

也就是说，支配一种财货的经济主体，一旦有了放弃买卖这种财货的想法，这种财货就不能被称为商品。一种财货如果落到不想出卖它，而只是想消费它的人的手里，那么这种财货也不再是商品了。例如，制帽者或绸缎商，如果以销售为目的，将帽子或绸缎陈列于店铺，那么这些自然都是商品，但制帽者若自用其帽子，绸缎商若赠其绸缎给其妻友，则二者就不再是商品了。

这样，我们就可知，商品性质不是财货的属性，只不过是财货与经济主体之间一时的关系而已。一种财货的所有者将其财货用来与其他经济主体的财货相交换，在脱离其原所有者到其他所有者的这段移转时间之内的货物，我们才称它为商品。若它实现了其经济目标，即它已落到消费者的手中时，它就不再是商品了。若它还没有落到消费者的手中，就还未丧失构成商品性质的关系，所以就还是商品。

但是，门格尔又推出了另一个问题。即最开始的商品交换的目的，针对的都是眼前的需要，因而都只着眼于，通过交换所能获得的各种财货的使用价值。

比如，甲有一柄剑，乙有一把锄，甲认为一柄剑的使用价值比一把锄的使用价值更小，乙则认为一把锄的使用价值比一柄剑的使用价值更小。在这种场合或类似的其他场合中，甲、乙二人自然就发生了交换。事实上，在刚有交换的时候，一切交换也都限于这种两物直接交换的场合。因此，不难明白，这种情况下所发生的交换数目是非常微小的。并且，即使有这样的交换需求，交换的双方也未必能够及时会合。如果要解决这个困难，就必须要有一种辅助工具。

那么，辅助工具是如何出现的呢？事实上，随着各个经济人对其经济利益认识的提高，纵使没有任何协约与法律强制，各经济人都情愿提供其商品，用来与那些虽非自需，但销售力较大、流通性较强的商品交换，以求得自身交换条件的改善。从而，在习惯的强力影响之下，随着经济文化的发展，就会出现这样一种现象：在当时当地销售力最大的财货，在交换中最容易被一般人乐于接受，因而也最能与其他任何商品相交换。那么，这样一种财货，就会在许多不相关联的经济文化中心同时出现。这就是我们今天所称的“货币”。

因此，可以说，随着国民经济的发展，货币不过是人类经济的自然产物，所以它的表现形式也是由各地各时的经济状态所决定的。在同一国家内，不同的时代可能有不同的财货在交易中占据着货币的地位；在同一时代内，不同的国家也可能有不同的财货在交易中占据着货币的地位。这就是在货币发展进程中，曾以家畜、棉花、铸币、铜铁金银等不同形态呈现的根源。

19

《人类行为的经济分析》：社会分析的新视角

芝加哥经济学派代表人物——加里·贝克尔

加里·贝克尔（1930—2014），出生于美国宾夕法尼亚州的波茨维尔，是美国著名经济学家、芝加哥经济学派代表人物之一，他是芝加哥大学教授、1992年诺贝尔经济学奖得主，被誉为“20世纪最杰出的经济学家和社会学家”之一。

加里·贝克尔

贝克尔著述颇丰，主要论著有《歧视经济学》《生育率的经济分析》《人力资本》《人类行为的经济分析》《家庭论》。

一、为什么要写这本书

研究人类的行为一直是社会学家们关注的任务之一。随着时代的发展，社会学家的观点也在不断发生变化。

在早期的社会学家中，法国社会学家杜尔凯姆的观点颇具代表性。他为社会学确立了有别于哲学、生理学、心理学的独立研究对象和方法，这个方法就是社会事实。社会事实具有不同于自然现象、生理现象的特征和特殊的决定因素，它先于个体的生命而存在，比个体生命更持久。杜尔凯姆认为，一切社会的观念都具有这种强制力，他坚持用“社会事实”解释“社会事实”，主张摒弃主观臆想，坚持在“价值中立”的前提下研究非个体层次上的社会行动。

在近期的社会学家中，美国社会学家科尔曼认为，社会科学的主要任务是解释社会系统行动，而不是解释个体行为，但系统行动间接地源于众多的个人行动。他指出，对社会系统的解释有两种模式：一种是整体方法论，另一种是个体方法论，他主张采用后者。科尔曼主张的个体方法论是用系统的不同组成部分，如个人、群体、组织、制度，用这些组成部分的行为来解释系统的行为，他称之为“系统行为的内部分析”。

只有贝克尔毫不犹豫地宣称用“经济分析”的方法可以解释人类的一切行为，他认为经济学的发展已经进入了第三阶段。

- *在第一阶段中，人民认为经济学仅限于研究物质资料的生*

产和消费结构，也就是传统市场学。

- 在第二阶段，经济理论的范围扩大到了全面研究商品现象，就是研究货币交换关系。
- 在第三阶段，经济研究的领域可以囊括人类的全部行为及与之有关的全部决策过程。

贝克尔认为，经济学的特点就在于，它研究问题的本质，而不是该问题是否具有商业性或物质性。因此，凡是涉及如何分配及选择稀缺的、多种用途的资源决策问题，均可以纳入经济学的范围，均可以用经济分析加以研究。

二、研究的方法：以“假定—推论”为核心的经济分析方法

在经济学史上，因为自然科学归纳法的推论结果无法避免逻辑上的局限性，经济学在研究方法上经历了巨大的变革。

德国经济学家奥本海姆等人提出了“假定—推论”模式并很快被认可，认为这个模式是经济学进行科学解释和预测的最合理模式。这种模式的逻辑结构是：一般规律加上对有关起始或边界条件的阐述，组成了阐释或前提，也就是得出规律前的假定；从这个前提出发可以推论出待做的解释，就是说推论出关于所要解释的事件的阐述。在这个推论过程中，我们不需要借助任何其他的帮助而只需要推理逻辑。

贝克尔就是这种模式的拥戴者，他在研究美国白人对黑人歧视的社会现象时，首先假定了白人和黑人是两个独立而又相互联系的“社会”，白人代表资方，黑人代表劳方，然后再利用纯粹的推理研究了各方因为歧视对收入的影响，最终得出了一个结论：

歧视造成双方的收入下降，并且黑人作为“少数民众”，收入下降更为严重。在此研究的基础上，他又运用了美国和南非国家的社会实际来检验他的研究推论。

类似地，在研究犯罪现象时，贝克尔认为人们的犯罪行为用不着以道德的颓废、心理机能的欠缺和遗传特征等因素来解释，他先入为主地假定了犯罪行为是人们对犯罪成本和收益进行理性权衡后的选择行为，并认为这种选择行为遵循效用函数最大化原理。也就是说，当一个人将时间和其他资源用于犯罪活动带来的预期效用，超过非犯罪活动带来的效用时，他就会选择去犯罪。在研究其他行为，如婚姻、生育问题时，贝克尔所用的研究方法也如出一辙。

实际上，贝克尔在进行理论检验的时候，不断地采用了证伪的思想。

在他分析家庭收入和生育力之间的关系时，巧妙地利用了英国生物学家达尔文的遗传学理论，认为父母的主要兴趣在于存活下来的子女本身，而不是胎次，从而否定了英国政治经济学家马尔萨斯关于“收入的增加会导致家庭规模扩大”的结论。

同样，由于“市场”上子女的成本是一定的，因此贝克尔也否定了社会压力与家庭规模的相关性。在此基础上，他提出子女是一种耐用消费品，而这种耐用消费品由于数量和质量、给父母带来心理满足感的不同会产生一种现象，就是富裕家庭更加重视子女的质量。

总的来说，贝克尔的基本假设是人们的理性选择行为的基础是“稳定的偏好和效用最大化”。当然，对于这个假设，贝克尔并没有采用过多的篇幅来阐述，他更关心的其实是规律对事实的解释本身，而不是对前提的检验。这一点表明，他受到了证实主义的影响，所谓证实主义，就是类似如下的推断：如果a正确，那么b正确，我们可以推出来，因为b是正确的，所以a也是正确的。因此，他也很难摆脱这种证实主义本身具有的逻辑谬误。

三、研究的结论：社会观察的新视角

贝克尔用经济分析方法对歧视问题、政治问题、时间和家庭生产问题、非理性行为问题、婚姻与生育问题、社会相互作用问题进行了分析，并得到了一些有趣的结论，并且这些结论给了人们一个观察社会的新视角。

第一，对于歧视问题，贝克尔指出：在市场经济中，收入差异是可以预测的，除去学历、技术、工作经验等因素造成的差异后，剩下部分就是由纯粹的“歧视”造成的。

为此，贝克尔提出了一个“市场歧视指数”来衡量歧视的大小，而歧视实际上是符合个体自身偏好的一种消费行为。简单地说，歧视对方就是消费自己的偏好，歧视者需要付出一定的金钱。

经过分析后，贝克尔发现，一个群体A对另一个群体B的歧视，减少了B的收入，也减少A自身的收入。在现实生活中，处在市场经济中的两个集团，比如白人与黑人、男人与女人之间，一方对另外一方的歧视行为，实际上会损害双方的利益。

第二，对于政治问题，贝克尔论述了理想条件下民主政治的运行状况。

在理想的民主政治中，个人或政党在定期选举中向选民提出竞选纲领来竞选公职，而不存在昂贵的费用或人为的壁垒，能够妨碍个人竞选公职或妨碍个人向选民申明主张。也就是说，理想的民主政治和理想的自由企业制度一样需要完全竞争。这也就体现了政治和市场的相通性，政治问题也就可以用经济分析的方法去分析。任何政党的直接目标都是为了选民能够接纳自己，正如任何厂商的直接目标都是为了消费者能够接纳自己一样。

经过这种分析后，贝克尔又指出，现实中，民主政治的垄断因素及其他不完备性，至少与市场领域一样突出，甚至更为严重。而现实中的市场往往是不完备的，这种不完备性如果超过了政府行为的不完备性，那么国家干预就是不合理的。因为相比于调节经济垄断而蒙受更大的政治不完备性带来的影响，不去调节经济垄断而受经济垄断的不利影响，对于国家来说更为有利。

第三，对于时间和家庭生产问题，贝克尔围绕人力资本、时间分配和家庭生产展开了讨论。

贝克尔为人力资本理论构造了微观经济基础，使人力资本理论数学化，并把人力资本的观点发展为确定劳动收入的一般理论。贝克尔认为，不应把闲暇看作一个独立的范畴，所有的闲暇都含有某种消费，所有的消费活动都含有某种闲暇。人们不是在工作和闲暇之间进行选择，而是在不同消费活动之间进行选择。

此外，贝克尔还重新构造了家庭理论，不再认为家庭是从市场购买商品和劳务的被动消费者，而是健康、声望等非市场商品的积极生产者。家庭通过综合运用市场商品与劳务、家庭成员的时间、教育及其他“环境”变量等形式来生产出非市场商品。

第四，对于非理性行为问题，贝克尔认为，非理性行为是对收益最大化的偏离，包括处于极端情形的怠惰行为和冲动行为。也就是说，非理性行为不利于收益最大化。

通过对冲动行为和惰性行为的分析，贝克尔得出，非理性的人或厂商会因为效用的差异，被迫做出理性的反应。例如，由于一种商品价格的上升会让购买机会偏向其他商品，即使会冲动购买这种高价格的商品，这种商品的购买机会也比便宜的商品更少。

第五，婚姻与生育问题。虽然家庭分析一向是社会学的研究问题，但是贝克尔把经济学的分析方法应用到了家庭分析上，突破了传统经济学的局限，创立了家庭经济学。

他“用研究人类行为物质方面的工具和结构去分析结婚、生育、离婚、居民户的劳动分工、声望和其他非物质方面”，把人力资本理论、最大化行为理论、稳定偏好理论和市场均衡理论贯彻其中，对家庭生活的很多重要问题做了科学的解释。

贝克尔对家庭研究的出发点是，假设当男、女双方决定结婚、生育与离婚时，双方会通过成本收益分析的形式，设法使自己的“效用”最大化。当“合伙”的预期收益大于单身或继续寻找配偶所担负的成本时，个人便会选择结婚；反之，就会保持单身或选择离婚。

而对于生育问题，贝克尔认为：“对于绝大多数父母来说，子女是一种心理收入或满足的来源，按照经济学的术语，子女可以看成一种消费商品，有些时候，子女还可以提供货币收入，因而还是一种生产品，而且，由于用于子女的支出和子女带来的收入不是一成不变，而是随着子女年龄的变化而有所不同，使得子女既是一种耐用消费品，有时也是一种生产品。”也就是说，如果生育一个孩子的成本大于收益，人们就会决定不生育；反之，则选择生育。据此，贝克尔解释了发达国家生育率的下降问题，以及不同国家或同一国家不同地区之间的不同生育率问题。

第六，对于社会相互作用问题，贝克尔认为，在市场经济活动中，个人行为主要是利己的，但也有利他的一面。尤其是在家庭内部，利他主义更普遍。

贝克尔指出，在家庭中，即使是自私的家庭成员，有时对其他成员似乎也会采取利他主义行为，而这种对亲戚的利他主义行为是人类和动物本性的、持久的遗传特性。对此，经济学家的个人理性同社会生物学家的群体理性的结合，能够形成更有说服力的分析。

从数学模型的分析中，贝克尔得出以下结论。

- 在许多情况下，具有合作倾向的人，都比其他人更可能分享合作伙伴的好处。
- 在其他人的实践有可能被模仿时，那些自觉选择其他人行为的自私理性个体，也会觉得做利他主义的事合乎他们的利益。
- 如果某些个体是在集团竞争中延续下来的话，那么舍己救人的利他主义者的遗传基因就不会消失。
- 理智的利他主义者的利他主义，小于不理智的利他主义者的利他主义，他们将比不理智的利他主义者和自私的个体更适于生存。

20

《创新者的窘境》：因完美无瑕的管理而错失城池

“破坏性创新”之父——克莱顿·克里斯坦森

克莱顿·克里斯坦森

克莱顿·克里斯坦森（1952—2020），出生于美国盐湖城，他是“破坏性技术”（Disruptive Technology）这一概念的首创者，这个概念被评为“21 世纪初最有影响力的商业理论”之一，也奠定了他在创新技术管理领域的权威地位，因而他被称为“破坏性创新之父”。

克里斯坦森的研究和教学领域集中在新产品的研发、新技术的开发管理以及如何为新技术开拓市场等方面，曾获得“威廉·阿伯内西奖”、美国管理科学研究院颁发的 1992 年度“最佳学术论文奖”、“麦肯锡奖”等各类学术奖项，其代表作有：《创新者的窘境》《创新者的解答》《创新者的基因》等。

一、为什么要写这本书

1979年，克里斯坦森在哈佛商学院以优异成绩获得MBA学位，毕业后在波士顿咨询公司担任顾问和项目经理。1984年，他与几位麻省理工学院的教授共同创办了一家高科技制造公司，克里斯坦森任董事长兼总裁。克里斯坦森在进行公司管理和创业经验积累的过程中，短短十几年间，他见证了一系列市场分化，各种公司和各种技术由诞生、成熟再走向衰落的过程。于是，他开始了探索之路。

通过研究，克里斯坦森惊奇地发现，许多优秀的企业，包括那些曾经被人们崇拜并竭力效仿的企业，最终却在市场和技术发生剧烈变化时，丧失了行业领先地位。例如，曾经，IBM公司主导了大型计算机市场，却长时间忽略了在技术上更为简单的微型计算机，所以未能在后来的微型计算机市场占有重要地位。并且，让克里斯坦森更奇怪的是，导致这些领先企业衰败的决策，都是在它们普遍被视为世界上顶尖的企业的时候做出的。

带着重重疑问，克里斯坦森以硬盘行业为对象展开了研究。因为纵观硬盘行业在短短几十年间的技术变革，其技术更新速度非常之快。从14英寸硬盘、8英寸硬盘、5.25英寸硬盘、3.5英寸硬盘、2.5英寸硬盘再到1.8英寸硬盘，伴随着技术的变革，硬盘行业的市场格局经历了翻天覆地的快速变化。

然而，在这个过程中，出现了一个非常怪异的现象：在从14

英寸硬盘向8英寸硬盘技术过渡的过程中，那些在14英寸时代的主流制造商全部被淘汰出硬盘行业，没有任何一家能够转型成为8英寸硬盘的主流制造商；在从8英寸硬盘向5.25英寸技术过渡的过程中，4家主要制作8英寸硬盘的制造商中，只有1家成功地成为5.25英寸硬盘的主要制造商；同样的现象发生在5.25英寸向3.5英寸硬盘过渡、3.5英寸硬盘向2.5英寸硬盘过渡的过程中。历史总是惊人的相似，上一代技术的主流制造商，只有极少数能够顺利地转型为下一代硬盘的主流制造商。

并且，当克里斯坦森将研究的领域扩大后仍然会发现，这种现象不仅仅发生在硬盘行业，同样也发生在零售、钢铁、汽车等多个行业，他不禁思考：这么多行业均出现了相同的现象，是否背后一定隐藏着某种共性原因？

二、研究的问题：为什么管理良好的企业往往会遭遇失败

通过对市场分化、各种公司和技术的变革的研究，克里斯坦森发现，那些管理良好、努力提高竞争力、认真倾听客户意见、积极投资新技术研发的企业却在被誉为世界上顶尖企业时逐渐走向没落。于是，他提出了这样一个问题：为什么管理良好的企业会遭遇失败？

当然，导致一家企业被市场淘汰的原因有很多。事实上，特别是我们在谈及很多大企业失败的原因时，都会提到官僚主义横行、傲慢自大、管理队伍老化、规划不当、投资短视等，这确实代表了一部分企业走向没落的原因。但是，克里斯坦森想研究的并不是存在上述问题的企业，恰恰相反，他想探索的企业是那些

管理良好、积极进取、认真倾听客户的需求、大力投入技术研发，但仍然丧失了市场主导地位、错失城池，也就是面临着窘境的企业。所谓的窘境，就是指越是管理良好的企业，在发生市场变化和技术变革的时候越容易遭遇失败。

克里斯坦森认为，良好的管理恰恰才是导致优秀企业“马失前蹄”的主因。克里斯坦森提到，这些管理良好的企业之所以经常遭遇失败，是因为推动它们发展为行业领先地位的管理方法同时也阻碍了它们发展破坏性技术。

与破坏性技术相对应的词语是延续性技术。克里斯坦森表明，所谓延续性技术，是指企业在创新过程中，根据市场主流客户所看重的性能层面来进行成熟产品的改善，以实现更好的性能和更高的利润率的技术。比如，在硬盘行业技术变革中，制造商通过制作更加精确的尺寸，或在磁盘表面使用更小、分布更均匀的氧化颗粒等来实现硬盘性能的改善。因而，延续性技术的特征与意义是，它帮助制造商延续了客户所希望看到的性能改善幅度。并且，历史表明，几乎在硬盘行业的每一次延续性技术变革中，成熟企业都在技术的研发和商业化运作中处于领先地位。但是，破坏性技术给市场带来的却是截然不同的价值主张和效果。

克里斯坦森谈到，发生在硬盘行业的大多数技术创新都是上文所述的延续性技术。相反，只有其他少数几种技术创新被称为破坏性技术，然而，正是它们颠覆了硬盘行业的领先企业。比如，缩小了硬盘大小的结构性创新就是一项最重要的破坏性技术。这些技术使得硬盘的直径从 14 英寸先后缩小到 8 英寸、5.25 英寸、3.5 英寸、2.5 英寸，然后又从 2.5 英寸缩小到 1.8 英寸。

简言之，一般来说，破坏性创新并不涉及特别复杂的技术变革，其主要表现形式就是将成品元件组装在一起，但相比之前的产品，产品结构通常会变得更加简单。破坏性技术并不能为主流市场的客户提供更好的产品，因此这种创新首先发生在主流市场的可能性很小。破坏性技术提供的是一种完全不同的产品组合，只有远离主流市场或对主流市场没有太大意义的新兴市场，一些边缘客户（通常也是新客户）才会重视这些产品组合的属性，如价格更低、性能更简单、体积更小。

那么，为什么管理良好的企业往往会遭遇失败？为什么领先企业都擅于发展延续性技术而无法应对破坏性技术带来的冲击？克里斯坦森从以下几个方面进行了具体分析。

第一，过于倾听客户的需求导致市场的短视。一般而言，在市场竞争中，“以客户为中心，深入了解客户的需求，根据客户的需求来提供相应的产品”，这个理念一直以来被认为是企业想要取得成功的金科玉律和必须遵守的商业法则。事实上，顶级企业获得成功往往是因为认真听取了客户的建议，并积极投资于能满足客户需求的技术、产品和生产能力。但克里斯坦森却提出：“认真倾听客户的需求，在某些情况下能够让企业取得巨大成功，但是在某些情况下却也能毁灭一家企业。”面对一个客户明确不需要的新产品，对于一个管理精良的企业来说，显然不会做出生产和销售这款新产品的决策。但是，简单、死板地按照客户的需求去做是一件非常危险的事情。

第二，假如公司躲开了“过于倾听客户的需求”这样的陷阱，看到了新技术可能带来的潜在市场，那么是否有可能做出进入这一新市场的决策呢？不一定，因为在这个过程中还会遇到另一个陷阱：小市场无法解决大企业的增长需求。一般情况下，当一个新技术或新产品出现的时候，它有一个成长和发展的过程，新市场需要慢慢培育，因此一开始的时候新市场的规模往往比较小，能够给企业带来的收益也比较小，因而优秀的大企业极易做出忽视这一新市场的决策，就如同一头大象不会想着去吃脚下的蚂蚁。事实上，当一个能将公司管理良好的决策者来决定是否要进入一个新的、规模较小、不确定性较大的市场的时候，就会发现理性的决策者很难找到充分的理由来做出进入这一市场的决定。

第三，组织中有一只“无形的手”在控制着资源的分配，造成创新性技术的开发很难得到足够的资源支持。例如，我们把企业原有的业务叫作“成熟业务”，把计划新开拓的业务叫作“新业务”，在发展新业务的过程中，需要销售人员、技术人员、资金等资源的投入，在此过程中，“成熟业务”和“新业务”之间就会发生资源的争夺，并且资源会不可避免地被吸引到“成熟业务”这一侧。在得不到足够多资源投入的情况下，新业务的开拓一定会面临问题，导致大企业的创新失败。所以，克里斯坦森提到，正是这种企业的价值网络，推动着企业资源流向能够给企业带来更高利润率、更高收入和进入更大规模市场的成熟业务的产品提案。

所以，那些管理良好的领先企业在发展的过程中，能否看得到技术的潜在机会、能否做出进入新市场的决策、能否有效地执行新技术实施战略，对他们能否发展破坏性技术或应对创新技术的冲击来说至关重要。但是，这些管理良好的企业内部所蕴含的强大力量，事实上会一步步阻碍它们开发破坏性技术，结果就是，能够顺利越过这一道道坎的领先企业是极少的。

三、研究的核心：利用破坏性技术原则建立竞争优势

克里斯坦森总结了破坏性技术的五大原则，以及管理者可以

采取什么措施来利用或适应这些原则，这为企业有效进行技术开发、寻求未来发展机会和建立竞争优势提供了重要的指导。

第一，企业的资源分布取决于客户和投资者。

硬盘行业的历史表明，成熟企业总是能在一轮又一轮的延续性技术中保持领先地位，但往往在面临更为简单的破坏性技术时遭遇失败。源头在于，我们从表面上看以为是管理者控制着企业资源的流向，但最终，真正决定资源流向的实际上是客户和投资者，投资模式无法达到客户或投资者要求的企业将难以为继，事实上，那些表现优秀的企业正是深谙此道。

因此，这些企业已经发现，在客户产生相关需求之前，它们很难投入足够的资源来发展破坏性技术，但当客户一旦产生某种需求时，一切为时已晚。对管理者来说，这项原则的意义就在于，成熟或领先企业基本只有在一种情况下能够在破坏性技术变革中确立市场地位，这个情况就是企业管理者设立一个独立的机构，专门面向破坏性技术独立开展新业务。

这样的独立机构拥有一定的资源，但是可以设定较低的盈利目标，因为破坏性技术初期是低利润的，它可以进行多次尝试，不断找寻发展方向或探索新市场。同时，这种机构不受主体企业的客户的力量所制约，能够自由地接触不同类型的新客户群体，即那些认可破坏性技术产品的顾客。克里斯坦森教授认为，这是成熟企业利用这一原则的唯一可行方式。

第二，小市场不能解决大企业的增长需求。

在追求盈利的过程中，优秀企业为了保持增长率，为了维持它们的股价，以及为了给员工创造扩大内部机遇，它们的确需要专注大市场。

举个例子，一个市值为 4 000 万美元的企业只需要获得 800

万美元的收入，就能在随后一年实现 20% 的增长率，但一个市值为 40 亿美元的企业就需要获得 8 亿美元的新增销售收入，才能达到 20% 的增长率，然而，没有哪个新市场具有如此大的规模。因此，当一个企业发展得越大、越成功，新兴市场所发挥的企业利润增长引擎的作用就会越弱。

但是，大量证据表明，相对于后来进入市场的企业，最早进入新兴市场的企业拥有显著的“先行”优势。但随着这些“先行”企业取得成功并逐渐发展壮大，它们进入更新的小型市场的难度也变得越来越大。然而，不可忽视的是，破坏性技术通常会推动新市场的产生，而这些新市场注定将在未来发展为大市场。

因此，克里斯坦森认为，“破坏性技术应被看作是一个市场营销挑战，而不是一个技术挑战”。比如，本田的小型摩托作为货运摩托不是大型摩托的对手，却成为年轻人越野的好选择；更小尺寸的硬盘不被大型计算机所需要的，却为个人计算机所青睐；喷墨打印机纵然有诸多的缺点，却成为学生、大学教授、家庭的需要。所以，对管理者来说，这项原则的意义就在于，等到新市场的规模发展得足够大时再进入市场的等待战略是错误的。

因此，克里斯坦森给出的结论是，应对小市场无法解决大企业短期增长率问题，行之有效的方法是：让小机构去利用小机遇，或建立独立分拆机构，或收购一家与破坏性市场规模相匹配的小企业，将破坏性技术的商业化推广职责交给规模足够小的机构。

第三，无法对并不存在的市场进行分析。

克里斯坦森谈到，翔实的市场研究数据和良好的规划，以及按计划执行流程的良好管理模式，是成熟企业能够引领行业每一次延续性技术创新的主因。这些合理的方法能够有效地应对延续性技术变革，是因为企业面对的市场规模和增长率一般都是已知的，技术进步的轨道是有迹可循的，而且主要客户的需求通常都非常清晰、明了。

但是，在面对能够催生新市场的破坏性技术时，市场研究人员和企业规划者却一直苦于找不到行之有效的应对策略，问题在于，对那些需要依据市场数据才能做出决策的成熟企业而言，它们要求获得数据的市场实际并不存在，所以这些企业通常会在面对破坏性技术时变得束手无策，或是犯下严重的错误。对管理者来说，这项原则的意义在于，用管理延续性技术时的发展规划和市场营销手段来应对破坏性技术，是痴人说梦。既然针对破坏性技术变革，企业无法分析尚不存在的市场，那么，就须尽早行动，主动去发现市场。

这一原则要求管理者，一要假设在没有人能够了解新技术或产品市场的情况下，去制定业务计划和目标；二要走出实验室，并且跟踪调研小组，去直接了解有关新客户和新应用领域的知识。

第四，机构的能力决定了它的局限性。

当管理者在处理创新问题时，会本能地选派有能力的员工从事这项工作。一旦他们找到了合适的人选，绝大多数管理者就会认定，他们选派的人员即将入主的机构，也具备完成这项任务的能力。这样的想法是非常危险的，因为机构所具备的能力，独立于机构内部工作人员而存在。原因是，人的可塑性很强，经过培训后可以成功地从事不同的职业。

例如，一名 IBM 公司的员工可以非常从容地改变他的工作方式，来适应小型创业型企业的工作环境。但是，这并不代表 IBM 公司具备处理创新问题的能力。为什么呢？克里斯坦森认为，一个机构的能力主要表现在两个方面：一是流程，也就是将劳动力、资源、原材料、信息、现金和技术投入转化为更高价值的产出的方法；另一方面为价值观，就是机构管理人员和普通员工在做出优先决策时遵循的原则。

然而，流程与价值观相对是固定的。例如，能够有效管理微型计算机设计的流程，就不适用于台式个人电脑设计的管理；同样，推动员工优先发展高利润率产品项目的价值标准，就不会促使他们将低利润率产品的开发置于优先发展的位置。所以，同样的流程和价值观，在某种环境下构成某个机构的能力，但在另一种环境下则决定了这个机构的局限性。

基于这个原则的阐述，克里斯坦森的结论是，当机构能力不适于执行破坏性技术新任务时，可选择采取三个方法创造新能力以应对变革：第一，收购另一家流程和价值观与新任务匹配的公司；第二，试图改变当前机构的流程和价值观，但这两者本质上是固定的，所以让同一机构建立两套完全不同的流程或价值观是很难的；第三，成立独立机构，针对新问题开发一套新的流程和价值观。

第五，技术供给并不等同于市场需求。

市场趋势表明，消费者选择产品的逻辑通常都是从功能性演变成可靠性，再发展到便捷性，最后至价格。然而，克里斯坦森分析到，领先企业在沿着技术演进时，为了保持领先地位，会努力开发具有更大竞争力的产品，所以，随着它们竞相参与更高性能、更高利润率市场的竞争，企业追逐高端市场、提高产品性能的速度，很容易超出主流市场中老顾客的实际需求。因此，在这个阶段，为了满足主流市场客户现实需求，求得更大的市场占有份额，领先企业会暂停技术突破的步伐。

但是，也就是在这个阶段，采用了破坏性技术的竞争对手正好可以乘虚而入。并且，不可否认的是，尽管破坏性技术最初只能应用于远离主流市场的小型市场，但它们具备破坏性的原因是，它们日后将逐渐进入主流市场，而且其性能将足以与主流市场的成熟产品一争高下。所以，对管理者来说，这项原则的意义就在于，面对破坏性技术，领先企业需要深刻理解客户需求和技术供给，重视其产品属性的新市场。并且，市场竞争的历史也证明，只有那些认真分析了主流客户如何使用自己的产品以及客户需求的细微变化的企业，才能快速地洞察到市场竞争的趋势。

人的美好生活如何实现

21

《人口原理》：人口学开山之作

第一位剑桥经济学家——托马斯·罗伯特·马尔萨斯

托马斯·罗伯特·马尔萨斯

托马斯·罗伯特·马尔萨斯（1766—1834），英国人口学家和政治经济学家，著名经济学家凯恩斯曾称赞他为“第一位剑桥经济学家”。

1805 年，马尔萨斯成为经济学诞生以来英国第一位（也可能是世界上第一位）政治经济学教授，执教于东印度学院。

他的代表作有《人口原理》《地租的性质和增长及其调节原则的研究》《政治经济学原理的实际应用》《价值尺度，说明和例证》《政治经济学定义》等。其中，《人口原理》是马尔萨斯最负盛名的代表作。1985 年，在法国巴黎召开的联合国人口统计学大会上，来自全球 60 多个国家的 300 多名代表，以 99.8% 的赞成率通过了再版马尔萨斯的《人口原理》的提议。

一、为什么要写这本书

18 世纪 60 年代—19 世纪 40 年代，第一次工业革命使英国经济迅速发展，人口也迅速增加。据估计，1801—1821 年，短短 20 年间英国人口就从 1 094 万增加到 1 439 万。但资本主义机器工业的发展，又使广大劳动人民的生活状况不断恶化，失业和贫困成为英国严重的社会问题，越演越烈的社会矛盾使得底层人民的反抗运动遍及英国各地。

在这样尖锐的社会矛盾下，社会改革思想应运而生，英国出现了威廉·葛德文等人的主张社会改革的著作。葛德文相信人性的完美，提倡采用理性平等的制度来解决失业和贫困等问题。葛德文认为，理性是支配人类生活的真正动力，正是因为理性，人类终将走上不断改良和日益完善的道路，也是由于理性，人类将会控制男、女两性之间的情欲，所以人口增长这件事并不值得担心。

但是马尔萨斯认为葛德文所提倡的理性平等的制度虽然令人向往，但是这种制度不过是“空中楼阁”，永远无法实现，而贫困是一种自然现象，它是基于人口和生活资料不平衡关系的自然规律而产生的。同时，马尔萨斯反对葛德文过分将人当作纯粹理性的生物看待，他认为人是复合生物，情欲总是在理智做决定时扮演干扰性的力量，因此，马尔萨斯认为两性间的情欲不会消除，而是人口增长的重要因素之一。

与此同时，英国的邻国——法国正在如火如荼地进行大革命和启蒙运动。1789年，法国大革命爆发，孔多塞成为法兰西第一共和国的重要奠基人，他起草了吉伦特宪法，也是法国革命领导人中为数不多的几个公开主张女性应该拥有与男性相同的财产权、投票权、工作权以及接受公共教育权的人之一。孔多塞认为随着理性和社会秩序的进步，医学和人类生活条件也将不断取得进步，人类寿命将“无限”增加。

马尔萨斯同意人类未来寿命会增加的推断，但是他认为任何的改良进步都是有最大限度的，人类寿命不可能无限增加。孔多塞也对人口和生产资料之间的关系做出了论述，与马尔萨斯相同，他认为人口数量超过生活资料的情况肯定会发生，而且会是周期性贫困持续存在的一个原因。但是孔多塞认为这一困境只可能在一个极其遥远的时期才是适用的，而马尔萨斯则认为人口数量超过生活资料的时期早就到来了。

总的来说，英国经济的迅猛发展并未能提高广大劳动人民的生活质量，反而使失业和贫困加剧，社会矛盾愈演愈烈。同时，在思想界，以葛德文和孔多塞为代表的社会改革派和现存秩序维护派也产生了激烈的争论。在社会矛盾和思想矛盾双重激化的背景下，马尔萨斯写下了《人口原理》的第一版小册子《论影响社会改良前途的人口原理，以及对葛德文先生、孔多塞先生和其他作家推测的评论》。很显然，马尔萨斯写作《人口原理》的最初目的并不是研究人口问题，而是反对葛德文和孔多塞的社会改革理论。

二、研究的核心：“两个假设”“两个级数”“两种抑制”和“三个命题”

《人口原理》的核心思想逻辑性极强，而且非常简洁，包含“两个假设”“两个级数”“两种抑制”和“三个命题”。

（一）两个假设

“两个假设”是支撑马尔萨斯人口理论的基础。马尔萨斯的第一个假设是：食物是人类生存所必需的；第二个假设是：两性间的情欲是必然的，而且这种情欲是不会消除的。

马尔萨斯在《人口原理》中反复强调，这“两个假设”是关于人类本性的永恒不变法则。离开食物，人类将无法生存；而情欲，是人类延续后代、生儿育女的基础。

（二）两个级数

“两个级数”指的是人口以几何级数增加，而生活资料只能以算术级数增加，因此人口的增长速度必然超过生活资料的增长速度。

马尔萨斯以小麦和绵羊为例。假设地球表面的土地同样肥沃，小麦可以在上面自由生长，并且一粒种子也不浪费，那么1粒小麦种子可以产出6粒小麦。理论上，小麦的产量每年能够增长5倍，14年之后，全世界产出的小麦就能完全覆盖地球陆地表面。同样，假设全世界的土地都可以用来养绵羊，绵羊也可以自由生长，算上通常的死亡率和偶然事故，人类饲养的绵羊数量平均两年可以翻一倍。也就是说，不到76年时间，绵羊就可以完全覆盖地球陆地表面。

马尔萨斯也表示，以上计算只能在理论上成立。在实际生产当中，小麦或者绵羊都不可能有这么大的增长能力。土地的生产力其实是有限的，食物的增长率只能保持在一定范围内，过了一定时期，增长率必然下降或者保留在最好的增长率，这就是马尔萨斯的“土地肥力递减规律”。

所以马尔萨斯得出结论：食物的生产只能以算术级数的速度增长，但是人口增长的速度就不一样了。1790—1820年这30年里，美国政府每十年就会做一次人口普查。马尔萨斯以这四次人口普查的数据为依据进行分析，在第一个10年里，美国的人口增加了36.3%。马尔萨斯说，经过他的计算，照这样的速度发展下去，美国人口总数会在22年半的时间里翻一番，即使考虑了其他导致人口减少的因素，这个速度也会在25年左右。因此，马尔萨斯断定，人口的增长是一种几何级数，速度非常惊人。

（三）两种抑制

人口自然法则要求人口数量和生活资料保持平衡，因此必然会产生强大的抑制来阻止人口的增加，马尔萨斯将这强大的抑制分为预防性抑制和积极抑制两种。所谓预防性抑制，就是人类出于养家糊口、个人爱好、身体健康等因素的考虑，选择不结婚或者推迟结婚，那么人口自然会减少。当今社会年轻人“晚婚”“不婚”等引起的出生率下降就是预防性抑制的典型案例。所谓积极抑制是指战争、瘟疫、饥荒、贫困等灾难的发生导致的人口减少。马尔萨斯认为战争、疾病等灾难只是一时的，但是贫困时刻都发挥着抑制作用。

马尔萨斯所处的第一次工业革命时期，英国经济发展迅猛，人口增速很快，但是大批工人失业，社会底层群众的生活急剧恶化。为了缓解底层人民的生活，英国颁布了《济贫法》，规定贫民可以到他出生的教区领取救济金。但是，马尔萨斯却反对这项帮助穷人的政策。以炸鱼薯条为例，原来吃不上炸鱼薯条的穷人，在接受了救济之后，几天就可以享受一顿炸鱼薯条，穷人的生活应该会变得更好。但是，事实并非如此，因为仅仅给穷人捐款，并不能使得炸鱼薯条的数量增加。当这个国家炸鱼薯条的总量不变时，谁出价高，谁就会获得炸鱼薯条，最后能够吃上炸鱼薯条的人的数量还是不会得到增加。

从宏观上，马尔萨斯认为无论是预防性抑制还是积极性抑制，都可以归为“苦难”或者“罪恶”。例如，由于两性之间不可磨灭的天然情欲使得合乎道德的同居倾向会非常强烈，马尔萨斯认为预防性抑制几乎必然会产生罪恶。而积极抑制中的战争、瘟疫、饥荒、贫困都可以归为苦难。

此外，马尔萨斯之后又增加了“道德抑制”，就是说，人们出于谨慎的考虑，在独身期间严格遵守道德规范，不发生性行为或者不结婚可以抑制人口增长。

（四）三个命题

三个命题高度概括了人口增长和食物增长之间的动态关系。第一个命题是，人口增加必然受到食物的限制；第二个命题是，食物增加，人口必然也增加；第三个命题是，让人口与食物保持平衡的抑制力量可以归纳为道德、罪恶和苦难。

三、研究的价值：毁誉参半的鸿篇巨制

《人口原理》是一部鸿篇巨制，但是学术界对《人口原理》的思想和结论的评价褒贬不一、毁誉参半，既有极度的批评也有至高的颂扬。

1810年葛德文对《人口原理》这篇论文进行了回应，他赞赏了马尔萨斯本人并且肯定了《人口原理》在经济学上的地位，但他反对《人口原理》所得出的结论。1820年葛德文写作《人口论——人类增殖力的研究》一文来批评马尔萨斯的《人口原理》的结论。

除了葛德文，法国经济学家西斯蒙第、英国空想社会主义者罗伯特·欧文、法国空想社会主义者查尔·傅里叶、英国经济学家马歇尔等都反对马尔萨斯的观点。西斯蒙第认为“马尔萨斯先生主张的原则是，任何国家的人口都受着这个国家所能提供的生活资料的数量限制，但这种主张只有对一个完全不能从其他国家取得一部分生活资料的国家来说，才是正确的”。罗伯特·欧文和查尔·傅里叶都认为改造社会制度和提高科学生产力是避免人口增长速度超过食物增长速度的有效手段，因此都对马尔萨斯的人口理论持反对态度。而到了英国新古典经济学派创始人阿尔弗雷德·马歇尔生活的时代，即19世纪中后期，英国人均生活水平提高，完全没有出现马尔萨斯所说的人口增长速度超过食物增长速度的危机，因此马歇尔也不支持马尔萨斯的观点，相反他认为人口的缩减会产生经济停滞的严重后果。

马克思也曾对马尔萨斯的人口论进行了尖锐的批评，马克思指出马尔萨斯的人口学说是资本主义方式所特有的人口规律。事实上，每一种特殊的、历史的生产方式都有其特殊的、历史的、起作用的人口规律。抽象的人口规律只存在于未受过人为干涉的动植物界。马尔萨斯在《人口原理》中描绘的失业、贫困和罪恶，事实上都是资本主义社会存在的特殊现象，而不是人口增长超过生活资料的结果。

但是，仍然有大部分学者和公众还是接受了马尔萨斯的人口原理，例如功利主义者约翰·斯图亚特·穆勒、著名经济学家凯恩斯和大卫·李嘉图、日本人口学家南亮三郎等都认同马尔萨斯的观点。许多支持马尔萨斯的学者继承了他的人口理论并对人口论进行不断深化发展。19世纪初，英国社会学家弗朗西斯·普雷斯积极宣扬马尔萨斯的理论，但是他所提出的“以避孕来控制人口增长”的观点是马尔萨斯所反对的。因此，以避孕手段来控制人口增长的思想被称为“新马尔萨斯主义”。

第二次世界大战之后，现代马尔萨斯主义开始兴起，许多经济学家和人口学家对马尔萨斯的理论加以改造并进行传播。其中比较著名的有“人口危机论”“适度人口论”“人口零增长论”等。

- “人口危机论”：1968年，斯坦福大学昆虫学教授保罗·埃尔里奇教授出版了《人口爆炸》一书。他认为，随着人口的迅速增长及工业经济的不断发展，全球性的饥荒和资源耗竭将很快到来，资源价格也将随之日益攀升，这符合“人口危机论”中人类已经面临末日，除非停止人口增长的论调。但是，乐观派代表人物、美国马里兰州立大学的经济学教授朱利安·西蒙认为，环境悲观派关于人类生存环境现状的数据是不可靠的，人类未来的前景会越来越好。
- “适度人口论”：“适度人口论”是19世纪末由英国经济学家爱德温·坎南提出的，他认为人口过剩和人口不足都会影响社会进步，只有适度人口才能实现社会福利最大化，适度人口理论是马尔萨斯主义的又一个分支。
- “人口零增长论”：20世纪70年代中叶，世界人口增长率有所下降，马尔萨斯人口论又有了进一步的发展与深化，1970年诺贝尔经济学奖得主、美国著名经济学家保罗·萨缪尔森提出了“人口零增长理论”，他在肯定了马尔萨斯理论的同时提出了修正意见。萨缪尔森认为，马尔萨斯的观点是以收益递减规律为基础的，现在仍然适用，但是马尔萨斯在论及收益率递减时未预料到工业革命的奇迹，即科学技术延长了人类的寿命，减少了人口的积极抑制；科学技术也可能使生产边界向外移动，使更多的人享受更高的生活水平。而“人口零增长理论”是指尽管生育率下降了，但世界总人口仍在增加，所以目前依然要限制多余生育，使人口增长达到零增长的全球性均衡。

总的来说，《人口原理》自诞生以来就备受争议，马克思、阿尔弗雷德·马歇尔等著名经济学家反对马尔萨斯的人口理论，但是也有许多学者支持人口理论，并且发展了“人口危机论”“适度人口论”“人口零增长论”。这些理论都没有脱离马尔萨斯学说的轨道，并在原基础上对马尔萨斯的理论进行了改进和创新，可见马尔萨斯理论影响之深远。

22

《福利经济学》：如何实现经济福利的最大化

福利经济学的创始人——阿瑟·赛西尔·庇古

阿瑟·赛西尔·庇古（1877—1959），英国著名经济学家、福利经济学的创始人、剑桥学派的主要代表之一。

阿瑟·赛西尔·庇古

庇古出生于英国的一个军人家庭，青年时代进入剑桥大学学习，期间师承马歇尔教授，毕业后先后担任过英国伦敦大学杰文斯纪念讲座讲师和剑桥大学经济学讲座教授，被认为是剑桥学派领袖马歇尔的继承人。他致力于传播马歇尔的经济思想，使马歇尔的经济思想成为剑桥学派在20世纪20—30年代最正统的信条，也使自己成为一位有影响力的剑桥学派正统人物。

另外，庇古还曾担任英国皇家科学院院士、国际经济学会名誉会长、英国通货外汇委员会委员和所得税委员会委员等职。其主要著作有：《财富与福利》《福利经济学》《产业波动》《失业论》《社会主义和资本主义的比较》《就业与均衡》等。

一、为什么要写这本书

青年时代，庇古进入剑桥大学学习历史专业。一次偶然的机会，他结识了当时英国著名的经济学家马歇尔，在交往中马歇尔发现庇古在社会或者经济问题方面有着独特认识和想法，于是在马歇尔的鼓励和影响下，庇古转学经济学。1900 年，庇古毕业后选择留校任教，开始了漫长的教学生涯，并成为宣传他的老师马歇尔经济学说的一名学者。

19 世纪后期，随着美国、德国经济异军突起，英国的霸主地位危在旦夕。为了与美德对抗，英国掀起了一场技术革命。然而，技术虽然给英国带来了繁荣，同时也造成了大量的工人失业，导致工人运动此起彼伏，社会矛盾加剧。面临残酷的国家现实，在老师马歇尔的带领下，庇古一头扎进了对国家经济福利的研究中。

时间定格在 20 世纪初，庇古 31 岁那年，他接替了老师马歇尔任剑桥大学政治经济学教授。那时候，第一次世界大战爆发、俄国十月革命胜利，无数的重创令资本主义陷入了经济和政治的全面危机。当时的许多地方，随着经济的增长人均收入虽不断提高，但收入分配的不公平程度却在日益加大，贫富差距鸿沟愈演愈烈。

对此，有人认为这恰好反映了市场经济的客观规律，甚至反映了自然界物竞天择、适者生存的自然规律；再加上人与人之间能力、性格及所拥有资源禀赋的不同，人类就应该心安理得地接受这种优胜劣汰下的现实，甚至不少人推波助澜并想去分得一杯羹。但是，时任剑桥大学经济学教授的庇古先生的观点却与此大相径庭，因深受老师马歇尔关于社会福利、消灭贫困思想的影响，以及悲天悯人的情怀油然而生，他选择站在弱势群体的一边来探讨财富分配和社会福利问题。

庇古希望，能像普罗米修斯那样，给内外交困的英国带来火种，驱走黑暗。这个“火种”就是1920年出版的《福利经济学》。因此，可以说，福利经济学的出现，完完全全是世界，尤其是英国阶级矛盾和社会经济矛盾尖锐化的结果，忧国忧民的经济学家夜以继日地展开了以建立社会福利为目标的研究，最终导致了福利经济学的诞生。

二、研究的问题：如何实现经济福利的最大值

福利经济学（Welfare Economics）是研究社会经济福利的一种经济学理论体系，它是一门从福利观点或最大化原则出发对经济体系的运行予以评价的社会学科。庇古作为福利经济学体系的创立者，他把福利经济学的对象规定为对增进世界或一个国家经济福利的研究。

庇古认为，福利是对享受或满足的心理反应，福利有社会福利和经济福利之分，社会福利中只有能够用货币衡量的部分才是经济福利。庇古根据边际效用基数论提出了提高社会经济福利水平的两大因素。

- 一是增加国民收入，就是把蛋糕做大，即国民收入总量越大，社会经济福利就越大。

- 二是收入均分化，就是把蛋糕进行平分，即国民收入分配越是均等化，社会经济福利就越大。

第一个概念好理解，大家共同赚的钱多了，每个人分得的钱自然就增加了；第二个概念是基于边际效用基数论来实现的，基数效用论认为商品的边际效用是递减的，因而货币也必须服从边际效用递减规律。如此的话，由于富人持有的货币量大于穷人，所以前者的边际效用小于后者。通俗来说，同样额度的收入引起的满足程度在富人那里低，而在穷人那里高。

举个例子：如果富人手中再增加100元，对他而言作用可能不大或不明显，但是增加100元对极度贫困的穷人来说，作用就非常大了。事实也是如此，富人可以让酒肉臭掉，穷人却往往因为少一两口米饭而饿死。所以，从整个社会福利角度来看，国家通过某些政策手段拿走富人的钱投入社会公共产品的生产中或再分配给穷人，那么就会大大提高整个社会的效用和福利水平。

庇古认为，经济福利在相当大的程度上取决于国民收入的数量和国民收入在社会成员之间的分配情况。要最大化实现经济福利，在生产方面就必须提高国民收入总量，在分配方面就必须消除国民收入分配的不均等，由此就会出现“福利国家”。

三、研究的思路：以“国民收入”为研究线索，挖掘经济福利的增进手段

对于如何阐述经济福利问题，庇古给出了一个明确的研究核心，即“国民收入”。庇古探讨了国民收入的增加途径，也就是资源配置达到最优状态。接着，庇古提出国民收入大小的决定因素为劳动，那么对于国民收入最大化，劳动的配置问题就至关重

要了，因此又论述了劳动在各地区各职业间的配置问题。最后，庇古又阐述了国民收入分配与经济福利的关系，提出了经济福利的增进手段。具体而言，《福利经济学》分为四篇。

第一篇为“福利与国民收入”，这部分主要论述的是经济福利与国民收入的关系。

庇古定义了福利的概念，限定了社会总福利与经济福利的范围。具体来说，庇古认为福利有广义和狭义之分，广义的福利涉及影响福利的一切因素。但是我们细想，关于这种广义福利的测量与核算是复杂且没有具体标准的，难怪庇古表明：该书的福利经济学关注的是用科学的方法直接或间接地用货币测量的那部分狭义的福利。

因此，在这种经济福利的概念之上，如果福利有高低程度之分，那么在大多情况下，经济福利是会随着收入的增加而增加的。这样，经济福利就会有一个“客观的配对物”，那就是国民所得。所以，庇古论述了经济福利与国民收入的关系，把对经济福利的研究变为对国民收入的研究。

第二篇为“国民收入的大小与资源在不同的用途之间的分配”，这部分主要论述的是社会资源的最优配置问题。

庇古把对经济福利的研究变为对国民收入的研究，那么经济福利怎样才能增加呢？因为国民收入总量的增加才是经济福利增加的主要源泉，所以如何增加国民收入就是福利经济学的中心问题之一。那么问题又来了：如何有效增加国民收入呢？

庇古运用独创的边际社会净产品和边际私人净产品的概念分析了资源配置的效率。只有当边际社会净产品的所有用处得到均等使用时，国民所得才能最大化。当边际私人净产品和边际社会净产品出现差异时，国民所得就不能最大化。因而庇古强调，要使国民收入增加或最大化，就必须有一些力量使得边际社会净产品的所有用处得到均等使用，即使生产资料在各个生产部门中的配置达到最优状态。

第三篇为“国民收入与劳动”，这部分主要谈的是国民收入与劳动的关系问题。

庇古认为决定国民收入大小的主要是劳动，这个观点怎么理解呢？庇古认为，国民所得的数量和掌控劳动力市场营运的结构是有关系的。比如，如果工人罢工或企业关闭的话，是不是就会降低直接受影响的行业产量？对其他行业的原材料或设备供应也会减少甚至被切断？甚至失业者就会减少对其他行业产品的需求，以及工人的孩子可能由于营养不良引发伤病？再比如，超时工作会给女工和童工造成很多有害影响，不利于他们的身心健康，且降低了工作效率。这些都会减少国民所得以及经济福利。因此，对劳动配置问题的探讨，企图寻求国民收入的提升路径和方法，这是庇古探讨的重点内容之一。

第四篇为“国民收入的分配”，这部分论述的是国民收入分配与国民所得、经济福利的关系。

既然国民所得分配给富人和穷人的绝对份额与国民所得之间是有关系的，那么如果通过改变收入分配来提高国民所得，富人与穷人都将从中受益。所以最后，庇古把对如何实现经济福利的最大化的探讨转移到了国民收入的均衡分配上来。

四、研究的核心：重视政府对资源配置的干预作用

一切问题都要寻求合理的解答。庇古认为，经济福利的实现，

有一个关键的路径，即重视政府对资源配置的干预作用。我们分两个方面来说明。

首先，庇古通过分析得出国民收入的大小及国民收入在社会成员中的分配情况是影响经济福利的两大因素，因而他对国民收入的分配进行分析后，研究了收入的转移问题，建立了“收入均等化”学说。

这一学说的基本论点是：如果把富人的收入的一部分转移给穷人，那么社会的福利就会增大。庇古的立足点在于经济福利与心理满足或者效用直接相连，富人从收入增加中获得的效用比穷人少，因此国民所得由富人转移向穷人，能够增加经济福利。那么，如何实现这种收入的贫富转移呢？

庇古认为，最优途径就是政府向富人征税，再补贴穷人。具体操作方式是：一方面，政府向富人征税。举个例子，政府可以征收累进所得税，让税率随个人收入的增加而上升，这样富人就能以更多的赋税标准纳税，穷人则以低赋税标准纳税，这样就能调节社会成员收入分配的不平等。另一方面，政府可以采取一些社会福利措施补贴穷人，将货币收入从富人那里“转移”一些给穷人。比如，在国家基金的帮助下，保证每个家庭都享有足够的最低生活标准补贴。以此，可以实现收入的贫富转移，增进货币的边际效用，促使社会经济福利总量的增加。

其次，转移收入的措施虽然可以缓和贫富之间的矛盾，但如果要彻底解决社会贫困问题、促进经济福利增长，则要增加国民收入总量，那么就必须增加社会生产，使生产资源在各生产部门中的配置达到最优状态。

庇古通过用私人净边际产品和社会净边际产品的关系说明了社会资源最优配置的标准。庇古认为，在完全竞争的市场条件下，竞争与资源的自由流动最终会使得私人净边际产品与社会净边际产品相等，据此可以实现国民所得最大化，但现实中两者往往相互背离。在一些行业之中，社会净边际产品高于私人净边际产品，对这些行业的投入就会不足；而在那些社会净边际产品低于私人净边际产品的行业，又会出现损害社会整体福利的过度投入。

举个我们大家都能感受到的例子，房子。从理论上说，房地产同时具有资本品与消费品的双重属性，并且在中国人“安居乐业”的观念下，它的消费品属性远远大于资本品属性。然而，近年来，由于缺乏正确的引导，人们片面地将住房视作投机炒作与赚钱谋利的工具。房地产商捂盘惜售，借机拉抬出售价格；某些企业大量涉足房地产，在推升房价中大发横财；不少投机者借助信贷杠杆结队“扫楼”，囤积居奇并频繁高抛低吸。结果，整个社会的金融资本有相当一部分集结到房地产领域。这不仅导致一、二线城市房价轮番暴涨，也使三、四线城市陷入库存积压的窘境，还大幅抬高了居民的生活成本。这种现象正是私人净边际产品高于社会净边际产品的深刻体现。

那么，如何平衡私人净边际产品与社会净边际产品的关系呢？庇古主张政府应当采取适当的政策对资源配置进行干预：对私人净边际产品大于社会净边际产品的部门进行征税，而对私人净边际产品小于社会净边际产品的部门进行补贴。庇古认为，通过这种征税和补贴，可以减少私人净边际产品和社会净边际产品之间的差距，最终将使经济福利增加。具体而言，就是重视市场经济行为的外部效应。

庇古指出，外部效应问题是市场本身无法克服的内在缺陷，如果政府始终恪守传统的“守夜人”职责，那么这个外部效应问题将始终构成市场有效运行的一种威胁。

因此，一方面，政府应该对那些存在负外部性的行为予以干预，举个例子，比如工厂排污造成空气、农田、河水污染，这就给空气、农田、河水带来额外的成本，然而工厂的私人企业主占了社会的便宜，但是他没有为排污支付应有的成本，这就是典型的负外部性。那么政府就应该对这种高能耗、高污染性行业及企业等环境污染者课以重税（又称“庇古税”），以提高这些企业的私人成本，增加其私人边际成本，使之与社会边际成本相当，还可对事关全局的产业，如铁路、电力、自来水等实行国有化，由政府经营。

另一方面，政府对存在正外部性的行为应予以支持，对农业、植树进行补贴，减少其私人边际成本以使之与社会边际成本相当，可以通过经济补贴鼓励更多的人从事这样一些正外部性的行为。比如，经济学表明，商品的价格是由市场的供给需求来自发调节的，那么粮食也一样，因而常会出现“谷贱伤农”，即粮食丰收反而可能会给农民带来收入下降的现象。但是，“民以食为天”，粮食价格的保证对于国计民生至关重要。因此，政府就可以对粮食收购提供支持价格或对农业生产进行直接补贴，实质上就是为了降低农业生产的私人成本，以保证农民从事农业生产这种正外部行为的积极性。

总之，通过这两个方面，就能借助于国家的干预和政府强制性的手段，让市场秩序得以重建，以最大化地实现国家经济福利。

23

《以自由看待发展》：人的实质自由是发展的目的与手段

经济学界的良心——阿马蒂亚·森

阿马蒂亚·森（1933— ），出生在印度西孟加拉邦的一个名叫圣蒂尼克坦的小镇，曾执教于印度德里大学、伦敦政治经济学院、牛津大学、哈佛大学等高等学府，并于 1998 年获得诺贝尔经济学奖。

阿马蒂亚•森

阿马蒂亚·森十分关注中国，对中国的文化传统、体制改革等方面有着深入的研究，2016 年还成为北京大学经济学院特聘教授。

阿马蒂亚·森的学术研究取得了大量成就，他在经济发展、福利经济学、社会选择理论等方面的研究成果斐然，他也是研究饥荒与贫困问题的大师，出版了《贫困与饥荒》《理性与自由》等十几部专著。除此之外，他还担任过不少重要的学术组织的主席，也曾经为国际事务做出贡献，比如担任过联合国秘书长的经济顾问，以及帮助联合国计划开发署编制《人类发展报告》等。

一、为什么要写这本书

阿马蒂亚·森的自由发展观思想并不是空穴来风的空想，也不是闭门造车的结果，而是在吸收、借鉴他人研究成果的基础上，结合现实发展和自己的研究而得出的结论。

阿马蒂亚·森17岁开始主修经济学，他深深受到古典经济学家以及古典自由主义思想的影响。

从发展脉络上看，古典经济学与古典自由主义一脉相承，古典经济学中崇尚自由主义的隐性基因，在17—18世纪脱胎成为古典自由主义思想，那个时候工业革命也进入高潮阶段，所以古典自由主义通常被认为是工业革命和随之而来的资本主义制度催生的一种意识形态。似乎在经历了长期封建统治的黑暗后，对自由的渴求再次指导着人类的思想向前发展。这种古典的自由主义思想提出了言论自由、信仰自由、思想自由、市场交易自由以及自我负责等概念，反对集权、君权神授、世袭制度、国教制度等传统的政治学说，后来逐渐被别的意识形态所接纳。

阿马蒂亚·森对自由的认识可以追溯到古希腊哲学家亚里士多德和“现代经济学之父”亚当·斯密的思想。亚里士多德思想中有关经济发展、自由、伦理的部分，对阿马蒂亚的自由发展观的形成具有十分重要的推动作用。尤其是在阿马蒂亚的自由发展观形成的早期，亚里士多德关于“人的功能”与“生活质量”的论述就对阿马蒂亚的认知产生了非凡的影响。而亚当·斯密扩充了生活必需品的内涵，则为后世的阿马蒂亚·森对自由内涵的扩充打下思想基础。

除了对亚里士多德、亚当·斯密的思想有过详尽研究以外，阿马蒂亚·森还研习过德国思想家、哲学家、经济学家卡尔·马克思的著作，并深受他的影响。马克思基于唯物史观，从“现实的个人”的角度出发，提出人的发展应当是自由而全面的，他强调了人在社会发展进程中的主体地位。马克思的这一思想深刻地影响着后世的经济发展理论，也影响着阿马蒂亚·森自由发展观的形成。具体来说，马克思提出的“人的自由而全面的发展”的思想，让阿马蒂亚·森站在自由的视角重新审视以往只看重经济的发展观念。

除了亚里士多德、亚当·斯密以及卡尔·马克思，还有许多古典经济学家、新古典经济学家以及现代经济学家的思想对阿马蒂亚·森自由发展观的形成和发展产生过影响，例如肯尼斯·阿罗关于理性和自由的思想，约翰·罗尔斯、阿特金森关于不平等的思想等。

阿马蒂亚·森对亚里士多德、亚当·斯密、马克思等人的自由主义思想进行了继承与发扬，在不断吸收、借鉴他人研究成果的基础上，重新审视了自由与发展的意义，结合现实的发展和自己的研究形成了自己的自由发展观。

二、研究的对象：对传统发展观念与发展本身的思考——发展是一个涉及众多方面的综合过程

在自由主义思想的引领下，阿马蒂亚·森不断加深对自由本

质的认识。与此同时，他开始思考：到底什么才是“发展”？阿马蒂亚·森对传统的“唯经济增长”的发展观念、“满足需要”的发展观念以及“可持续发展”的发展观念进行反思与批判。

首先，阿马蒂亚·森认为传统的“唯经济增长”的发展观念是狭隘的。

“唯经济增长”的发展观念只注重经济总量和社会财富的增加，它以GDP为主要指标衡量经济增长，不能全面反映社会问题。支持这一理念的人们认为通过“涓滴效应”，经济增长就能惠及社会发展的方方面面。然而“唯经济增长”观念却存在两个问题：一方面，现有研究发现，在多数情况下，“涓滴”的渠道是堵塞的，没有办法通过“涓滴”实现均衡的经济发展；另一方面，“唯经济增长”仅仅关注总量的积累，忽视了人类对于正义的追求和对公平的重视。作为社会的主体，人类自身的发展和需求没有得到重视，因此在经济增长的同时，社会中许多不平等问题也越发严重。

阿马蒂亚·森还指出，经济总量或社会财富的增加无法保证人们实际享受的福利的增加，“唯经济增长”的发展观扭曲了人类发展的本质，误把经济的增长看作“本”，将人自身的发展当作“末”，本末倒置不符合客观规律，必然会被淘汰。

其次，阿马蒂亚·森对“满足需要”的发展观念进行了反思。

在1970年前后，随着人力资本、发展经济学等理论的演化，经济学界逐渐注意到了人在经济发展过程中的作用，经济发展的观念也开始把人的作用纳入其中，为了保障人能在经济增长的过程中发挥出作用，于是理论界慢慢形成了一种“满足需要”的发展观念。

这种观念认为，发展的过程需要满足人的基本需求，比如吃、穿、住、行等，满足了基本的物质需求，人们才能够发挥好自身对于经济增长的作用。但是，阿马蒂亚·森认为，这种只追求“满足需要”的经济增长有两点局限。第一，这种观念对人的关注是片面的，只停留在物质层面。然而，人的满足不仅仅有基本的生活物质满足，还应该包括对拥有能力的渴望以及参与各类活动的愿望。第二，这种发展观念认为人只是被动的接受者，完全忽视了人的主观能动性。实际上，人之于这个世界是一种实际的存在，其意义在于去获取更全面的自由与能力，而非单单地将人视作“人道主义”的资助对象。如果人们始终被商品或物质所裹挟的话，就不能获得更好的发展了。

最后，阿马蒂亚·森对“可持续发展”也进行了批判。

1980年的联合国大会首次使用了可持续发展的概念，从字面意思来看，可持续发展就是“连续不断地发展”，联合国世界环境与发展委员会主席格罗·布伦特兰在1987年发表了一篇名为“我们的未来”一文中，对这一名词进行解释，他说“可持续发展就是既保证当代人的需要，又不损害未来一代需求的能力”。这段表述是最有影响力的解释。但是，在阿马蒂亚·森看来，可持续发展理念的目标仅体现了人类对世世代代生活质量保证的追求，显然这个发展目标依旧是单一的。由此观之，可持续发展与“唯经济增长”和“满足需要”的发展观念没有本质区别。

三、研究的核心：自由是发展的最终目的和重要手段

阿马蒂亚·森在《以自由看待发展》中所要表达的核心思想：什么是自由？自由与发展有着怎样的相互关联性？

首先，阿马蒂亚开宗明义地把发展的目标看作一种判定社会所有人福利状态的价值标准，并且认为，以人为中心的最高价值标准就是自由。那么在阿马蒂亚的眼里，什么才是自由呢？阿马蒂亚借鉴和吸收了自由主义的思想，他将自由重新定义，认为自由应当是具有实质性的，也就是可以拥有和享受人们所珍视的那种生活的可行能力。在这个意义上，自由的含义被充分扩展，实质自由就是阿马蒂亚提出的全新的自由构念，它包含了人们免于困苦的能力，免于诸如饥饿、营养不良、疾病、过早死亡等基本的可行能力；还包含了人们具备识字算术、参与社会生活的自由，以及各种政治权益的自由享受，比如有资格获得救济、享受教育等。

其次，阿马蒂亚继续完善了他的理论框架，提出自由具有建构性和手段性两种作用。在经济发展的过程之中，自由本身就构成了经济的发展，是整体发展的一个部分，自由本身的价值也在这种整体发展之中体现出来，这就是自由的建构性作用。而自由的手段性则体现为自由可以被赋予工具的性质，它的作用在于能够直接或间接地帮助人们按自己合意的方式来生活，工具性自由一般被归纳总结为以下五种，它们分别是政治自由、经济条件、社会机会、透明性担保，以及防护性保障。

- 政治自由，在广义上是指人们应当具有规则明确的政治参与机会，包括拥有执政机会、监督与批评、政治表达和言论自由。
- 经济条件指的是人们为了达成消费、生产、交换的目的，而享有的调配和使用自身经济资源的机会。
- 社会机会，是指社会教育、医疗等方面的安排是否能让个人享受更好生活的实质自由。

- 透明性担保，是指在社会交往中，保证信息明确且公开的信用，有了这种信用，社会才能良好运行。
- 防护性保障，是为了给社会提供一张“安全网”，通过制度性的、临时性的安排来救助面临困苦境地的人们。

对自由有了新的认识之后，关于自由与发展的关系，阿马蒂亚简洁而精确地指出：经济发展本质上是自由的增长。与此同时，他提出了两个基本命题。

第一个命题：自由是发展的首要目的。

人类社会是复杂的，人们总是在追求各种目的和寻求某种价值，那么纵观整个人类社会，什么样的目的或价值应当被视为判断标准呢？阿马蒂亚对社会的价值标准进行了深刻而犀利的哲理性分析，基于信息基础的可获得性视角，在对比分析了功利主义和自由至上主义等现代价值观之后，创见性地提出了以实质自由作为价值标准的理论，得出了第一个命题——自由是发展的首要目的。

阿马蒂亚认为功利主义只考察了人们的“效用”是否满足，在这一理论框架下，只有效用信息才被看作唯一的基础，用来评价事物的状态或行为，这种评价标准是十分有限的，于是造成了功利主义价值观具有显著的局限性。这种局限性表现为以下三点。

- 第一，漠视分配，只关注幸福的“总量”。
- 第二，忽视权利、自由和其他非效用因素的重要性。
- 第三，这种幸福感带来的效用很容易就被适应性行为和心理所改变，并不稳定可靠。

关于自由至上的理念，阿马蒂亚认为这种“自由权优先”的思想采取了一种激进的形式，这种理念认为个人的自由应当完全优先于社会目标的追求，具有绝对优先性。阿马蒂亚并不认同这种自由至上的理念，他认为不能简单地按照一个人从其自由权中得到了多少好处，来评价自由权的社会意义。就这一理念的信息基础而言，是非常局限的，它忽视了许多具有重要意义的变量，也忽视了人类追求更好生活所要求的最基本的能力自由。

在分析讨论了以上价值观念后，阿马蒂亚进一步考察了实质自由的含义，确定了以可行能力为视角，评价实质自由的信息分析方法，这种方法具有的广度和敏感度让它有宽阔的适用范围，能够对一系列诸如效用、自由、人的能力等重要因素给予评价性关注。于是，在以实质自由为价值标准的基础上，阿马蒂亚提出了“自由是发展的首要目的”的命题。

第二个命题：自由是促进发展不可缺少的重要手段。

阿马蒂亚认为自由是各种可行能力的拥有，如果这种能力遭受剥夺，人们就会失去发展的自由，阿马蒂亚把贫困看作对可行能力的剥夺。

阿马蒂亚拿印度和非洲南部地区的贫困问题来举例。世界上经济最不发达的国家集中在南亚和撒哈拉沙漠以南的非洲。在1991年，全世界有52个国家、约16.9亿人口的预期寿命低于60岁，其中有46个国家在南亚和撒哈拉以南的非洲，而位于南亚的印度一国就占了其中一半以上的人口。印度和南部非洲的成人识字率和婴儿死亡率的差别都不大，但是印度人口的预期寿命近60岁，南部非洲仅有52岁。另外，印度营养不良儿童的比例达到极高的40%～60%，南部非洲则为20%～40%，这主要是因为由购买力所决定的市场需求量低于印度国内对粮食的需要量，因此印度营养不良的实际情况要比南部非洲严重。还应该注意到印度和南部非洲有一个共同的问题，那就是长期存在的地方性文盲状况，两者的识字率相似，每两个成年人中就有一个文盲，就跟预期寿命低下一样，这一特征使得印度和南部非洲区别于世界上别的国家和地区。

这个例子中，印度和南部非洲成人识字率的低下和文盲的高占比问题，主要是由于国家和社会提供的国民基础教育不足所致，婴儿死亡率较高、大量儿童营养不良，以及国民预期寿命低下的问题，则是因为国家对国民医疗卫生健康的保障不足造成的。

在阿马蒂亚看来，基础教育、医疗卫生等问题，使得国民追求美好生活的可行能力受到了剥夺，失去了实质自由，这种大规模、多样化的能力剥夺使人民难以摆脱贫困，使国家长期陷入经济困境之中。这也正说明，实质自由的缺失严重阻碍了发展，唯有实现对实质自由的增长，才能获得更好的发展。

简言之，在阿马蒂亚看来，自由是更具包容性质的，体现在人们实现美好生活所必需的可行能力的拥有和使用上。他还指出，实质自由的增加是发展的最终目的，并且自由的意义还在于其对社会发展具有手段性作用，也就是说，自由的实现能促进社会的发展。

农业现代化的实现路径

24

《孤立国同农业和国民经济的关系》：在假想王国里建立起来的区位理论

经济地理学和农业地理学的创始人——约翰·冯·杜能

约翰·冯·杜能

约翰·冯·杜能（1783—1850），他被认为是经济地理学和农业地理学的创始人，也是农业区位理论的开山鼻祖。

著名的政治经济学家约瑟夫·熊彼特曾评价道，杜能的纯粹理论能力超过了英国古典政治经济学家的主要代表、古典经济学理论的完成者——大卫·李嘉图。

杜能出生在德国的奥尔登堡，他早年丧父，继父是一个数学爱好者，所以从小时候开始，杜能在数学方面就深受继父的影响，并因此打下了良好的数学基础。后来，杜能去了德国汉堡附近的弗洛特贝克农业学院求学，师从该学院的院长陶丁格尔教授。1803 年秋，杜能进入德国哥廷根大学读书，后来他还购置了一座庄园，并亲自管理庄园的收入与支出。这些经历都为杜能后来系统研究农业与国民经济的相关问题打下基础。1826 年，杜能的《孤立国同农业和国民经济的关系》一经出版，就在德国广受欢迎。

一、为什么要写这本书

杜能在求学时期曾说过："我总有一种责任感，将我们看到的农业和国家经济方面的、可作为孤立国基础的观念的问题，加以条理化。"杜能为什么会在心里生出这样一种"责任感"呢？这和杜能当时所处的时代背景不无关系。

杜能写作这本书的时间跨度相当大，从1803年经营庄园研究农业算起，到1850年第二卷的出版，经历了近半个世纪，大致可以分为两个阶段。

第一个阶段：18世纪末—19世纪初期。

在18世纪末期，由于受到法国资产阶级革命及拿破仑战争的影响，欧洲各国纷纷发动了革命。当时的德国国内也接连发生农民起义，同时国内的资产阶级也不断发出不满的声音。在这样暗流涌动的形势下，包括普鲁士在内的德国各邦诸侯和封建农奴主的统治地位受到了严重威胁。

除了国内的社会动荡以外，德国对外也面临着战争的威胁，因此普鲁士政府不得不实行一系列具有资产阶级性质的改革：一方面是为了稳定国内局势，防止政权颠覆、国家灭亡；另一方面是想借机利用农民充实军队，以此来和拿破仑的军队作战。

在这场改革中，首先实施的就是"农奴制改革"。改革的开始，是以普鲁士政府在1807年10月9日颁布的《十月敕令》为标志的。该法令要求废除农民对地主的人身依附关系，给予了农民各项人身自由的权利，但是也极力维护着地主阶级的利益。虽然随后的一系列农奴制改革也进行得十分有限，但是普鲁士农奴制改革的浪潮却逐渐波及德国的其他公国，而这一系列的改革给德国农业资本主义关系的发展开辟了道路。同时，农业资本主义关系的快速发展，也推动着农业生产技术的进步与耕作制度的改良。

但是德国国内仍然面临着割据与分裂的局面，所以难以形成统一的市场，于是在这样的历史条件下，杜能开始对地租、谷物价格、贸易、税收、土地利用等问题进行讨论。

第二个阶段：19 世纪 30—40 年代。

19 世纪 30—40 年代的德国资本主义工商业刚刚起步，需要进一步地扩张市场，但是德国各邦之间却存在着较高的关税壁垒，这无疑阻碍了资本主义工商业的发展。后来，北德、南德、中德先后成立了关税同盟，这不仅使商品经济繁荣起来了，更加促进了德国的工业发展。

在 19 世纪 30 年代，伴随着德国工业革命的开始，德国资本主义迅速扩张。但尖锐的阶级斗争也随之而来，城市的工人想要过上更好的生活，农民则想要彻底摆脱封建制度、摆脱压迫，于是资产阶级与工农阶级的矛盾迅速激化。

与此同时，一批受到法国空想共产主义思想熏陶的知识分子也开始活动起来了，他们成立了共产主义联合会组织。1836 年，正义者同盟成立，这标志着德国工人运动的开始。后来马克思与恩格斯受邀加入，并将其改组为共产主义者同盟，两人共同起草并于 1848 年发表了《共产党宣言》。在资产阶级对抗封建势力的革命中，无产阶级发挥了独立的作用。

就是在这般尖锐的阶级斗争背景下，杜能试图通过经济学的视角去剖析德国国内的阶级矛盾，他不仅研究了农业经济问题，还对工资、收入等国民经济问题进行了研究，试图找寻破解阶级斗争之法。

二、研究的方法：将微分学应用于经济研究之中

在19世纪的欧洲大陆，经济学研究主要以经济历史学派的研究方法为主。经济历史学派主张以历史研究作为研究人类知识和经济问题的主要来源，因为他们认为，文化并非全球化的，不具有普世性，因此经济历史学派重视对具体的、实际的经验现实进行归纳性研究，反对古典经济学派抽象演绎式的研究方法。在德国，经济历史学派几乎覆盖了整个学术界，许多经济历史学派的学者还被政府聘为顾问，然而杜能却反对经济历史学派的主张，坚持使用更为科学的抽象法进行研究。

杜能认为，对于规律的研究，包括经济规律，只有使用数学方法才能获得更加准确的认识，于是他开创性地将数学方法引入经济学研究中。杜能因为主张实验科学的研究方法，再加上自己扎实的数学基础，以及多年经营农庄而学习到的关于会计核算和高等数学的方法，所以他使用了微分学对相关的国民经济问题进行了定量研究。

比如，他在讨论关于距离、生产费用、运输费用，以及价格等要素之间的关系时，就广泛运用了微分学进行定量研究，并由此得到了更加准确可靠的结论，为他的经济理论提供了正确而有力的辅助。

杜能是第一个把微分学应用到经济研究中的资产阶级经济学家，这为后世的经济学家提供了启发，并由此开辟了一条经济研究的崭新道路。

三、研究的核心：农业区位理论及其与国民经济的关系

杜能所表述的核心内容：确定孤立国生产布局的决定性因素是什么？各类产业应该如何布局？以及由此衍生出来的农业区位理论与国民经济又有着怎样的关系？

（一）杜能在农业布局方面的孤立王国设想

在农业布局方面，杜能曾设想出一个架空的王国，这个王国与世隔绝，坐落在一片全是沃野的平原之上，土壤的肥沃程度没有差别，都适合耕种。而且，在这个王国里，只有一座城市，位于整个王国的正中央，除了这座城市以外，其他地方都是农村。城市所有的自然物资全部由农村提供，相对应地，全国的人工产品全都由城市提供。矿山和盐场位于城市附近，离城市最远的地方则是那些未曾被开垦过的荒野。在交通方面，连接各地的只有陆路，没有河道。

在这些假设的基础上，杜能提出了关于孤立王国生产布局的原则和措施。首先，他认为，成本和价格是孤立国确定生产布局的决定性因素，并且运输成本是其中比较重要的因素，而决定运输成本的则是生产地与消费地之间的距离。因此，距离成为考量生产布局的重要问题。杜能主张，这个孤立的王国应该以唯一的那座城市为中心，根据相应的布局规则，围绕城市形成同心圈，一圈一圈地向外辐射，每个圈层都有自己的主要产品，同时也有着相对应的耕作制度。杜能的这种布局理念，被称为“杜能圈”，也叫“杜能环”。

“杜能圈”由内向外一共有六个圈层，分别对应着不同的生产方式。

- 第一圈层离城市最近，它内部有果园和菜园，因为蔬菜、水果等鲜货，大多都经不起长途运输，所以需要种植在离城市最近的地方。除此之外，还需要将牛奶的生产也安排在第一圈层内，因为牛奶不仅运送难、费用高，而且还容易腐坏，因此也需要就近运送。这一圈层的特点是：地租较高，所以利润较低的谷物类产品，它们的生产必然会受到限制。这一圈层内没有休耕的土地，当然这不仅仅是因为地租贵，要充分利用土地，还因为它离城市很近，可以没有限制地去城市购买肥料并加以使用，从而使土地不休耕也不会影响到肥力。
- 第二圈层则主要用来发展林业，为城市提供木材和燃料。杜能认为，假设木材和燃料的价格是确定的，如果生产地离城市太远的话，运输成本将会高于价格，那么即使不计算生产成本和地租，人们也不愿意将这些木材和燃料运送到城市进行售卖，因此第二圈层适合发展林业，在这一圈层内进行生产和运输，销售价格是足够补偿生产成本和运输成本的，还能支付地租，这样一来，人们就有利可图了。
- 再往外的第三、第四、第五圈层，这些圈层主要用来生产各类谷物，当谷物的价格确定下来后，谷物的生产地离城市越远，收益就会越低，因为距离的增加会使谷物的运输成本增高。如果从耕作制度的角度来看，三个圈层根据各自土地的使用情况，分别采用了不同的耕作制度。第三圈层采用的是轮栽作物制，在这一制度下，没有完全用于休养闲置的土地，全部耕地都会被用于农作物的种植，并且谷物与饲料作物轮流种植。第四圈层采用的是轮作休闲制，在这一制度下，除了农作物循环种植以外，还会有一片区域是不耕种任何作物的，只被用作休养闲置的场地，这样安排是为了更好地保持土地的肥力。第五圈层采用的是三区轮作制，在这一制度下，土地被分为了三部分，一部分作为耕地，另一部分作为永久牧场，剩下一部分则作为每年轮流休养的闲置场地。关于谷物种植边界的问题，杜能曾提出，从城市出发，当距离一直增加时，谷物种植的规模总量就会到达一个临界点，因为这时谷物的运输成本和生产成本的总和，就会等同于它们在城市的销售价格，那么此时便不会再有谷物送往城市进行销售了，谷物的种植也就会到此为止。

- 第六圈层主要被用来经营畜牧业，这个圈层的地租很低，并且用于饲养牲畜的谷物价格也很低，所以畜牧业的生产成本也就变得同样低了。相对而言，由于这个圈层离城市太远，运输成本也就会很高。所以随着距离的增加，人们会在生产费用降低和运输成本增加之间进行权衡，只有降低的生产成本大于增加的运输成本时，生产才会进行。第六圈层有着宽广的土地面积，人口也较为稀少。
- 第六圈层以外的地方就是寥无人烟的荒野了，那里只有零散的猎人居住在树林中，他们靠捕猎为生，但他们中也会有人将猎物拿到城市中进行货物交换。

（二）杜能在工业布局方面的孤立王国设想

除了农业布局，杜能对工业布局也有研究。杜能也曾设想出另一个孤立的国家，在这个国家里，除了有一个大城市，还存在着许多小城市。在这个国家中，杜能把国计民生看作工业布局的“最高原则”。因此，他提出，城市的大小及相互之间的距离必须最有利于国计民生，并且不能把所有的工厂都集中在首都，应该设立在原材料价格最低的地方，这样才能以最低的费用进行生产，以最实惠的价格向消费者提供产品。

杜能的工农业生产布局的思考，对当今社会仍有积极意义。

（三）杜能在“地租”“工资”等国民经济范畴方面的建树

除了对农业区位理论有开创性的研究以外，杜能在“地租”与“工资”等国民经济范畴方面，也颇有建树。关于“地租”这个经济学概念，大卫·李嘉图曾首先提出了一般的“地租”概念，他认为地租的含义就是指一块土地被利用后而得到的纯收益。而杜能研究的“地租理论”是“级差地租”，是相对于“绝对地租”而言的，与土地位置的优劣及土质的好坏密切相关。

杜能在书中说到，除了土地肥力是决定地租支付能力的要素外，区位也是决定地租的重要因素。但是，我们刚才说到，在杜能设想的“孤立国”中，土地的质量都是相同的，所以他重点研究了土地位置这一因素对地租的影响，关于级差地租的研究也难免有些片面。

而关于“工资理论”，杜能创立了著名的自然工资学说，并且他还在自己的墓碑上刻上了计算自然工资的公式——$\sqrt{ap}$，其中 a 表示在工人们的总工资中用于必要生活资料的那部分，p 则表示劳动总产品。杜能在书中说道：“这种工资不是由供求关系形成的，也不是由工人的需要计算出来的，而是工人自己自由决定的工资，我称之为合乎自然的工资或自然工资”。

与此同时，杜能还提出了“要素最后生产力理论”，这一理论由“劳动最后生产力工资理论”和“资本最后生产力利息理论”构成，这便是“边际生产力理论”的最初形式，这一理论也使得杜能成为“边际革命”的先驱人物。

25

《改造传统农业》：从投资人的视角看农业经济的增长

美国农业经济学领域的代表人物——西奥多·威廉·舒尔茨

西奥多·威廉·舒尔茨（1902—1998），是美国芝加哥大学经济学教授，曾先后在美国政府农业部、商务部、联邦储备委员会，联合国粮农组织，世界银行等机构兼职。

西奥多·威廉·舒尔茨

20 世纪 50 年代以后，舒尔茨致力于人力资本理论的研究，并被认为是这一领域的开拓者，60 年代以后致力于研究发展中国家的农业问题。

由于他在经济学方面的贡献，特别是《改造传统农业》这本著作在发展经济学领域的深远影响力，他和美国的另一位经济学家阿瑟·刘易斯共同分享了 1979 年的诺贝尔经济学奖。

一、为什么要写这本书

舒尔茨所指的“传统农业”是指：完全以农民世代使用的各种生产要素，如生产工具、土地等为基础的农业。传统农业是一个经济概念，指的是一种特殊的、处于均衡状态的农业经济。这里所谓的“特殊”，指的是在现代社会普遍追求经济发展的背景下，几乎处于“停滞”状态的传统农业经济形态是格格不入的。而这里所谓的“均衡”，指的是在一个较长的时间内，农业技术保持不变，农民收入来源和生产动机保持不变，且农民的纯储蓄接近于零。

举个例子来说，在一个偏远的山区，当地农民运用的从业生产知识完全依靠祖祖辈辈的传承；使用的技术（如用耙犁耕田、人力插秧等）是确定不变的；产品的产量仅够家庭所需，基本没有多余。根据这几个特征，就可以判断这个地方为传统农业社会。这种自给自足的传统农业社会，处于长期均衡却贫穷的状态，如印度、危地马拉等农村。也可以说，一个依靠传统农业的国家必然是贫穷的。

那么，造成传统农业社会贫穷的原因是什么呢？对此，学者专家们众说纷纭，其中最典型的观点是“传统农业中生产要素的配置缺乏效率”。简单地说，就是专家们认为导致传统农业社会贫穷的根本原因，是农民不善于利用现有的生产资源，比如对土地、工具、人力等资源没有进行合理的配置，没做到“物尽其用”。

事实果真如此吗？美国学者索尔·塔克斯对危地马拉的帕纳哈切尔地区印第安人社会进行了相关研究，在其著作《一个便士的资本主义》中指出：该地人民在配置生产要素、从事生产活动时是非常有效率的。男人、女人和能干活的孩子都到农田干活了，产品的交换、流通也是灵活而高效的，人们在谋取商业利润方面也非常精明，简直是个“微型的资本主义社会”。然而，当地人却异常贫穷：缺医少药，住在没有家具的肮脏茅棚里，并且死亡率非常高，没有学校，人们生活的主要内容就是从事艰苦的劳动，等等。

美国学者戴维·霍珀对印度的塞纳普尔地区也进行了类似的研究，得出了同样的结论：该地区的传统农业社会是贫穷而有效率的。尽管每个人都尽可能付出了最大的努力，却依然摆脱不了贫穷的局面。

这些研究驳斥了“传统农业社会贫穷是因为生产要素配置效率低，农民没有充分利用生产资源”的观点。这说明，传统农业社会的贫穷不是因为农民的懒惰，农民恰恰是拼尽了全力，但也只能勉强维持生活而已。也就是说，传统农业社会贫穷的原因是经济发展所依赖的各种资源、要素在这些地方已经用到了极限，无法生产得更多了。

因此，舒尔茨教授认为，在传统农业社会里，农民的贫穷是必然的；农民的贫穷既不是因为他们“懒”，也不是因为他们“蠢”。而且，仅仅依靠他们自身的努力也无法改变贫穷的命运。因此，要实现农业经济的增长，必须对传统农业进行“改造”。

二、研究的思路：改造传统农业，本质上是一个投资的问题

舒尔茨教授开宗明义地指出：如何把弱小的传统农业改造成为一个高生产率的经济部门，是其研究的中心问题。从根本上说，

这种改造取决于对农业的投资。因此，改造传统农业，本质上是一个投资问题。就如前面的分析，我们看到传统农业社会必然贫穷，而且在这个静态的、均衡的经济状态中，仅仅依靠农民自身是无法改变这个局面的。这就意味着必然要引入外在的因素，才能打破这种“均衡”，实现农业经济的增长。而要理解这个观点，就要明白其中的逻辑，认清三个问题。

第一个问题：放弃农业经济会出现什么问题？

舒尔茨教授反对偏袒工业、轻视农业的经济发展模式。有些国家政府过于注重发展工业，甚至把经济增长与工业化等同起来，比如认为“现代化就是工业化”，并围绕这个思路制定了各种经济政策。于是所有的投资都向城市和工业倾斜，把农业用地改作工业用地、将农业人口视为工厂的劳动力。这样的政策，扼制了农业经济的发展，导致了农业的凋敝，最终也限制了工业和商业的进一步发展。

另外，舒尔茨也批评了压抑地租、压抑农产品价格的政府行为。例如，有些政府长期抑制农产品的价格上限，在粮油价格上涨的时候，就出手干预，强行规定农民以最低的价格出售产品、出租土地；而同时，对农业生产中用于投资的工业材料（如地膜、化肥等）的价格上涨却不管不顾。这样一来，就扭曲了市场基本规律，挫伤了农民的生产积极性。政府投资观念上的偏差，导致社会资源过于倾向工业和城市，这也直接导致了城市化的加剧，城市和农村不平等加剧，也使国家陷入了现代化的风险（这里的现代化风险指的是发展不平衡）之中：一个连吃饭问题都解决不好的国家，能是什么好国家？

第二个问题：农业经济可以成为经济增长的亮点吗？

事实上，最近几十年里，在许多国家，农业生产成为经济增长的亮点，甚至还能远远超过国家总体经济增长的幅度。而且农业经济的增长既不是依靠增加新的土地，也不是依靠单纯地提升农产品价格。也就是说，这些增长没有泡沫，是实实在在的增长。

对此，舒尔茨教授举了很多正面的例子。比如说，西欧人口密度大、农田大多贫瘠，但出人意料地发展出了强大的农业经济；意大利、奥地利和希腊等国家的人均可耕地远比印度少，而且更为贫瘠，但每年的农业增长率高达 5.7%，远远高于印度的 2.1%；在 20 世纪 50 年代，西欧的农业就业人数减少了 20%，但农业生产率却提高了 50%。

再如，以色列是全世界公认的耕地少而贫瘠的国家，甚至没有人看好他们农业的前途。然而在 20 世纪 50 年代，虽然农业就业人口增加了 1/4，但生产却增加了 1 倍多。可见，土地不是以色列经济增长的源泉，以色列的农业发展依靠的是受过良好教育的农业生产者，他们大多都接受过高等教育，掌握了世界上最先进的农业技术。

此外，墨西哥也并非发达国家，但农业生产却以每年 7.1% 的高速度发展着，远超整个国家的经济增长速度，这在发展中国家中非常少见。究其原因，是因为墨西哥政府改变了对农业的投资策略。政府不仅自身大力投资水坝和灌溉设施，还依靠洛克菲勒基金会的援助，对农业科学进行投资。因此，在墨西哥，道路、交通、种植技术、机械设备、农民的受教育水平和农业知识储备等现代农业要素都得到了极大提升，而正是这些新的投资带来了农业经济的迅速增长。

第三个问题：传统农业改造的根本性问题是什么？

舒尔茨教授认为，只要对农业进行合理的投资，农业经济完全可以成为一个国家亮丽的经济增长点，甚至是“一个比较廉价的经济增长源泉”。因为这些投资并不依赖于简单的土地、人力的增加，也不依赖于各种农业生产模式或所有制的改变，而是致力于提供“有利的、新的农业生产要素”，而这正是改造传统农业社会的根本性问题。

这里的“生产要素”是研究经济增长的一个概念，具体包括土地、一切再生产性的物质生产资料及人力。生产要素是持久收入流的来源。简单地理解，农业生产的三大要素是土地、技术和工具、人力。传统农业社会之所以陷入贫穷，就是因为这三大要素的运用已经“见了底”：土地无法增加且精耕细作；技术和工具几百年不变；人也竭尽全力。因此，“增加新的农业生产要素”就成为改造传统农业的关键。

那么究竟哪些因素才是“有利的、新的农业生产要素”呢？按照舒尔茨教授的观点，来自各个资本机构的投资、来自政府的利好政策、来自科研机构的技术及工具的改进，以及农民自身的文化教育、健康水平的提升，等等，都是新的农业生产要素。不过，这其中最重要的还是“人的因素”，也就是作为新要素的需求者、运用者的农民。

总之，舒尔茨教授站在一个投资人的视角，对传统农业经济陷入发展困境的原因进行了独到的分析，并认为同行学者们忽视了经济发展中的人力资源因素的重要作用。

三、研究的核心：增加对农民的投资是实现农业经济增长的主要源泉

舒尔茨教授将人力资本要素视为改造传统农业的、至关重要的因素，这固然和他作为人力资本研究专家的经济学家的身份有

关，其实这个理念也契合“以人为本”的人本主义哲学思想。

首先，从投资的角度看，人力是重要的资本。

舒尔茨教授认为，资本不仅包括生产资料的物质，也应该包括作为劳动力的人。引进新的生产要素，意味着不仅要引进杂交种子、自动化机械等物质要素，还要引进具有现代科学知识、能运用这些新生产要素的人。农民的技能和知识水平，与其耕作的生产效率之间存在密切的正相关。因此，要改造传统农业，首先就要“改造”传统农民。

在电视剧《山海情》中有一个很有趣的情节：政府为了扶贫，给当地村民发放了很多品种优良的鸡，目的是让村民通过养殖良种鸡来致富。然而几个月之后，村民把这些鸡都吃光了。可见，这种思维简单的“扶贫”模式是不能真正促进农业经济发展的。因此，只有将人力视为“资本”，才能转换农业经济的投资思维。

其次，人力资本的积累是经济增长的源泉。

“二战”结束后，作为战败国的德国和日本基本陷入了经济瘫痪的局面。然而不到20年，两国的经济就迅速腾飞了，创造了奇迹。这是用传统经济学无法解释的现象，引起了很多经济学家的研究兴趣。其中，舒尔茨教授的观点最具有说服力。他认为，两国战后之所以出现经济复兴的奇迹，最主要就是人力资本的原因。战争虽然破坏了这两国的物质资本，但并未破坏其充裕的人力资本；再加上这两国悠久的文化传统和重视教育的现代国策，为经济发展提供了大量高素质的劳动力，使得两国的经济发展得以建立在高技术水平和高效益的基础上。

因此，舒尔茨教授提出了一个著名的观点：在影响经济发展的诸因素中，人的因素是最关键的，经济发展主要取决于人的质量的提高，而不是自然资源的丰瘠或资本的多寡。他甚至认为，人口质量和知识投资，在很大程度上决定了人类未来的前景。

再次，向农民投资。

“二战”以后，很多国际组织先后发起了对穷国的经济援助，很多投资重点都在物质生产资料方面，比如投资建设铁路、公路等基础设施及农产品品种改良，等等，而忽视了对人力资本的投资。舒尔茨教授认为这种投资是片面的投资，只有追加对人的投资，才是全面的投资。如果仅仅是增加物质资本的投资，那么穷国对这些资本吸收的速度是非常缓慢的。这些片面投资的结果也证明，如果人的能力与物质资本不相称，那么人的能力就成了经济增长中的限制性因素。

因此，舒尔茨教授明确主张，农民能力的提高是实现农业现代化的头等大事，农民的能力与资本一样是可以被“生产”出来，是重要的生产资料。但农民的能力提升不是“免费的”，需要付出实在的成本投入，也就是说，需要对农民进行投资。对农民进行投资，具体来说有如下这些途径。

- 第一，增加对农民教育的投资。以丹麦的农业改造为例，“二战”后，丹麦政府将大量高学历高技能的城市居民引入农业生产中，最终实现了丹麦农业的蓬勃发展。这说明，在农业的现代化中，具有高度教育水平的城市人，比教育水平低的农民更有利。因此，开办各种专业学校、提升农民的受教育程度对促进农业发展是必要的。或者将受过良好教育的人吸纳进农业生产中，也是一种增加农民教育投资的方式。
- 第二，开展大量的培训或者新技术的示范，将科技工作者引入农业生产当中。比如，举办各种农民学校、农业推广站、在职培训，等等。利用农民的空余时间，有针对性地开展短期的技术培训。同时，推进农业技术的普及性工作，真正将知识应用于实际的农业生产，从而实现经济的增长。

- 第三，向农民的孩子投资。鼓励农民的孩子接受教育，而不是让他们被迫过早地放弃学业从事劳动。在很多发展中国家，农民因为贫穷而让孩子过早地赚钱养家，而这些孩子长大后就和他们的父母一样，缺乏教育。要阻断这种恶性循环，就应该从投资农民的孩子着手，让孩子从劳动中解放出来，接受必要的教育。
- 第四，为农民的健康投资。要加大医疗投入，延长发展中国家农民的寿命。在很多发展中国家里，农民的健康问题非常严重，农民得不到医疗的保护，并且容易在繁重的劳动中丧失劳动力，也因此丧失了提升自我的信心。
- 第五，向农民提供刺激和奖励的方法，鼓励农民将学习到的知识用于增加农业生产上。通过政策或者经济补贴等措施，鼓励接受教育的农民继续投身于农业生产，从源头上维护人力资本的再生产。

26

《法国农村史》：法国“小农经济”的兴衰史

历史学家、年鉴学派创始人之一——马克·布洛赫

马克·布洛赫（1886—1944），是19世纪末20世纪初的法国著名历史学家、年鉴学派创始人之一，也是享誉世界的史学大师，他的两本代表作《法国农村史》和《封建社会》是国际史学家公认的重要著作。

马克·布洛赫

《法国农村史》被学界誉为法国地理历史的巅峰之作，它开创了中世纪和近代农村史研究新境界的起点。该书综合运用了农业学、经济学、地理学、心理学、民俗学等多门学科的理论和视野，开创性地研究了从古代、中世纪到近代的法国农业生产和庄园制度。归功于作者独特的“从已知推未知”的治史理念，本书被认为是“年鉴学派”的代表性著作之一。

一、为什么要写这本书

年鉴学派兴起于两次世界大战之间，是一次史学革命，它倡导历史学的跨学科研究、历史学家之间的跨民族合作。

年鉴学派兴起的主要原因是1914—1918年的第一次世界大战和1929年的资本主义世界大危机，造成了空前复杂的历史现实。此时的人们发现：单纯传统的宏观理论已经不能应对复杂的新时局了，于是学界的研究视野从政治转向了经济，转向了具体的经济和社会问题。也正是在这样的大背景下，历史学研究也开始了“转型”，由“传统学派”转向了“年鉴学派”。

在年鉴学派出现之前，传统的历史学研究将研究对象锁定为帝王将相和各种英雄人物，研究的内容也侧重单纯的政治史；而年鉴学派则打通了历史学和其他人文社会学科的界限，将研究对象扩展为了芸芸众生，将研究内容扩展到了与大众息息相关的社会生活的方方面面。

作为年鉴学派的代表人物，布洛赫主张历史研究应融合地理学、经济学、社会学、心理学、人类学、语言学等各门社会科学，甚至自然科学。历史不再是政治史，而是社会的历史，是“总体史”。布洛赫摒弃了传统史学的观点和方法，认为历史是包罗人类活动各个领域的“整体”，历史是在人类各个领域之间相互关联、彼此作用所形成的各种关系之中体现的。因此，历史研究方法应该是“共时性的”，而不是传统史学的“历时性的”。也就是说，研究历史不能简单地用因果关系来解释，而是要在社会各领域之间进行横向比较。通过“共时的”各个领域，如政治、经济、文化、自然等领域之间的横向比较研究，还原历史的整体风貌，从而回答所提出的学术问题。

此外，布洛赫认为，在一门学科的发展中，设想比分析更重要，也就是提出问题比解决问题更重要。因此，布洛赫提出了一个非常有意思、有意义的问题。在中世纪以及中世纪之后，欧洲地区普遍存在着一种农业生产关系，庄园制度。但从16世纪开始，欧洲发生了农业革命，如德国、英国的农业，逐渐形成了大地主经营的大农场模式，而法国除了少数省份之外，绝大部分地区却是农民小土地所有制，即农民个人主义经营的方式，也就是“小农经济”。直到19世纪中期，小农经济仍然是法国经济的主要特点，也被视为经济拖后腿的因素。这是什么原因呢？

布洛赫用年鉴学派的方法逐步回答了这个问题。只不过，这个问题的回答不是直接的、粗暴的，而是如蜘蛛结网一般徐徐展开，呈现出了一幅中世纪法国农村的巨幅画卷。在这张画卷中，布洛赫告诉我们，没有什么问题是单独呈现的，社会各方面的因素错综复杂，但又息息相关。因此，研究历史就必须把历史视为一个整体。同样，分析一个经济问题，也不能仅仅从经济学的角度出发，因为一个经济现象的背后牵扯着地理、社会、心理、文化等多种因素。

二、研究的思路：法国小农经济发生和变迁的历史因素

布洛赫“夹叙夹议”，在充分展示文献资料的前提下，又洞

察了历史演进的规律，不断总结个人观点。其中，最重要、最精彩的历史故事和作者观点有如下几个。

（一）大拓荒和庄园的形成

在罗马帝国统治时期，高卢（法国正式形成之前的地区名称）曾是主要的农业地区之一，但大部分地区仍然是广袤的荒地。在随后的几百年间，随着各种征服者来了又去，这片土地上的荒地徘徊在荒芜与被耕种之间，没有发生明显的变化。直到公元 11 世纪（1050 年左右）至 13 世纪，在这段时间内，法国的土地耕种面积扩张得最快，因此历史上称其为“大拓荒时代”。

在大拓荒时代，人们发动了一场和森林树木之间的斗争，通过砍伐树木的方式来取得土地是人们常用的手段。同时，人们用木材建筑房屋和生活设施，将野生果树移栽到自己的领地，而大片森林被砍光之后又用于养殖动物。这时期的人们凭劳动向森林索取土地，不少人因此成为大领主。而这些领主往往无法丈量自己的土地，只能通过养殖动物（通常是猪）的数量来估计自己所占有的土地面积，甚至很多人压根不知道自己占有了多少土地。

到了 13 世纪以后，这些土地的征服者们逐渐建成了自发的村庄，人们开始定居下来，用犁和锄耕种土地，并开始缴纳税收，而幸存的森林则成了修道士们隐居的地盘。由于此时被开垦的土地足够匹配当时的居民数量，因此大拓荒时代就结束了。

很有意思的是，这些拓荒者们大多并非普通平民，因为拓荒需要大量的人力投入，往往能承受大拓荒任务的是富有而强大的王公大臣，他们在拓荒的土地上建立城堡，然后再将土地分给别人耕种。而另一部分拓荒者是具有坚忍不拔精神的神职人员，他们不怕吃苦，同时具有远见卓识，在砍伐出大量土地后，将一份份土地转包给承包人去耕种。因此，国王们、大公们、修道院院长们就自然而然地成为拓荒时代的成功者，成为庄园的大领主，而其他无法占有土地的人则成为依附领主的农民。

总体而言，大拓荒时代创造了庄园经济的雏形，带来了法国农村的相对稳定和农业人口的繁荣。在农业经济形成之初，人们从自然中掠夺土地资源，而且从一开始就形成了贫富分化。

（二）土地轮作制度和公共放牧权

古代法国的农田有圈地和敞地两种形式，圈地是以篱笆围起来的，敞地则以沟壑为分界线。由于围篱笆的成本比较高，所以长条形的敞地最为常见。由于土地资源有限而人口却不断增加，于是农民慢慢地由一年四季只耕种一季发展为一年耕种三季，而剩下来的一季则让土地“休憩”，任由地里长满杂草，这一方面是为了让土地恢复肥力，另一方面也可以进行放牧。这样一来，久而久之就形成了约定俗成的“规矩”，该耕种的时候就耕种，该放牧的时候就放牧。三季轮作制就由创新、习惯、强制性习俗发展为法律法规。

由于古代的每个地块都比较小，而在土地闲置的季节里，放牧的牛羊等动物无视土地的私有权而越界自由自在地到处吃草，于是私人土地的界线就消失了。这就形成了“公共放牧权”，也就是到了这个季节，大片土地成了公共牧场，大家都可以放牧，土地成为集体共有的土地。久而久之，大家就形成了一个习惯性观念，当土地上的作物一旦收获，土地就不再是个人财产了。这一点十分有趣，意味着只要土地上的庄稼被收割了，那么土地就变成了所有人的财富，不管是穷人还是富人。

大家应该看过法国著名农民画家米勒的作品《拾稻穗》，而在读了这本书后，大家就可以补充一个与之相关的背景知识：拾穗权，也就是在作物收割完成之后，往往会让居民进去采集，此时的穷人可以捡草盖房子或者捡一些剩余的作物充饥。这个权利被当作法律规定了下来，法律甚至规定了收割时只能使用短柄镰刀，这样才不至于让拾穗者一无所获。

很显然，农业社会存在着阶级，而且等级十分明显。人们聚居在一起，天然地形成了贫富差距，但也天然地形成了能让各个阶级的人都能维持生存和发展的方法。富人和贫民都要遵守集体的习惯法，而这种习惯法则成了维持社会平衡的守护神。

（三）技术与技术文明的关系

新工具的发明和使用是经济生产中的重大事件。在很早时期，欧洲大陆的农民就发明了双轮犁，这种犁的特点是耕田更深，却转弯困难。要想使用这种工具，最好的办法是让土地集中，因为大块土地更有利于推广新技术。

但问题是，古代的农民往往会选择小地块耕种而避免土地集中，因此法国农民的地块一般都比较小。究其原因，将所拥有的土地分散开，被认为是可以形成均等的机会，农民被允许耕种不同种类的土地，可以不至于在一次自然灾害或社会灾难中（如冰雹、病虫害、劫匪等）被一次性摧毁。这种思想根深蒂固，牢牢地影响着法国耕地的形状和土地分配政策。

为了使用双轮犁，法国农民就努力让土地变得尽量狭长而整齐，同时在相邻的两个地块中间设置公共的“调头区”。这样一来，就需要发挥集体的权力来协调农民之间的利益，法国农村的集体权力也就因此得到了强化。

由此可见，新技术的使用必然会引起相应的社会结构变化。也就是说，新技术自然而然地产生了新的技术文明。

（四）领主制的起源与变化

从8、9世纪开始，法兰克高卢（法国的前称）的土地被为数极多的领主庄园所分割。而领主产业包括住宅、农田建筑、园地、荒地和森林，其中最主要的就是耕田、牧场和葡萄园。而事实上，领主并不会直接打理这些庞大的产业，通常通过佃农制来经营。

佃农依附于领主，租用领主的耕田和葡萄园。但从身份上说，佃农不但是土地的租客，还是领主的“臣仆”。佃农租种领主的土地，通常是世代相传的，这是农业社会的“习惯法”。所谓习惯法，就是集体的传统，它存在于“往事的记忆”当中，往往通过口头的方式相传，不需要文字的规定。如果领主的庄园无人耕种，领主的名望就会下降。领主是佃农的统治者，为佃农提供武装上的保护；佃农是领主的臣民，也是领主军队的来源。

除此之外，佃农还要对领主尽两种义务，交纳佃租和提供劳役。佃租一般以实物的方式交纳，相对简单。比较复杂的是劳役：习惯上，只要领主有命令，佃农就得去为他干活。除此之外，佃农还得为领主交纳一定数量的手工业品，如木制品、纺织品、服装等。在有些庄园里，领主还会通过强制佃农使用其收费磨坊等方式来强迫佃农交纳金钱。

除了土地上的依附之外，佃农对领主也存在着人身依附关系，最典型的例子就是人头税。当领主急需要用钱的时候，比如嫁女儿、城堡失火、维修房屋等，他可以直接将负担转嫁给佃农，强求他们以人头税的方式给予资助。所以，人头税也被称为“随意定的税”，是农村暴动的根源。

领主和佃农的这种紧密依附关系，在13世纪以后逐渐发生了变化，最主要的原因是商业的兴起。此时，领主不再依赖佃农为其直接提供粮食、服装等物资，因为他们可以直接从市场上购买。因此，领主更希望佃农直接交纳租金。这样一来，一方面，佃农会将生产的物品换成金钱交给领主；另一方面，领主也越来越远离具体的庄园经营事务，而将这些事务交给佃农打理。故而领主就成为彻底的土地食利者。

从法律的角度来讲，佃农是“农奴”，是被捆绑在土地上的人，是随意被领主支配劳役的人。从13世纪末开始，一直持续到16世纪中叶，这段时期是农奴逐渐消失的过程，各种奴役性的义务开始陆续被废除。当然，这种自由不是领主赏赐他们的，而是领主“卖”给他们的，也就是说，人们从《圣经》中寻找到了“天赋自由”的理念，从商业行为中获得了以金钱交换自由的方法。最后的结果是，农民获得了自由，领主获得了财富。

从这个过程中，我们可以看出，封建的庄园经济自由地发展下去，结果必然是自身的瓦解，这个过程也是经济的发展规律使然。

三、研究的核心：自成体系的法国小农经济

布洛赫运用大量翔实的资料，描述了一幅上达千年的法国农村画卷。在这张画卷中，政治、经济、文化等多种因素相互制约，仿佛一只“看不见的手”，推动着社会不断变化和发展。法国小农经济为什么能够一直存在，并在历史长河里展现出惊人的生命力呢？布洛赫运用大量史料进行了解答。由于年鉴史学派的特点，

布洛赫的观点并不直接呈现，往往隐藏在大量的史料丛林之中。简单概括如下。

（一）法国农业经济的基础建立在家庭共同体上

“份地”是农奴家庭共同体经营的最小单位。在中世纪前期的庄园内，份地是领主向佃农征税的基本单位。份地可以包括几块地，但只有一个纳税者。也就是说，最早的农业经营方式就是基于家庭共同体。虽然在11世纪以后，份地制度逐渐衰落了，但以家庭为单位的经营方式、以长子为主的继承制度，却持续强化着小农经济的特点。

（二）法国农民拥有“自组织”的力量

在中世纪，农民最关心的是组成牢固的村民集体，并以此来作为“造反”的核心力量。当然，农民造反的对象是领地制度，就如同资本主义社会的工会领导罢工一样。不同的是，中世纪农民往往利用宗教的力量，以教堂为聚集点，通过成立“教堂财产管理委员会”的形式，组建基层的乡村共同体，也就是几个村庄的集体联合起来，形成“公社”。其中一些强大的公社，甚至能够成为常设机构，成为政治、经济、文化的综合体，拥有法人资格和自己的标志，是名副其实的“执政府”。

乡村共同体虽然经过了几个世纪的发展逐渐壮大了起来，但这个组织是自发的，组织的行为准则是“习惯”和“传统”，组织权力的执行往往是通过“舆论”的方式给人们施加精神压力来实现的。

（三）农民拥有维护自身权益、对抗领主压迫的法律武器

在早期的庄园里，领主拥有裁判权，比如农民之间的争端往往会通过领主的裁判来解决。但在后来的发展中，传统、习惯的生活方式与社会组织方式拥有了巨大力量，这就是“习惯法”，人们解决争端会倚仗“过去是怎么办的”的惯例来对领主的裁判形成制衡。因此，以惯例来解决争端的庄园法庭，一方面是领主控制农民的有效手段，另一方面也是农民制约领主的武器。随着中世纪后期王权的逐渐加强，国家逐步收回了地方施法权，庄园法庭就走向了没落。

（四）商业经济和私有权的强化瓦解了“原始的共产主义”

从公共牧场制度的起源和确立的过程中不难发现，公共牧场其实是一种原始的、自发的“共产主义”制度：在这个小范围里，人们不分贫富、各取所需。但这种制度并没有持续下去，主要原因是，在商品经济的冲击下，通过金钱交换自由的方式，领主们将自己的耕地出售给了农民，从而获得了惊人的财富，他们也因此就将公共牧场买下来了。而在16世纪以后，保护私有权的政治观点非常流行，因此就导致了公共牧场转变为私人牧场，这种原始的共产主义制度就随之烟消云散了。

27

《农业与工业化》：对农业国工业化问题的解答

发展经济学奠基人——张培刚

张培刚

张培刚（1913—2011），1934 年毕业于武汉大学经济系，在 1941 年考取了清华庚款留美公费生，进入哈佛大学学习，并于 1945 年获经济学博士学位。1946 年回国，担任国立武汉大学经济系教授兼系主任。1952 年底，调至当时正在组建的华中工学院（现华中科技大学）。

张培刚的博士论文《农业与工业化》，是世界上第一部从历史上和理论上比较系统地探讨农业国家或经济落后国家如何实现工业化和经济发展的专著，曾获哈佛大学“1946—1947 年度经济学科最佳论文”奖和“大卫·威尔士”奖。

张培刚的主要成就：创立了系统的农业国工业化理论，为发展经济学的诞生奠定了理论基础；提出了建立新型发展经济学的理论构想，为发展经济学在当代的新发展指明了方向；率先倡导并推动了现代市场经济学在中国的引进和普及。

一、为什么要写这本书？

张培刚远赴重洋，学习西方经济学中先进的理论知识，并在发展经济学领域有所建树后，又怀着一颗爱国之心回到了当时百废待兴的中国。从《农业与工业化》这本书中，便可以感受到他作为一名经济学家将经世济民视为己任的家国情怀，正如张培刚所说："诚然，读书使我获得知识。但是，如果没有我青少年时期在农村的亲身经历和生活感受，没有我大学毕业后走遍国内数省，先后六年的实地调查，特别是如果没有一颗始终炽热的爱国之心，我是写不出这篇博士论文的。"

二、研究的视角：均衡与区位的分析方法

张培刚选取了一些合适的经济学分析方法，来作为本书的主要推理工具，包括一般均衡理论、局部均衡理论及区位理论。

（一）一般均衡理论

一般均衡理论是着眼于整个经济商品和生产要素价格及其供求量的一种经济理论和分析方法，由瑞士洛桑学派创始人瓦尔拉斯在19世纪末首先提出。这以后，一般均衡理论经意大利经济学家帕累托、英国经济学家希克斯、美国经济学家萨缪尔森等经济

学家的改进和发展，最终形成了现代一般均衡理论。

该理论认为，各种经济现象均可表现为数量关系，比如说劳动市场上一个单位的劳动等价于几个单位的产量，根据这个产量的多少，企业家会制定工人的工资，经济现象所表现出的这些数量之间存在着非常密切的联系，在整个经济体系的商品市场和生产要素市场上，一切商品及生产要素的价格与供求都是互相联系、互相影响和互相制约的。也就是说，一种商品或生产要素价格的变动，不仅受它自身供求的影响，还要受到其他商品和生产要素供求与价格的影响。

在一般均衡理论中，有如下几点严格的假设。

- 第一，市场的参与者拥有关于市场的完全信息。
- 第二，经济中不存在不确定因素，因此也不会因为预防不测而贮藏货币。
- 第三，不存在虚假交易，所有的交易都是在市场均衡价格形成时达成的。
- 第四，经济系统是个“大经济”，就是说拥有足够多的参与者。

这几个假设真的很严格，以至于很难在实际研究中使用。因此，张培刚认为，用一般均衡方法来分析农业与工业间的相互依存关系，不仅是不可能的，而且也是不必要的，所以他借鉴了美国经济学家列昂惕夫的做法，将一切生产单位分成了农业、工业、劳务以及消费单位四种，这样就能更加清楚地研究农业与工业间的关系了。

（二）局部均衡理论

局部均衡理论也称为“特殊均衡论”，相对于一般均衡理论而言，局部均衡理论着重考察个别经济单位的行为而不考虑各个经济单位之间的相互关联和影响，它只分析某一商品或生产要素自身的价格与其供求状况之间的关系，而忽略了该商品与其他商品的价格和供求的关系。张培刚认为，在着眼于一种工业或者农业的均衡问题时，运用该方法是比较合适的。

（三）区位理论

区位理论是关于人类活动的空间分布及其空间中相互关系的学说。具体地讲，就是研究人类经济行为的空间区位选择及空间区位内经济活动优化组合的理论。许多学者提出的经典理论，共同构成了该理论的核心部分。这里的农业区位理论，主要由杜能经济理论与杜能圈理论构成，用于分析农业布局；这里的工业区位理论，主要是研究工业布局与厂址位置的理论。

区位理论不仅能够阐明区位方面发生的问题，还能指出各个历史阶段基本区位因素的变迁，而这种基本区位因素正是其他各种经济活动的中心。举例来说，新的动态方法就曾发现，从 18—20 世纪，西方国家从以粮食为主的区位形态转变成了以煤炭为主的区位形态，而这种变化的原因，就是西方国家普遍将生产动力从给劳动力补充食物转移到给工业机器补充燃料上了。

总体来说，一般均衡的优点是承认并强调一切经济活动的一般相互依存关系，但是这种方法存在局限性，所以可以采用局部均衡分析方法进行弥补。同时，在考虑到农业与工业化是动态问题的基础上，引入区位理论分析方法则可以弥补均衡分析方法在动态分析中的不足。

三、研究的对象：农业与工业间的关系

张培刚从四个方面对农业与工业的这种联系进行了分析，分别是粮食、原料、劳动力，以及农民作为买方与卖方。

（一）粮食方面

粮食通过与人口、经济活动的区位化及收入这三个因素的关系，在农业与工业之间构建起了桥梁。

1. 粮食与人口因素的关系

假定口味及收入分配不会发生变化，那么对粮食的需求将是人口的函数。换言之，对粮食的需求如何，将依人口的变动情况而定。而人口的变动情况可更进一步分成两个部分，人口的自然增长和人口的职业转移。在农业耕种技术没有进步的情况下，人口的自然增长必然会增加粮食供给的压力，而当人口从农业转入工业或转入其他生产部门时，也会增加粮食供给的压力。这表明，在工业发展过程中，农业继续存在并持续发展具有必要性。

2. 粮食与经济活动区位化因素的关系

粮食与经济活动区位化因素的关系，也就是粮食生产的地域分布与人口定居方式之间的关系。在一个农业国家，或是在一个农业生产占主导地位，以及大部分人民是农民的国家中，人口的地域分布状况主要是由粮食的生产情况决定的。并且，任何国家，在产业革命发生以前，粮食是工业、商业及其他各种经济活动确定区位的主要决定因素。也就是说，工业从一个地方发展起来，在很大程度上就是因为那个地方能够提供充足的粮食。

3. 粮食与收入因素的关系

张培刚认为，不论用于食物的支出比例如何小，当人们的收入随着工业的逐渐发展而上升到一个较高水准时，整个社会对粮食的需要一般都是增加的。这很好理解，当我们没钱时吃不起饭，有钱时自然会比没钱时吃得多一点、好一点。此外，收入增长导致的粮食需求增加，以及由于人口的自然增长和人口的职业转移所引起的粮食需求增加，使粮食的生产需求越来越高。除非耕种技术改良，否则这种需求就一定会对粮食的供给带来压力，并会产生对农业的依赖。这时，农业与工业相互依存的关系就更加明显了。

（二）原料方面

农业的作用就是充当供给的来源，而工业的作用则是产生需求的力量。比如，我们现在喝的牛奶大多数都是有包装的加工产品，那么未加工的生牛奶就是一种农业产品，工业生产需要生牛奶，而农业生产可以供给生牛奶，工业部门会通过采购的方式告诉农业需要生产生牛奶，农业就会根据这种需求产生生产动力去生产生牛奶。有些工业以农产品为原料，如纺织工业、制革工业、制鞋工业、粮食加工及包装工业等。在这些工业的成本结构中，原料成本每每占据重要地位，在若干场合还占据着支配地位。所以，在原料地附近建立相关工厂，不仅能够获得更多原料的供给，原料价格也会大大降低，这对工业的区位选择产生了重要影响。

（三）劳动力方面

众所周知，人口是劳动力供给的来源，张培刚认为，在自然资源及技术发展阶段保持短期不变时，存在一个“适当”人口量标准。所谓“适当人口量”就是当其他因素，包括土地、生产技术、资本及组织的数量一定时，能生产“最多产品”的人口量。高于或低于这个人口量的任何变化，都会减少产量。

这种适当量，并不是固定不变的，而是只有依据经济制度中所有的其他资料才能决定的，比如在改革开放前与改革开放后，由于经济制度不同，改革前后的生产方式与生产效率也就不同，所以这两个时期的适当人口量也是不同的。如果当人口保持在适当量时，再考虑到人口的职业转移问题，那么这时农业与工业间的关系就更加有依据了。简单地说，就是在短时间内人口一共就那么多，当工业发展时，就会吸收劳动力去做工人，那么这时势必会减少农业的劳动力数量；而当工业不景气或者发生变动时，就会有一部分劳动力又重新从事农业了。

（四）农民作为买方与卖方

张培刚认为，当农民作为买方时，由于工业中存在垄断，厂商可以操控价格以谋取更多的利润，所以农民在工业品市场上对同量货物所付的价格，比在能实现完全竞争的社会里付出的价格更高。这样一来，当农民手中的金钱没有变化时，他们买到的东西就会比在完全竞争的市场上更少。而当农民作为卖方时，由于买的人往往很少，这时就会形成买方垄断，从而就会降低农产品售卖的价格。

故而，农民在工业发展的过程中，作为卖方时既赚得少了，作为买方时又付出了更多的钱。所以这时的农民为了赚更多的钱，只能从农业向其他行业流动以获取新的工作，并且此时的工业又向农民伸出了比农业工资更高的“橄榄枝”，就在这一推一拉间，农民作为劳动力就从农业流向工业中了。

四、研究的核心：工业化的影响

张培刚认为，研究工业化对农业的影响．就是研究重要的工业生产技术变迁对农业生产部门产生的影响，这种影响可以分为两大类：工业化对农业生产的影响和工业化对农场劳动的影响。

（一）工业化对农业生产的影响

从古至今，随着耕种技术的变化，农业的生产效率也接连提升。自产业革命以来，各国先后走上了工业化的发展道路。那么，近代以来的农业改良是否是由工业化所导致的呢？赞同派学者认为，农业改良是工业变动的结果，并且工厂制度的成长与农业发展也密切相关。反对派学者以英国为例，认为工业城市的迅速发展，对英国农业所起的毁灭作用，比起到的助长作用还要迅猛一些。

张培刚认为，工业发展乃是农业改革的必要条件。但同时也认为，反对派学者的观点并非全部错误，而学者们之所以会发生争论，大部分是由于各人对某些基本名词的概念认识不同，以及对工业发展影响的认识也各有出入。张培刚认为，这些认识上的不同与出入可以从以下三个方面加以分析。

- 第一，我们要承认工业的发展和农业的改革是相互影响的，并且这两部门的活动总是相互依存的。同时我们也要承认，两者相互影响的程度绝不相同。产业革命以后，工业发展对农业的影响显然要大于农业对工业的影响。举个例子，假如没有制造农业机器的工业来生产必要的农业工具，那么农业的机械化就是遥遥无期的，而反对派学者便没有认清这一点。

- 第二，有些学者看重工业发展的长期影响，有些学者则看重工业发展的短期影响。就长期影响而言，农业的进步必然是工业发展的结果，而反对派学者的观点则是基于短期视角得出的。进一步来说，工业发展对农业的某些不利影响，也必须被看作对整个经济进步所付出的必要代价。
- 第三，反对派学者对农业技术的性质和内容认识不清。狭义的农业技术，主要是指各种能够使农业生产运行的方式。很显然，机械化农具是重要的农业技术，而他们提出的农业改革却只停留在"组织形式"层面。

总之，张培刚认为，农业改革显然必须以工业有相当程度的发展为前提条件，因为要让现代的农业得以继续运行，归根到底还得依赖工业部门提供机器、肥料、动力、储藏设备及运输工具。

（二）工业化对农场劳动的影响

工业化对农场劳动的影响到底是有利还是有害的呢？认为工业化对农场劳动有利的经典论点是补偿学说，主要支持者是古典学派的学者。该学派认为，总体来看，机器对两个方面的影响是有利的，一个是对一般社会的影响，另一个是在特殊方面对劳动者状况的影响，其中包括农场劳动。

张培刚在梳理了有关补偿学说的各种观点后，认为要对机器的影响做出任何简单的说明是不可能的，因为这是需要具体情况具体分析的。举个例子，从短期来观察，使用节省劳动的新机器或新生产过程，无疑要从该生产单位或该工业中逐出一些工人。而这些被逐出的工人要重新就业，须旷日持久地等待并饱经辛酸。但从长期来观察，技术的改良将提高生产效能、增加国民收入，不久也就会因此创造出新的就业机会，理论上被逐出的工人也将会被再次录用。这样来看，工业化对劳动力的影响并不是非利即害，而是需要具体问题具体分析的。

五、研究的思路：从理论到实践

张培刚从经典方法着手，研究了普遍的理论体系，最终目的就是希望能够得到一些真正有用的研究成果，并用这些成果为新中国的工业化指点迷津。

首先，张培刚认为，一个国家实现了工业化以后，就可以变成一个以制造工业为主的国家，或仍然是以农业为主的国家，也可以成为一个制造工业与农业保持适当平衡的国家。这三类国家在当时都有实际的例子作为参考，比如工业占绝对地位的英国、美国及德国，工业化后依然以农业为主的丹麦、日本及意大利，工业与农业保持适当比例的法国、加拿大及澳大利亚等。其中，第二类国家很有可能在长期的发展中，转变为第三类国家。

同时，我们也要知道，任何一个农业国家在实现工业化以后，并不一定就表示该国的制造工业将要变得独占优势。一个国家，即使它的农业生产仍居优势或与制造工业并驾齐驱，但只要它的运输业和动力业已经现代化了，农业也已经根据科学路线“企业化”了，那么我们仍可认为它是工业化的国家。

那么，根据当时中国的情况，中国的工业化会是怎么样的呢？实际上，中国的工业化开始于中华人民共和国成立前，但那时的工业化并没有很好地提升人民的生活质量，这里面有许多原因。如果单从经济学的角度来思考的话，中国最初进行工业化，对于西方列强甚至日本而言都不过是作为工业产品的一个销售市场和原料的一个供给来源而已。在租界成立后，列强在我国内河航行的权利，使得外国的工业产品在原来低成本的基础上还拥有了比中国产品更多的利益，而倾销政策则使中国的情况更加恶化。在这种艰难的情况下，任何中国自己的工业，想要健康发展起来都是极其艰难的。

除了外国工业带来的压力外，中国幅员辽阔且区域间存在壁垒的情况，也是商品与生产要素难以自行流通的原因之一。对于中国战后的工业化而言，张培刚认为，有理由可以设想，所有制度上的障碍将要消灭，政治安定也将会到来，至于因运输落后所导致的流动障碍，可能还要存在一个相当长的时期。

张培刚认为，当时的中国属于农业大国，所以在中国进行工业化，需要更加注意农业对工业化产生的影响，并且可以确定以下几点。

- 第一，对粮食需求的收入弹性较低，这里说的收入弹性指的是在价格和其他因素不变的条件下，由于消费者的收入变化所引起的需求数量发生变化的程度，因为对粮食需求的收入弹性较低，所以在工业化达到一定水平时，农业的地位将会下降。在工业化使人民获得合理的生活之前，对粮食的需求将会随收入的增加而增加；但在此之后，对粮食的需求则将会随收入的增加而相对减少。
- 第二，在中国的工业化过程中，农业将只扮演一个重要而又有些被动的角色。在理论上和历史上，我们知道任何重要且遵循科学耕作途径的农业改良，都必须以工业发展为前提。一方面是因为只有工业的发展和运输的改良，才能够创造并扩大农产品的市场；另一方面是因为只有现代工业，才能为科学种田供给必需的设备和生产资料。
- 第三，农业可以通过输出农产品的形式，来帮助发动工业化。比如，在中华人民共和国成立前，桐油和茶等农产品曾在中国对外贸易中占据输出项目的第一位，而这项输出显然是用于偿付一部分进口机器及其他制成品的债务，为工业化做出了贡献。

张培刚认为，随着中国工业化的发展，农业也会进行适当的调整，并且中国的农业调整会遵循以下几点。

- 第一点，农业将继续是中国粮食供给的主要来源。
- 第二点，农业、林业以及矿业，将是给制造工业提供原料的主要来源。
- 第三点，农业在为工业化提供劳动力的同时，也会为工业化提供购买者，这些购买者会购买工业产品，比如生活用品、机械农具等。

张培刚认为，从工业国向农业国流动资本，将是本国工业化发展的重要影响因素，但前提是资本流通不会受到阻碍。为此，张培刚预测，中国人民的生活水准太低了，为了加速工业化，在维护政治独立的情况下，利用外国资本的方法是值得推荐的，并且这对于借贷两国双方也将是有利的。

事实上，中华人民共和国成立后，由于西方国家的封锁，我们对外国资本的大门没有完全打开。但在改革开放后，随着与世界的沟通加深，国外资本的流入无疑为中国工业化的飞速发展增添了动力。比如，在我国人口红利较大时，劳动力相对发达国家来说是很廉价的。于是，众多国际品牌把生产厂房建在了中国，实际上就是将资本注入了中国，这也给中国创造了许多工作岗位和税收。

最优化选择及决策

28

《民主财政论》：揭开公共选择与决策的神秘面纱

公共选择学派的创始人和领袖——詹姆斯·M. 布坎南

詹姆斯· M. 布坎南

詹姆斯·M. 布坎南（1919—2013），是美国著名的经济学家，也是公共选择学派最有影响力、最有代表性的经济学家。

布坎南作为公共选择学派的创始人和领袖，被人们称为“公共选择之父”，他由于在公共选择理论发展中的开拓性贡献，获得了1986年的诺贝尔经济学奖。

布坎南的代表作有《财政理论与政治经济学》（1960年）、《民主财政论》（1967年）、《民主过程中的公共财政》（1976年）、《自由、市场与国家》（1986年）等。其中，1967年出版的《民主财政论》被视为公共选择理论的开山之作。1986年，作为第十八届诺贝尔经济学奖的获得者，布坎南被国际公认为是公共选择理论的创建者。

一、为什么要写这本书

《民主财政论》与布坎南的个人经历和当时的社会现实密不可分。

从个人经历上来说，布坎南出生于美国田纳西州的一个农村家庭，以种植粮食为生。他的祖辈曾参加过南北战争，但属于战败的一方。青年时期，由于家境清贫，无法负担起一流大学的学费，布坎南选择在家乡的田纳西州立大学就读，并且每日靠挤牛奶、打工赚取学费。1940 年，布坎南获得了该校的理学学士学位，并在田纳西大学完成了一年的研究生课程，获文学硕士学位。第二次世界大战时，布坎南被强迫派往位于纽约的海军战争学院，并且在此期间，由于出生在南部，他经常受到一些不公平的对待。战后，布坎南回归学术，于 1948 年在顶级学府芝加哥大学获得了经济学博士学位。

受个人经历和家庭背景的影响，布坎南对于公共选择的认识有着非常浓厚的反国家色彩，他的主要推论是，政府不一定能纠正问题，事实上反倒可能使它恶化。他认为，在民主社会中，政府的许多决定并不能真正反映公民的意愿，而且政府的缺陷至少和市场一样严重。

1949 年，布坎南接受了田纳西大学的聘请，成为该校的教授，并开始了他的学术生涯。1955 年以前，他陆续在田纳西大学、加州大学洛杉矶分校、加州大学圣巴巴拉分校、剑桥大学、伦敦政治经济学院、乔治梅森大学从事经济学的研究与教学工作。1955—1956年，布坎南依靠富布赖特奖学金在意大利进行了为期一年的研究，受到了欧洲财政学派的影响，让他进一步坚定了“政府不是一种理想的制度”的观点。

1962年，他出版了公共选择理论的奠基性著作《同意的计算》（与戈登·塔洛克合著），并与美国乔治梅森大学杰出教授塔洛克一起创办了公共选择学会和《公共选择》杂志。1968—1969年，布坎南在洛杉矶的加利福尼亚州立大学任教。一年以后，布坎南在弗吉尼亚理工学院任教，与塔洛克一起创建和领导了研究政治经济学和社会哲学的公共选择研究中心，担任该中心的主任，并在这期间逐步奠定了公共选择理论的基础。

从社会现实上来说，20世纪30年代，美国爆发了迄今为止资本主义发展史上波及范围最广、规模最大、历时最长、打击最为沉重的经济危机，出现了银行纷纷倒闭、生产下降、工厂破产、工人失业等严重的社会和经济问题，并且大危机从美国迅速蔓延到了整个欧洲世界。在此背景下，凯恩斯主义盛行，其理论主张国家采用扩张性的经济政策，通过增加需求来促进经济增长，也就是扩大政府开支，实行赤字财政，以此来刺激经济、维持市场繁荣，进而实现供给与需求的平衡。

当时存在着福利国家、集体主义这样的倾向和观点。但是，福利国家和集体主义却造成了很多社会乱象。人们紧紧抓住国家提供的福利待遇不放，长此以往，非但不能让人们增强信心，反而使人们对未来产生了担忧，而且人们更关心、捍卫现有的东西，而不是去创造还没有的东西。所以，布坎南曾对这些乱象专门进行了批判，在他的很多理论中也有大量反福利经济学的内容。

二、研究的视角：公共商品选择过程中的个人行为

布坎南对民主财政和公共商品选择问题的探讨，主要集中在个人参加公共商品选择时的行为。

众所周知，在经济生活中，几乎所有人都购买过私人消费品，并且在收入既定的条件下，人们总是尽力去购买最满意的商品。对于这个现象，如果用经济学的术语讲，就是在收入约束的条件下，实现效用最大化。

事实上，在私人消费品的选择中，人们是有可能实现效用最大化这一目标的。因为在私人消费品的选择中，人们所付出的成本和所得到的利益有着明显的对应关系。此时，购买商品的成本就是他所支付的商品价格，所得到的利益就是商品的效用。在这一经济行为中，成本的承担者和受益者都是消费者本人，并且他对个人的收入有着完全的支配权，他可以做出买或不买的决定，他完全了解所付成本和所得利益之间的对应关系。对这种典型的私人消费品的市场运行机制，经济学家已经做了非常广泛和深入的研究了。

然而，布坎南认为，在社会生活中，人们还要不可避免地需要另一种商品和服务，这就是公共商品和服务。所谓公共商品和服务，就是指政府向公民提供的各种设施和服务的总称。公共商品和服务的享用不具有排他性，公共商品一旦存在，所有人都可以享受。比如，城市公路上的路灯就是一种公共商品，军队和警察也是公共服务。公共商品和服务的供给和需求，与私人消费品的供给和需求是完全不同的。比如，在城市里，为了人们夜间行路方便，装备路灯是必不可少的。

但是，在这类最简单的公共商品的选择问题上，人们所面临的问题却要比选择私人消费品时复杂得多。比如每个人都希望装备路灯，而这个愿望要通过什么程序来形成集体的决定呢？是通过全体市民的投票表决来决定？还是通过代表会议的讨论表决来决定？还是赋予政府官员决定权？更重要的是，装备路灯的资金如何筹集？谁为装备路灯支付费用？显然，不装备路灯对谁都不方便，但在享受路灯的便利时，人们所得到的利益大小是不同的，所以人们愿意为装备路灯所付出的费用也是不同的。这时，成本和利益的主体便发生了明显的差异。

并且，在为公共商品和服务筹集资金时，也有很多不同的渠道方法。比如，人们可以为一个专门的项目筹集专项资金，也可以为所有需要的公共商品和服务筹集共有资金。在规定每个公民应承担的份额时，可以采取直接税的方法，如“人头税”、所得税、消费税；也可以采取间接税的方法，如营业税。显然，不同的筹集资金和使用资金的方式、不同的税收方式，对个人参加有关公共商品选择时的影响是很不同的。不同的国家政治制度和财政制度，人们形成集体决定的过程和方式也不同。如果说，课税制度不同，人们对公共商品选择的态度也不同。

事实上，在一般的民主社会里，人们都会或多或少地以某种方式参与公共商品的选择。所以，对于这些个人选择行为的研究，就构成了“公共选择理论”的基本研究视角。

正如布坎南所说的那样，与市场制度中非政治决策相比，政治决策是一个错综复杂的过程。在政治决策和非政治决策这两种不同的场合中，限制个人选择行为的规则也就必然不同。私人成本和利益之间那种简单的对应关系，在政治学中并不存在。不过，在某一最终阶段或层次上，个人必须以某种方式“选定”公共商品和私人商品的供给规模。所以，集体结果产生于许多不同身份的人的效用最大化行为，并且这种结果并不独立于个人的活动或和个人的活动相分离，即使个人几乎没有意识到他是在为社会进行选择。

三、核心的观点：公民在公共选择和财政制度中处于决策地位

布坎南对财政制度与集体决策的剖析是以个人行为为起点来展开的，继而他得出了公民才是财政选择过程中的决策主体这一核心观点。这一观点主要分为以下四个方面的内容。

第一方面，公共商品和服务的需求理论。

布坎南认为，任何集团或社团因为任何原因通过集体组织所提供的商品和服务，都将被定义为公共商品或服务。但是，这些公共商品或服务可以分为两种类型。

第一种是纯集体性商品，也就是必须是由集团中的所有成员均等消费的商品。在这一极端的情况下，公共商品的“量”能够清楚地确定，单个人也可以权衡在所有人均等地得到公共商品情况下的潜在成本和收益。

举个例子，假定集体商品是北极星号潜艇防务，而数量是以执行任务的潜艇数目来计算的。对每一个公民来说，潜艇的数目都是一样的。再假定，这一具体防务由课征均等的人头税来提供资金，而且增加一个潜艇的边际成本等于平均成本。在这一抽象模型中，个体纳税人（同时也为受益人）就能够估算出，每一单位的潜艇防务所提供的集体利益中，自己所占的“私人”或“个体化”份额，而且也能估算出自己在这一防务所包含的税收成本

中的“私人”份额。然后，根据这个“私人”份额做出自己的投票选择。

第二种公共商品为准集体商品。布坎南提到，从实际意义上讲，完全的纯集体商品很少存在，并且个人的份额一般不能简单地视为相等的份额，毕竟一个人可以得到的公共商品的量并不是其他所有人都能同样得到的。所以，只要引入个人之间的利益可分割的观点，那么如果一个人的消费增加的话，集团中其他人可以得到的量肯定就会减少。

第二方面，个人经济行为的基本原理。

布坎南认为，古典经济学的最早贡献就是发现了在既定的法律和制度下，个人行为的目的是永无止境地追求其本身的最大利益，与此同时，会有一只“看不见的手”让它为全“社会”利益服务。但是，无论是古典经济学家，还是他们的继承者，都没有引申出个人的政治行为所产生的影响。布坎南翻阅了当时许多经济学家的研究文献，发现他们都曾认真地研究过凯恩斯的金融与财政政策，但却都忽略了最基本的东西，这就是：公民选出的政治家们由于某种目的，往往会为财政预算的亏损制造种种借口。

布坎南认为，出现这种情况的原因是，这些经济学家在思想上没有把政治视为像市场一样，存在交换机制，企图让政治决策摆脱个人选择。所以，如果考虑到人们在政治上也会像在经济行为上一样，追求个人利益，那么就应设计和建立起一套制度和法规，来引导和制约人们去服从社会的总体利益，以限制人们为自己的利益而损害他人和社会的行为。

第三方面，税收和财政政策的选择。

对于这个问题，布坎南把它分别置于封闭的国民经济环境中和完全开放的经济状态中进行了探讨。

首先，在封闭的国民经济环境中进行制度选择，人们由于生活在一个孤立的、完全封闭的经济中（与外界无经济交流），只有一个政府机构。这时，如果社会总收入下滑，政府机构会通过创造赤字的方式来解决问题。至于弥补赤字的方式，布坎南认为，个人理性的反应应是授权政府创造货币，在这种情形下，政府就有了创造货币的权力。

其次，在开放的经济状态中，公民与其他政治辖区的公民之间可以自由购买、销售商品和服务，可以自由地转移劳动和资本等资源。在这个时候，地方政府通常没有在法律上创造货币的权力。那么，主要问题来了，个人是否愿意让地方政府在财政规章中设置某些允许地方政府采取积极财政政策的条款呢？布坎南将地方政府的具体情况分为两种进行说明。

- 第一种是地方政府收入下降，其他地方政府收入不变或上升。这时，地方政府可以在国内资本市场借贷资金，也就是创造外部债务，本地区个人的购买力并没有下降。
- 第二种是国民经济的所有地区，国民收入的一般水平都低于其期望的水平。在这种情况下，如果中央政府采取了积极的财政政策，这一困境将由中央政府解决；但当中央政府坚持稳健的财政政策，严格坚持在一定时期内实行预算平衡的原则时，地方政府又该如何应对呢？布坎南认为，这时地方政府可以发行公债，从外地借得债款。只有这样，才是各种状态下财政政策的最优选择。

第四方面，本书的落脚点——如何正确处理好政府与民众的关系，让政府实行的财政决策更能体现民主财政？

布坎南有四个方面的观点。

首先，布坎南提到，民主选举是一个方向。

其次，个人可以通过所属的专业组织、支持的刊物，以及公共和私人机构，对公共选择产生影响。然而，实际上，公民一般愿意让当选的政治领导人做出选择，毕竟每一个人的选择可能截然不同，很难达成统一的意见。这进一步说明，全民的民主财政确实难以实现，政府领导人也只能代表较多的民众实行民主财政。

再次，税收是政府在执行财政制度时的资金来源。可以说，我们一出生就开始在纳税，而且出生之后无时无刻不在纳税。比如，买瓶水要纳税、坐趟公交车要纳税、工作后发工资也要纳税，纳税成为我们生活的一部分。而政府则将税收用在了集体利益上，也就是公共商品上，这就是所谓的“取之于民，用之于民”。

最后，公共财政的决策主体，表面上看是政府，本质上是公民，而政府只是执行决策的主体。公民可以通过选举制度和投票机制来把握公共决策的实际控制权，并且需要通过法律制度来保证选举制度和投票机制的运行。

29

《国家兴衰探源》：利益集团集体行动的逻辑

经济学家和社会学家——曼库尔·奥尔森

曼库尔·奥尔森

曼库尔·奥尔森（1932—1998），美国著名的经济学家，出生在美国的北达科他州，是美国马里兰大学的经济学教授。

奥尔森虽然大部分时间都在大学里从事教学与研究，但也曾在美国空军服过役，还曾于1963—1967年在美国健康、教育与福利部任过职。

他的主要论著除《国家兴衰探源》外，还有《战时短缺经济学》（1963）、《集体行动的逻辑》（1965）、《一份准备中的社会报告》（1969）、《没有增长的社会》（1974）、《健康护理经济学新方法》（1982）等。

一、为什么要写这本书

罗马帝国从兴盛到消失、印第安文化从繁荣走向灭亡、一直不为人所知的爱奥尼亚岛居民曾占据着地中海文化的高峰……纵观这些历史事件，我们或许会疑惑，为什么许多庞大的帝国会逐渐衰落，甚至毁灭呢？为什么许多原本默默无闻的民族会繁荣兴盛起来呢？

近一个世纪以来，尤其是在“二战”前后，仍有许多神秘的国家兴衰事件不断涌现，比如在“二战”刚结束时，经济早已崩溃的德国与日本居然造就了奇迹，它们不仅在短期内将国民收入恢复到了战前水平，还成为最兴旺的国家之一。而大英帝国自19世纪晚期以来，发展便落后于大多数的西方国家，甚至在美国本土内部，也出现了地区性的兴衰现象：原来东北部与中西部的大城市已衰落不堪，而西部与南部地区则发展迅速。

针对这些问题，以往的研究者也给出了种种答案。例如，一些学者认为，日本与德国在“二战”后之所以会有经济上的突飞猛进，是由于战争将原有的工厂及设备破坏了，从而使其在重建过程中普遍采用了最新的技术。也有学者认为，德国与日本人民的秉性特别勤奋，而将英国的经济滞后归因于它的人民特别贪图“英国式”的安逸。

但是，奥尔森认为，这些解释虽在某种意义上是正确的，但仍过于肤浅，因为这些解释仅仅是主观臆断，无法用数据或事实验证其正确性。而一个不言自明的事实是，每个国家、地区在许多方面都具有其各自的特殊性，如果用这些特殊性来解释异常高或异常低的经济增长率，那么就无法辨明隐含于其中的因果关系。就像将英国的低速发展归因于伦敦的大本钟、韩国的高速发展归因于他们爱吃泡菜，就显得荒唐可笑了。

因此，奥尔森指出，只有能够确切地适用于各种历史现象的理论，才是真正令人信服的理论。更进一步来讲，一种理论的说服力，不仅仅在于它能够解释多少件事实，还在于它能说明差别较大的不同类型的事实。例如，达尔文的理论解释了大至鲸鱼、小至细菌这样千差万别的生物起源与演化规律，这就使它比只能解释某种蚊类（哪怕有数以百万计的蚊虫）的理论具有更大的说服力。因此，针对国家的兴衰，也不能仅仅用简单的“弱肉强食”来概括。

历史学家提供了大量且繁杂的国家兴衰史实，经济学家们也使用了精巧模型与经验数据对经济增长进行了定量的估计，但他们对国家兴衰的原因仍未得出统一的结论。因此，以往的解释未能指明经济发展的最终根源，也同样无法说明国家的经济发展会受到何种阻碍。

二、研究的视角：利益集团

利益集团是指具有共同利益的人们为了共同的目的而集合起来，采取共同行动的社会集团。

在政治学科中，大多数学者普遍认为，如果个人之间或企业集团内部具有相同的利益，那么他们就会想要进一步扩大这种共同利益；如果某一集团的成员，能够意识到他们有足够大的共同利益，那么该集团的成员便会有动力去采取行动来维护或扩大这种共同利益。但奥尔森认为，这个观点所包含的逻辑从根本上就是错误的。因为对于个人来说，在任何情况下，无论他花费了多少的时间与金钱，在其达成目的之后，他所获得的利益都要在所有成员之间进行均分，其他成员可以不做出贡献就能坐享其成，这就意味着个人的收益在集体的收益中只能占到很小的份额。由此，奥尔森推出了一个合乎理性逻辑的结论，也就是集团成员自发追逐利益的集体行动根本不会发生。

奥尔森指出，从本质上看，工会、行业集团、农会等各种集团，对其成员所提供的利益与国家为其人民所提供的利益，性质是相似的，也就是说，这些团体的集体利益，如果对其中的一人有利，则必然会对全体成员都有利。例如，农会通过游说活动，争取到了减税，这将会对所有生产该种农产品的农民都有利。但奥尔森进一步指出，这些集团同样会出现前面提到的那种矛盾，即这些机构的单个成员——个人或单个企业，一般不会主动地为支持该集团的活动而做出牺牲。

由此，奥尔森认为，如果仅仅考虑“自愿”与“个人有理智的行为”这两个因素，那么无论是政府还是利益集团都是不可能存在的。但在现实生活中，政府与利益集团却是普遍存在的，奥尔森由此得出了这样一个结论：政府与利益集团的行动不会只依赖成员的自觉性，它们还会有其他的手段。以政府为例，政府行动所需经费的主要来源并不是公民的自愿贡献，而是强制性的税收。但是，公民对这种强制性的手段并不反感，因为他们知道自己享受的这种集体利益无法通过交易来获得，也没有人会自愿贡献，只能靠强制性的征税来获得。

同样，对利益集团来说，也存在着某种执行集体行动的其他手段，并且这些手段会因集团的规模大小而有所不同。一般来看，大型集团会采取“选择性刺激手段”的措施。这种选择性刺激手段包括正面的奖励与反面的惩罚。具体来说，正面的奖励包括诸多会员权益，如优惠的保险政策、出版的便利、按团体票价购票，以及其他只有会员才能享受的个人利益。而逃税漏税的个人则会受到补税与罚款的双重惩罚，这也是反面惩罚的一个鲜明例子。

此外，大型集团还会采取一些非正式手段来实现集体行动，如工会分部会挑选身材魁梧的收费员，手持利器在工厂门口盘问工人是否缴纳了会费。而对小型集团来讲，虽然由于成员水平比较接近，更容易采取一致的行动，但小型集团为了确保集体行动的实现，依然会采用一些“选择性刺激手段”。需要指出的是，这些手段既易于实现又强有力，但并不适用于大型机构。例如，在现代社会，除了死刑之外，单独监禁被认为是最残酷的惩罚。因此，小型集团会将未履行集体义务的成员驱逐出社交圈。同样，小型集团会为集体行动做出牺牲的个人给予特殊的荣誉。这两种方式就是小型集团的反面与正面的选择性刺激手段。

三、研究的问题：利益集团集体行动的逻辑是什么

奥尔森详细论述了利益集团解决集体行动矛盾的方式，但这些仅仅是针对利益集团自身的逻辑而进行的推理。因此，奥尔森认为，如果将利益集团的集体行动逻辑与经济学标准理论相结合，则可以进一步得出一系列有意义的推论。

第一个推论：在一个国家中，所有具有共同利益的人群是不可能都组成平等的集团，也无法通过相互之间的协商来获得最优结果。

如果社会上所有集团的领导人都可以相互协商，那么社会的运行能否更高效呢？奥尔森指出，根据关于利益集团集体行动理论的论述，这是不可能的。一方面，社会上存在着诸如消费者、纳税者、失业者，以及贫民之类的成员，他们既无法运用选择性刺激手段，也不属于任何的利益集团，因而他们很可能无法参与社会协商。另一方面，社会上有组织的团体，如果在集体行动中承担了大部分的费用，那么他们就会制定出忽视大多数人而偏重自身利益的政策。例如，利益集团会通过游说活动使政府增加进口商品的税额，因为这可以保护生产与进口品相似产品的利益集团，但是进口税的上升却会增加消费者的购买价格。

奥尔森指出，正是由于社会上有一部分人无法参与协商，因而有组织的团体之间协商的结果对全社会来说是不公正的。不仅如此，这种由不同利益集团进行协商决策的方式，既耗费金钱又浪费时间，因而这种决策方式也是低效率的。

第二个推论：在一个稳定的社会中，随着时间的推移，将会出现越来越多的集团。

我们知道：利益集团组织集体行动既困难又不易成功。即使是在小型集团中，成员之间协商共同行动也具有一定的困难。因为每一个成员都希望自己付出较少的代价，从而会在协商中互相推诿，以至于这种协商会无止境地持续下去。而大型集团只能通过运用选择性刺激手段来组织共同行动，但这还需要克服更大的困难，也就是说，当以强制性行动作为选择性刺激手段时，由于人们并不愿意被人强制，所以就需要强制性的领导力量。不仅如此，集体行动还需要等待适当的时机。例如，著名的工会活动家吉米·霍法组织了码头搬运工人的罢工，选择了天气特别炎热的时候，雇主因怕草莓腐烂，只能接受了他提出的条件。

毫无疑问，等待时机需要花费大量的时间。因此，奥尔森认为，如果利益集团仅能在有利的环境中才能出现，而且需要相当长的时间才能成长壮大，那么社会稳定的时间越长，这类组织的数量也就越多。

第三个推论：小型集团的成员具有较强的组织集体行动的能力，而这种优势会随着社会稳定时间的延长而递减。

之前提到过，小型集团更容易采取集体行动，而且比大型集团更能迅速地组织起行动。例如，在中世纪的城市，特定行业中的少数商人和具有专业手艺的工匠特别容易组织集体行动。然而，即使一个城市只有几千人口，要想将这些居民作为一个整体组织起来去反对少数商人和手艺师傅也是不可能的。

因此，社会中的小型集团比大型集团具有更大的游说能力与组成垄断集团的本领。另外，小型集团在稳定时间较短的社会中所占的优势较大，而在长期稳定的社会中，小型集团会通过不断吸收成员而发展壮大，当集团达到一定规模之后，其集体行动的能力及迅速组织的能力则会逐渐减弱。

第四个推论：总的来说，社会中的特殊利益组织或集团的存在，会降低社会效率和社会总收入，并使政治生活中的分歧加剧。

一般说来，开展集体行动的集团，不论其类型和大小如何，它们都希望其所在的社会经济以更高的效率和速度发展起来。因为如果这些集团生活在经济效率较高的社会里，那么集团成员就能够获得较为先进的技术或者较为廉价的商品。换句话说，所有的集团在一定条件下都会支持社会生产率的提高，因为这会增进其成员的福利。

但其实还存在着增进其成员福利的另一条途径，也就是利益集团可以设法在原有的总产量内为其成员争取更大份额。这就像是各个利益集团在分蛋糕时，它们会想着为其成员抢夺更多的蛋糕。如果单个集团想要通过提高全社会经济效率的方式来提高集团内成员的福利，就必须付出大量的成本。例如，利益集团在为减少政府税收漏洞而组织游说活动时，会花费大量的时间和金钱。

然而，在提高了全社会的经济效率之后，该集团的成员也仅能获得一小部分利益。这就会出现单个集团虽然付出了谋利行动的全部代价，却只能获得一小部分利益的矛盾。例如，一个集团的所有成员收入占社会总收入的1%，那么这一集团为了提高社会经济效率，就必须负担起实现这一目标的全部费用，但是该集团成员却只能获得所增效益的1%。

因此，奥尔森指出，如果这些集团只代表了一小部分人的利益，那么它们就必然不会为了增加全社会的福利而牺牲自身的利益，而更有可能采用后一种方法，也就是为其成员谋求全社会总额中的更大份额。更糟糕的是，利益集团不会关心这种重新分配将会给社会带来多大损失。这就好比各个利益集团在瓷器店里争夺瓷器，一部分人虽然多拿了一些瓷器，但同时还会打破一些瓷器。

第五条推论：广泛性组织一般都倾向于促使其所在的社会更加繁荣昌盛，并力图在为其成员增加收入份额的同时，尽可能地减轻其额外负担。

在一些国家，会存在着由许多人组成的广泛性组织，如劳动工会，它就包含了该国工薪阶层的大多数成员。而且这些广泛性的利益集团集体行动的动力，与那些仅代表社会上很小一部分人利益的集团并不完全相同。由于这些广泛性集团成员的收入占全体国民收入的很大一部分，因而该集团有着更高的积极性来提高社会生产效率，并期望从中获得更大的报酬。但是无限制地扩大利益集团的规模，也会带来消极后果。因为任何集团的广泛性增加之后，其垄断性也会随之加强。例如，当某一个企业的工会发展成一个行业的工会时，该行业工会可能会抵制该行业中任何一家不与它合作的企业，从而迫使所有的企业参加并组成一个有效的卡特尔，以实现企业与工人的收入极大化目标。

第六条推论：利益集团进行决策比其中的个人和企业决策更加迟缓，这使得议事及协商日程显得拥挤；利益集团在寡头垄断市场中的决策多半倾向于固定价格而不固定数量。

也就是说，利益集团进行决策所需的时间，远大于单个企业或个人的决策周期。奥尔森指出，这主要有两个原因。一是特殊利益集团在进行决策时，必须通过协商一致的方式或某种法律程序，或两者兼用。二是在议事日程拥挤或协商困难的情况下，解决由于集团成员之间分担行动成本所产生的利害冲突就变得更加困难了，这种困难也会使得从事集体行动的集团偏向于依靠局外的仲裁人、选用简单化的方式或凭长官意志等方式，在其成员中摊派集体行动所需的成本。并且正是由于分摊成本易于引起成员间的利害冲突，因此大多数利益集团在寡头垄断市场中倾向于保持固定价格和工资，而不固定销售量或就业人数。这样做是因为能够比较容易地凭借市场或其他较公正的力量来分摊集体行动的成本。

第七条推论：利益集团会使全社会延缓采用新技术，以及在生产情况变化时阻碍重新分配资源，从而降低了经济增长率。

奥尔森指出，在利益集团普遍存在的不完全竞争市场中，资源在进入各个经济领域时都会遇到障碍。而且利益集团还会干扰其所属的经济体系发展新技术、阻碍经济变革，从而降低了经济增长率。例如，工会有时会因害怕增加失业率而反对采用节省人力的新技术，甚至要求工厂超员或假雇佣工人。同样，只要某一企业或利益集团采用了某种生产率更高的新技术，如果其他企业或集团在短期内无法模仿并和它竞争，便总是倾向于运用其集团力量努力抵制或延缓应用这种新技术。

此外，重大技术进步一般会改变卡特尔组织的生产政策及其成员之间的相对地位，这就需要进行新的一轮十分棘手的协商，这种情况甚至会导致该利益集团的瓦解。因此，卡特尔集团对于技术进步和变革都会采取审慎的态度。

另外，在接受新技术或新生产条件时，利益集团还会阻碍资源的重新分配，这也导致经济增长率的降低。最明显例子就是，利益集团会保释破产企业，延缓资源向生产率更高的领域转移，从而降低了经济增长率。如果再考虑到利益集团倾向于迟缓新技术的采用，那么经济增长率下降的幅度会进一步加大。

第八条推论：当利益集团发展到足以取得成功的规模时，它必然会采取排他性的政策，并力图使其成员限制在收入相近与贡献相近的范围之内。

奥尔森指出，虽然当利益集团势力大到一定程度之后，会企图垄断一切，但当市场只有少数人控制时，其垄断也是显而易见的。任何新参加者在进入该市场之后，必然会使原来的卡特尔成员所确定的价格下降，或迫使他们降低销售量。由此，奥尔森认为，对于任意一个利益集团来说，如果能以最少的人数达到集体行动的目标，那么每一个成员将分得更多的利益；如果其成员的数目多于其为实现目标所必需的最低成员数目时，那么每一成员所分得的利益将会减少。

因此，集团必须在一定范围内就增大实现目标的概率与减少每人分得的胜利果实之间进行权衡。在超过为实现目标所需要的成员数量界限后，该利益集团必定会排斥新成员。例如，历史上一些国家的贵族统治集团曾使用过许多标志或纹章，来使其成员与其余的人民明确区分开来。当统治集团的地位足够稳定时，便能将其权力传给其后代，但只有贵族或统治集团的子孙才有权继承这种统治权，而其他人都是不允许“篡位”的。此外，还有婚姻与子嗣继承制度也是如此。统治集团借助于法律或社会压力，来强制要求集团内的子女相互通婚，以此来确保家族的全部财产都可以保存在统治集团的手中。

第九条推论：利益集团的扩大将增加法律的繁文缛节、强化政府的作用、造成协议的复杂性，并改变社会演化的方向。

具体来说，利益集团为了达到自身的目的，必然会使用游说的手段来影响政府的政策，并会采用某些手段来控制市场。如果游说活动所花费的成本在生产成本中所占的比例有所上升，那么就意味着越来越多的资源被消耗在了政治活动中，而较少的资源被用于生产。

另外，游说活动会采用许多特殊的手段来增加立法和政府活动的复杂性。例如，利益集团可以通过游说活动来争取到某项税率的降低，但这在一定程度上也会使税收变得更为复杂。此外，普通公民对于监督复杂的公共政策是缺乏兴趣的，这就会导致利益集团想要获得成功，就要通过游说活动故意使事情变得更加复杂，而这将会进一步加剧全部社会活动的复杂化程度。

四、研究的对象：“二战”后经历兴衰的主要发达国家

奥尔森利用其核心理论，对西方几个主要发达国家经济发展或停滞现象，从利益集团的视角给出了合理的解释。

（一）“二战”后德国、日本与法国究竟为何会出现经济增长

第二次世界大战后，战败国德国与日本出现了经济增长奇迹。根据奥尔森提出的推论，稳定的社会有利于利益集团的逐渐扩大，但这些利益集团并不关心社会生产力的发展，而只想攫取更多的社会利益，这最终导致了社会生产效率的降低。因此，奥尔森推测，在外来入侵者削弱或废除了利益集团的那些国家，建立了自由和稳定的法律秩序后，其经济就会出现迅速增长的现象。

例如，在德国，采取多项措施消灭了希特勒政府实行的各种垄断法令及纳粹制度的各种计划，清理了大量的垄断集团；在日本，1947 年强制实施了反垄断法，并以战争罪的名义“清洗”了大批财阀及属于某些利益集团的官员。同样，我们也可以预见，如果德国和日本一直是持续稳定的局面，两国应该会聚集起更多的利益集团，从而对经济增长带来不利的影响。

无独有偶，应用于德国与日本的推论，也可以解释法国在战后较长一段时间内的经济增长现象。外来的侵略与政治的不稳定，造成了法国恶劣的投资环境。虽然这在一定程度上妨碍了法国的资本积累，但政治与经济环境的不稳定也中断了利益集团的发展。法国经历了数次制度与政治上的变革，不断加深了法国民众在意识形态上的分歧，这种分歧的深化又进一步削弱了法国利益集团的发展，尤其阻碍了大型利益集团的扩张。例如，法国劳联集团经历了纳粹压迫与思想意识分歧之后，分裂为三种工会，而这些发育不良的工会对成员没有垄断性权威，对决定劳动法规或工资标准的影响也是非常有限的。

关于法国的论述，也部分地适用于其他欧洲国家或被入侵的

国家，也可以从反面说明为什么大英帝国，这样一个长期未受独裁统治、外国入侵及革命动乱的国家，在20世纪的经济增长率却比其他西方发达国家低得多。根据统计数据显示，英国拥有非常强大的利益集团网。也就是说，英国在稳定的发展过程中，已形成了众多强有力的各种利益集团，从而患上了“机构僵化症”。根据奥尔森的推论，这些发展壮大的各种利益集团，使采用新技术的步伐变得十分缓慢。极权主义、动荡和战争使德国、日本和法国的利益集团锐减，而稳定与和平却使英国的这类集团持续发展。

（二）英国、瑞典、挪威虽都有大型利益集团，但发展路径究竟为何会出现分歧

但是，与英国相比，瑞典的利益集团也非常强大，但为什么它的经济发展情况要比英国好得多呢？同样，为什么与瑞典相邻的挪威也是如此呢？虽然挪威在第二次世界大战期间被纳粹占领，使其社会稳定遭受到了严重的破坏，但它仍有较强大的特殊利益集团。奥尔森认为，广泛性的利益集团能够促进经济的繁荣，而且更倾向于以最小的社会成本进行收入再分配。与英国相比，瑞典和挪威的主要利益集团都是高度综合性的，与其他西方发达国家的集团相比范围也是更广的。

例如，在战后很长的一段时期内，瑞典和挪威所有的体力劳动工人都组织在一个庞大的工会中。雇主的组织也是兼容性的。瑞典的劳工领袖主张各种加速经济增长的政策、对工人流动进行补贴、通过重新训练等方式而不是采用发放补贴来保证公司工人的就业，以及承认劳动力的市场力量等。

（三）美国虽然没有大型利益集团，但为何还是“二战”后经济增长最缓慢的国家之一

与众不同的是，美国虽然没有大型利益集团，但却是“二战”后经济增长最为缓慢的国家之一。众所周知，美国由于成立时期较短，没有起源于中世纪的利益集团或机构；而且自独立以来，并未遭受过外来强国的侵犯，但美国其实是由具有不同历史的、采取不同政策的各州所组成的大型联邦国家。也许，要解释美国经济为何发展缓慢，分别对各州进行研究更容易得出可靠的结论。

根据相关统计显示，在整个“二战”后的时期内，特别是20世纪60年代初期以来，一个州成立的时间越长，也就是其中利益集团聚集的时间越长，其经济增长率就越慢。并且，在经历南北战争后，利益集团遭到破坏的州比未遭破坏的州，其经济增长得更快；利益集团成员人数越多的州，其经济增长率就越低。因此，奥尔森指出，这一现象也可以用这样的推论予以解释，也就是某地区政治稳定自由的时期越长，聚集的特殊利益集团便会越多。那么，当各州其他情况相同时，早已建成且政治上稳定较早的州必定是经济增长率最低的州。同时，在研究大城市与大都市的情况时也发现，利益集团发展时间最长的一些地区，其衰退现象也更为严重。

奥尔森认为，社会中利益集团的存在本身就会降低社会效率，而且利益集团还会延缓新技术的采用、阻碍资源的重新分配，这也降低了经济增长率。另外，利益集团的扩大增加了法律的繁文缛节，加剧了政府制定政策的复杂性。

30

《竞争战略》：企业竞争策略的选择

竞争战略之父——迈克尔·波特

迈克尔·波特（1947— ），出生于美国密歇根州的大学城——安娜堡，当今全球第一战略权威，商业管理界公认的“竞争战略之父”，被称为世界管理思想界“活着的传奇”。

大卫·哈维

波特是全球许多公司首席执行官的顾问，拥有瑞典、荷兰、法国等国大学的 8 个名誉博士学位，先后获得“威尔兹经济学奖”“亚当·斯密奖”“查尔斯·库利奇·巴凌奖”，还多次获得“麦肯锡《哈佛商业评论》最佳年度论文奖”。

作为国际商学领域备受推崇的大师之一，波特至今已出版多部著作，他的课程已经成为哈佛商学院必修课之一。波特对竞争情有独钟，他写了 3 部经典著作，分别是 1980 年出版的《竞争战略》、1985 年出版的《竞争优势》和 1990 年出版的《国家竞争优势》，这 3 本著作也被称为“竞争三部曲”。其中，《竞争战略》是“竞争三部曲”中的第一部曲，它奠定了迈克尔·波特的大师级地位，并深深改变了全球管理者的战略思维。

一、为什么要写这本书

1973年，波特拿到了哈佛大学经济学博士学位。在博士学业期间，波特受到后来成为他良师的理查德·凯夫斯的影响。理查德·凯夫斯是哈佛大学经济与商业管理学教授，他所著的《创意产业经济学》广为流传。在理查德·凯夫斯的影响下，波特从写作博士论文开始，就着手进行产业经济学领域的研究。1973年，26岁的波特博士毕业后，获得了哈佛商学院终身教授之职，成为哈佛大学商学院第4位得到这份“镇校之宝”殊荣的教授。

《竞争战略》是波特学术生涯中具有里程碑意义的著作，这本书的创作和波特在哈佛商学院的工作是紧密相关的。波特在哈佛商学院从事产业经济学和竞争战略的教学和研究，他首先开设了商业政策课程。1975年，波特在为商业政策课程准备教材的时候开始撰写这本书，随后又开设了行业和竞争分析课程，并一直给工商管理硕士（MBA）和实业界人士讲授这些课程。

在研究的过程中，波特发现，一方面，虽然竞争战略是管理者最为关心的一大领域，但是战略领域几乎没有现成的分析工具，来帮助管理者分析行业和竞争对手。此前，虽然有钱德勒、安德鲁斯、安索夫3位战略管理大师进行了研究，研究成果也已经在理论界和企业界获得一定程度的认可，但是波特指出，3位大师的战略理论存在一个共同的漏洞，那就是缺乏对企业竞争对手的考察，并且很少有竞争因素的分析，只强调企业被动地适应环境。

因此，波特希望通过《竞争战略》，为企业管理者提供一套结构化的行业和竞争对手分析工具，帮助管理者解构战略和环境，在行业环境中寻求自身的竞争定位。这也就是波特写作《竞争战略》的初心。从这个意义上来看，波特的竞争战略属于一种工具型战略理论。

另一方面，波特发现，尽管经济学家一直在研究产业结构，但大都是从公共政策的角度出发，与企业的直接关系不是很明显，并未引起企业界的注意，这就造成了“理论研究”与“实际需求”的错位。针对这一点，波特曾说：“我的目标是发展出一个严谨而实用、能够理解竞争的理论架构，并作为跨越理论与实务间鸿沟的桥梁。”

因此，波特不仅用传统的数据统计方式开展了研究，还研究了成百上千个行业。在开展教学和教研活动时，波特不仅监督几十个 MBA 学生团队开展行业研究，还跟一些知名公司进行合作。比如，他担任了杜邦、宝洁、壳牌等著名跨国公司的顾问，在跟这些企业合作的过程中，波特逐渐积累了多个行业研究案例。其实，这也是我们今天提倡的“校企合作”“产学研合作”。正是通过这种“校企合作”的研究方式，波特的竞争战略理论不仅被作为全球很多大学的课程理论知识，还被广泛应用在商界实践中，波特也因此成为产业经济学界最早投身于商业实践的先驱者之一。

二、核心思想：“五大作用力”和“三种基本战略”

《竞争战略》的核心思想是“五大作用力”和“三种基本战略”，具体来说：企业制定竞争战略需要经过两个步骤，第一步是把企业放到行业环境当中，运用“五大作用力”对行业竞争强度进行分析，因为这个强度决定了企业的成本投入和利润水平；第二步是必须要从“三种基本战略”中选择一种战略，建立企业在行业内的竞争地位。

（一）五大作用力

当一家企业与周边环境建立起联系时就会形成竞争，有竞争就要制订竞争战略。一个产业的竞争远远不只是你眼前看到的参与者的竞争，那些潜在的“竞争对手”也会在具体情况下造成或多或少的影响。这就是波特在《竞争战略》中提到的“广义的竞争”，也可称为“拓展竞争”。波特曾说，“你在哪个行业并不重要，重要的是你如何竞争。”“竞争”是企业成败的核心，而决定企业获利能力的第一要素是“产业吸引力”。

波特提出用“五大作用力”来分析一个企业的产业吸引力，这“五力”包括：潜在进入者的威胁、现有竞争对手之间的竞争、替代品的威胁、客户的议价能力、供应商的议价能力。对波特竞争理论有所了解的人都知道，“五大作用力”在很多书中也被称为“波特五力模型”。在波特看来，这五大作用力会影响企业产品的价格、成本、投资，也最终决定了企业所处的产业结构。企业如果想获得长期的竞争优势，就必须塑造对企业有利的产业结构。

五大作用力的合力越大，产业的竞争就越激烈。不同的作用力发生影响时，会产生不同的竞争状况。比如“潜在进入者的威胁”越大，产业内部的竞争就越激烈；“客户的议价能力”越强，产业的立场就越危险；“现有竞争对手之间的竞争”越强大，产业的竞争环境就越激烈。

在不同的产业内发生竞争时，会有不同的作用力起着关键性的作用。比如，对于轮胎行业，主要压力来自于动手性极强的原始设备买主，以及强劲的竞争对手；对于远洋游轮来说，主要压力来自客户；对于钢铁行业，主要压力来自国外的竞争对手和原材料。

波特指出，企业在应对产业竞争时各有其独特的优势和劣势，在企业发展过程中也可能产生产业结构的变化。所以企业在应对竞争时，必须先分析产业的五大作用力，从而了解产业的竞争结构，进而找出其中最有影响力的竞争因素，即找出竞争的首要要素。

（二）三种基本战略

波特认为，在与“五大作用力”的抗争中，蕴含着三种成功的基本战略，分别是：总成本领先战略、差异化战略、专一化战略。三种基本战略是竞争战略中最基本、最长期、最有效的战略，任何一种战略都有可能让企业在竞争中战胜竞争对手。这些基本战略主要的作用就是对抗五大作用力，来帮助企业在竞争中顺利击败对手，从中取得收益。

1. 总成本领先战略

“总成本领先战略”是依靠价格优势获得高于产业的平均利润，它要求企业必须建立起高效、规模化的生产设施，全力以赴地降低成本，达到“总成本最低”。

但是在波特看来，“总成本领先战略”也不是没有风险，这些风险包括因为技术更新导致被淘汰、被新进入者模仿、过于重视成本忽略其他方面因素、无法形成差异化等。

举例来说：

20 世纪 20 年代，福特汽车公司通过一切可能的手段实行最低总成本战略，并且取得成功。可是随着生活水平的提高，人们购车的目的早已不限于实用性，而开始侧重风格、舒适程度或者身份的象征。这时候，消费者情愿为了自己的喜好多花钱，而当时通用汽车公司在这方面也做了充足的准备，以优质的产品成功赢得了消费者的信赖，领跑当时的汽车市场。

2. 差异化战略

“差异化战略”是公司提供差异化的产品或服务，形成一些在全产业范围内具有独特性的东西。实现差异化战略可以有许多方式，如设计名牌形象、保持技术特点、保持顾客服务和商业网络方面的独特性等。

举个例子：

美国皮特卡勒公司就通过差异化战略取得了成功，它是世界上最大的工程机械和矿山设备生产厂家，它的网络营销和优良的零配件供应服务在产业内都是标新立异的。不仅如此，它的产品是公认的优质耐用，因此，尽管它的产品价格很高，但依然占有强大的市场份额。

在波特看来，差异化战略也有一些风险，比如当这一战略遭遇低价格产品的攻击时，可能会因为价格差异过大而无法再吸引客户，客户情愿抛弃产品和服务上的特性而去享受价格优惠。

3. 专一化战略

“专一化战略”是针对某个特定的顾客群或区域，集中经营资源，达到抵御五大作用力的目的。

波特指出，当企业把主要精力集中在特定区域或顾客群，企业所处的竞争圈子就会缩小，然后在这个小的圈子里实施总成本领先战略或差异化战略，就能轻松固定这个市场，获得高于产业均值的收益。

比如，马丁·布劳尔是美国第三大食品分销公司，在面对产业内竞争时，选择削减客户，只留下8家主要的快餐连锁店，同时只保留这些客户所需的产品链，在订单上与客户的购买周期紧密衔接，根据客户的需要设置公司仓库，从而在这些细分市场取得低成本优势。

波特认为，这三种战略是所有战略的核心，企业无论实施哪一种基本战略，都必须要从中选择一种战略来实施。如果有的企业想使用不止一种基本战略，或者采取了其中一种战略，却在很短的时间内更换了另一种，也就是在三种基本战略之间“游荡”，这样的企业很容易将自身的力量分散，注定是低利润或无利润的。

举例来说：

通用电气、保德电机、富兰克林是美国小马力电机产业中的三家企业，产业在五大作用力的冲击下，通用电气选择的是总成本领先战略，保德电机采用的是专一化战略，而富兰克林就是游荡在三种基本战略之间的企业，既没选择最低成本也没能形成专一化目标。在机电行业，富兰克林的业绩明显落后于其他两家企业。

那么，“游荡”在三个基本战略之间的企业该怎么选择自己的战略呢？波特说道：“计划中的战略要能最大限度地发挥企业优势，并且最不利于竞争对手重复使用。”这说明，企业在选择基本战略时一定要跟企业状况相结合，做到趋利避害，进可攻，退可守。

三、批判与创新：你可以攻击它，但你不能忽视它

《竞争战略》给我们带来了很多的学术价值和实践价值，但是也引发了很多争议。一些学者对竞争战略理论提出了质疑，这些批判与质疑大都集中在两个方面。

第一个方面，分析框架是静态的，而环境是快速变化的。

有人认为，波特提出的竞争战略分析框架是静态的，不适合当前这种快速变化的世界。波特认为，这是对《竞争战略》的一个误解。他指出，《竞争战略》涉及的每一个分析框架，包括行业分析、竞争对手分析、竞争地位，都强调了要视具体的条件变化而定，并且书中一直都在强调应对变化的方法，比如行业变革、新兴行业、行业成熟发展的情况、行业衰退的情况、全球化等。波特认为，企业应该进行不懈的行业学习，不断了解竞争对手，不断改善自身的竞争地位。

第二个方面，低成本和差异化两种基本战略之间的选择问题。

波特认为，成功的企业需要在两者之间做出选择，否则很容易被对手模仿，如果企业进退两难，就有可能招致灾难性的后果。但有学者认为，随着信息技术的发展，低成本与差异化的不一致性在逐渐消除，两种基本战略可以融合在一起。对此，波特指出，在两者之间做出选择，并不意味着企业在实现差异化的过程中忽略成本，或在追求成本最小化的过程中忽略差异化，而是要通过某一个战略最大限度地发挥自身优势。

后　记

本书历时一年，在学术志阅读项目团队的精心打磨下，终于和大家见面了。本书是我们的学术经典导读丛书之一，秉承“深度解读，简明传达”的宗旨，力求最大限度地还原这些学术经典的思想精髓，用最明了的语言让更多的人靠近学术大师们的智慧光芒。本次成稿过程中，我们也受到了很多专家、学者的鼎力支持，在此特别感谢：

罗鑫、方迎丰、阿明翰、孙琪琪、乔思远、郝杰、李泽坤、兰洁、王婧雯、刘颖（排名不分先后）。